EY
Building a better
working world

グレーター・チャイナ
の経済・金融ハンドブック

(中国・香港ビジネスの最前線)

EY グレーター・チャイナ／ EY 新日本有限責任監査法人◉編
江 海峰 (Alex Jiang)◉監修

清文社

序 文

　私ども、EY 新日本有限責任監査法人は、日系企業の海外展開を支援するためにジャパン・ビジネス・サービス（JBS）を組織し、世界的なプロフェッショナルファームである EY のグローバルネットワークを最大限活用する体制を整備しています。JBS のネットワークは、世界の70を超える主要都市に約500名以上の日本語対応可能なプロフェッショナル（うち駐在員約100名）を配し、海外各地の日本企業担当プロフェッショナルと密接な連携を図りながら、強固な一体組織として、グローバルで監査、税務、アドバイザリーの各分野において均一で高品質なサービスを提供しています。

　中国の日系企業向けサービスでは、華北、華中、華南及び香港地域において日系企業向けサービス体制を確立し、EY Global の一機構である JBS が日系企業の皆様へのサービスを提供しています。EY 新日本有限責任監査法人からの駐在員を含めた約30名の日本人がサービスラインに加わり、幅広いコーディネーション・サービスを提供しています。また、約260名の日本語と中国語のバイリンガル・スタッフが JBS に所属し、日系企業に高品質なサービスを提供しています。

　また、EY は、金融サービスグループであるフィナンシャルサービスオフィス（FSO）を１つの事業単位として、監査及び保証業務、コンサルティングサービス、内部統制及びリスクマネジメント、税務、移転価格、IT 及び戦略・トランザクションについて一体となったワンストップサービスを提供しています。

　本書籍は2020年１月に第一版を刊行した、「21世紀における中国経済・金融資本市場の羅針盤」の第二版にあたります。その間には、香港の社会問題、米国大統領選挙、米中貿易摩擦、コロナウイルスの蔓延といった様々なことが起こり、世界情勢は大きく変わりました。中でも、コロナウイルスの影響は広範であり、執筆日現在においても感染者の拡大が広がりを見せています。今後においてもポストコロナの世界情勢は大きく変わっていくことが想定されます。

ビジネスに携わる皆様にとって、変わりゆく世界の中で、今回の書籍が日本の皆様にとって、中国金融及び経済に関する情勢のアップデート、香港現状への理解及び今後の中国ビジネスを検討する上での一助となりましたら望外の喜びです。

　本書籍がこのタイミングで出版でき、日中双方の経済発展に貢献できれば幸いです。

松村 洋季

EY 新日本有限責任監査法人　金融事業部長

2021年7月　東京

序 文

2020年1月に「21世紀における中国経済・金融資本市場の羅針盤」なる書籍を刊行以来、中国のみならず、世界情勢はめまぐるしく変わっています。

COVID-19がグローバルで経済を含めた社会全体に与えた影響は大きく、特に当初の感染の中心地であった中国においてはCOVID-19の影響は当初非常に大きいものでした。中国当局のスピード感のある対策により、感染拡大を抑制し、経済もV字回復を遂げたことで、2020年度唯一のプラス成長の主要国となっています。

遡れば、中国の2001年のWTO加盟以来、高度経済成長期を経て、2010年より世界第2位の経済大国となりました。国連機関の報告書によると2020年世界の海外投資（FDI）において、中国が米国を抜いて、世界最大の投資先国になっています。

中国国内を見渡すと、ハイネットワークと呼ばれる富裕層も徐々に増えており、その存在感はますます高まっています。富裕層の旺盛な投資意欲と2020年に公表された第14次五ヵ年計画の双循環の社会とが相まって、金融業と資本市場の益々の発展が期待されます。

今後は外循環だけでなく、内循環が大きな影響を及ぼすことが想定されます。5G、AI（人工知能）、ビッグデータ等の最新テクノロジーを背景とした新たなインフラニーズ、高品質の商品への期待、ヘルスケア等の内需の拡大に対して、今後も外資系企業、とりわけ日本企業にとって、様々なビジネスチャンスが期待されます。

EYグレーター・チャイナは、2021年2月末現在で香港・マカオ・台湾を含めて30都市に事務所を配し、22,000名超の人員を有する最大のプロフェッショナル・ファームの1つです。中資系企業はもちろんのこと、EYグローバルのネットワークを最大限活用して外資系企業に対しても数多くの会計・税務・アドバイザリーサービスを提供しています。また、EYグレーター・チャイナでは日系金融機関専門のプロフェッショナルチームである「FSO-JBS（Financial

Service Office — Japan Business Services)」を組織し、日中バイリンガル・スタッフ及び EY 日本金融部門からの駐在員が 1 つのチームとしてサービスを提供しています。さらに、EY ジャパンとの連携を重視しており、日中双方で人材を派遣して相互理解を深め、日中間のクロスボーダー案件に対してシームレスな対応ができる体制を整えております。今後、中国のさらなる金融セクターの開放や日中の関係改善により、日系金融機関の中国進出を本格的に検討する機運がますます高まることが期待されます。EY グレーター・チャイナは FSO-JBS チームを中心として EY ジャパンとの良好な関係を基にした付加価値の高いサービスを提供し、日系金融機関の中国における健全な発展に寄与することをお約束いたします。

　本書籍は、中国にすでに進出している金融機関を中心とした日系企業に向けて、ポストコロナを受けて企業を取り巻くグレーターチャイナの金融資本市場の現状及び規制緩和の動向について、EY のこれまで数多くのプロジェクトで蓄積したナレッジのなかから、中国本土と香港の資本市場や金融セクターの各業種の現状及び対外開放に関する展望を示すことを目的に記載しています。日系企業にとって重要な市場であるグレーターチャイナでの事業展開のお役に立つものと考えています。

　日本の皆様のご発展に EY が貢献できれば幸いです。

忻 怡（Effie Xin）

EY グレーター・チャイナ FSO リーダー

2021年 7 月　中国上海

序　文

　2020年1月に「21世紀における中国経済・金融資本市場の羅針盤」を刊行以来、読者の皆様のご声援のおかげで第二版の運びとなりましたこと、日中ビジネスに貢献することを信条とする私としては、この場を借りて感謝を申し上げます。

　私は現在 EY グレーター・チャイナの日本金融業務のリーダーとして務めており、これまで、約16年間にわたり日本、中国、欧米の金融機関と一般企業に対して数多くの専門サービスを提供してまいりました。現在、中国の国力が全般的に台頭することで、隣国の日本にとってもますます重要な国であることは異論のないところかと思います。特に経済・金融分野においての関係は切っても切れないものかと思います。

　第一版の刊行以来、コロナウイルスの蔓延のみならず、実に様々な事象が世界中で起きており、一年余りの月日が経ちましたが、ポストコロナの世界は今までとかなり違った風景となっているものと思います。高まっている地政学リスクにより、「ブラックスワン」のような事件が続々と起こっており、一方、RCEP（東アジア地域包括的経済連携）の締結や日中韓 FTA（自由貿易協定）の検討をはじめとする世界経済秩序が激変し、中国でも様々な変化が起こっています。しかし、コロナの時代がもたらした情報の分断によって、日本の読者がなかなか中国経済・金融の現状とトレンドを十分に把握できない恐れがあることを考慮してこの書籍を企画した次第です。

　そこで、第二版となる本書籍は第一版と同様に、私ども EY グループがナレッジと実務経験をもとにまとめたものとなりますが、特にポストコロナの経済・金融分野への影響を中心に考察し、客観的な事実を記載することで読者の皆様の中国経済と金融資本市場への理解の一助となることを主眼においています。そして、この数年間、私が種々のマスコミ及び EY のレポートで発表した文章と見解もこの書籍に集約し反映させていただきました。

今回は第一版の内容を更新するのみならず、日本のビジネス界と読者の視点に立って、中国ビジネスのEXIT戦略としての再編・撤退、香港の経済情勢、税制と再編・撤退、デジタル人民元、中国REITs、「外商投資安全審査弁法」、「サイバーセキュリティー法」等といった新しいトピックを大幅に追加し記載しております。これは、経済成長に伴って、進出企業が増えると共に、徐々に成熟化が進み撤退についての検証の必要性が高まってきていることや香港の果たす役割が少しずつ変わってくることが想定される中で、経済情勢、税制に対する注目度が高まっていると考えられるからです。

　本書籍は全部で3章の構成となっています。具体的に第1章は中国の経済概況、デジタル人民元・人民元の国際化、一帯一路、自由貿易試験区、Fintech、香港の経済状況を含めたグレーターチャイナの金融資本市場の全体像に焦点を当てています。第2章は中国本土の対外開放を中心に各セクター（銀行業、証券業、保険業、資産管理業）の現状と今後の発展について記載しています。第3章は、実際に中国・香港市場で事業展開する際の実務でのポイントについて記載しています。

　中国の経済、規制、法律等は日々、変化しておりキャッチアップが容易ではありません。一方で情報源は多岐にわたり、包括的に収集し、理解していくことは相応の労力を要します。実際に本書籍の執筆を完了した2020年12月末時点においても、例えば、「外商投資安全審査弁法」の公布、「個人情報保護法」の草案の公開、第14次五ヵ年計画の策定など様々な出来事が起こっています。前回の出版以降も起こるこうした出来事の数々が読者の方々にとって、どのような影響を与えうるか、そのために必要な情報を如何に伝えるかといった点が今回の執筆の端緒となっております。私どもは今後も中国の最新情報を客観的にかつタイムリーにお届けする予定です。この書籍の出版によって少しでも日中間の経済交流に寄与できれば幸いです。

　最後に、本書籍を出版することができたのは清文社の方々のご支援、EY新日本有限責任監査法人の湯原さん、水永さん、稲葉さん、吉田さん、渡水さん、

石川さん、柿本さん、宮川さん等の多大なサポートと激励、EY グレーター・チャイナの北原さん、高輝さん、徳山さん、小島さん、万家駿さん、王高軍さん等の献身的な努力のおかげと存じますので、深く感謝申し上げます。

江　海峰（Alex Jiang)

EY グレーター・チャイナ パートナー
Japan Business Services Leader（金融）

2021年7月　中国上海

第2章　中国金融業における規制当局の改革・再編

第3章　グレーター・チャイナにおける
金融資本市場の進出・事業展開・撤退の実務

第3章　グレーター・チャイナにおける金融資本市場の進出・事業展開・撤退の実務

第 1 章

グレーター・チャイナの経済・金融の現状と展望

1

第 1 節

中国のマクロ経済概況

　中国の金融資本市場の話に入る前に、中国のマクロ経済の概況を説明する必要がある。中国は社会主義市場経済制度という世界から見てもユニークな経済制度を採用している。従来の社会主義国が採用している計画経済と資本主義国で実施されている市場経済制度をバランスよく融合している制度と考えられる。マクロ面で国が強い指導力を発揮して中長期の計画を作成し、ミクロ面での運用は競争原理を働かせて市場を活性化するような制度となっている。国の計画を達成するために、政府がモニタリングしながら、政策をハンドリングし、強い統制能力をもって実現させていく。この独自の制度は完璧ではなく、様々な点で改善の必要があるが、そのバランスのよさが中国の経済成長の一因と指摘されている。したがって、中国経済の現在・今後を把握するためには、政府が策定した計画を理解することが早道だと考える。

　2020年に COVID-19 は世界経済に多大な影響を及ぼし、各種経済的な指標はすべて悪化し、中国もその影響を大きく受けている。一方で、中国では政府の強いリーダーシップにより、2020年第2四半期より各種経済指標は改善を見せている。本節では、COVID-19下における中国のマクロ経済の現状及び展望について俯瞰する。

1　中国のマクロ経済の現状

　COVID-19の影響によるパンデミックは、世界中に多大な混乱をもたらしている。 世界中で感染例が発生し、私たちの生活や仕事の様式に劇的な変化を引き起こしている。COVID-19の経済的な影響は、世界中に深刻なレベルでもたらされると予想されている。以下では中国を中心に COVID-19 のマクロ経済

に与える影響を説明する。

[1] COVID-19の世界経済に対する影響について

　COVID-19の状況は世界の多くで好転しておらず、世界の経済見通しに大きな影響を与えている。2020年6月のIMFによる特別報告において、世界経済が2020年に前年比▲4.9％、2021年に前年比▲5.4％で減速すると予測されており、これは第二次世界大戦以来で最も深刻な収縮局面である。国別でみると、**図表**1-1の通り中国以外の主要国で2020年はマイナス成長が予測されている。また、各種の経済指標では、2020年の第1四半期よりも第2四半期の方がより深刻な収縮傾向にあることを示している（ただし、中国を除く）。特に各政府が採用した厳格な封鎖措置により、特に個人消費とサービスへの消費に対して大きな混乱をもたらし、世界の労働市場に多大な影響を与えている。感染率の管理に依然として苦労している経済にとって、より長い封鎖により個人及び企業の活動に対してさらに重い損害が生じることが見込まれている。

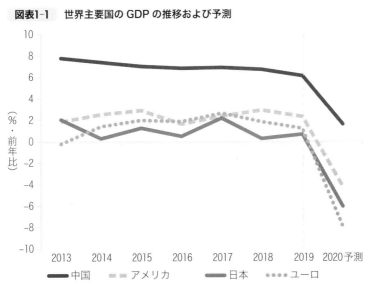

図表1-1　世界主要国の GDP の推移および予測

出所：IMF（2020年6月）、Oxford Economics

　上記に対して政府は断固として対応し、多くの国で展開されている未曽有の財政政策および金融政策の対策により、短期的には大きな損失を未然に防いでいる状況である。なお、世界中の財政刺激策で投じた額の合計は、2020年6月現在で10兆ドルを超えている。

［2］COVID-19の中国経済に対する影響

　中国はCOVID-19の初期の流行の中心であり、2020年1月下旬からの厳格な隔離措置により、経済に多大な影響を受けた。**図表1-2**の通り、2019年までは安定した実質GDP成長率で推移していたが、2020年第1四半期の中国の実質GDP成長率は前年比▲6.8％であり、1992年以来のGDPの減少となった。

　一方で、中国は世界的に見て明確な例外であり、2020年の第2四半期に早くも「V字回復」を見せてプラス成長へと転換し、2020年の通年でプラスの経済成長を達成する見込みであるとともに、経済成長のペースが強化されている。これは中国がいくつかの主要な特徴で際立っていることに起因している。

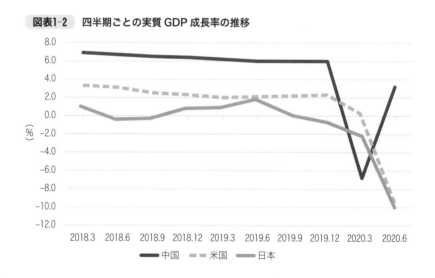

図表1-2　**四半期ごとの実質GDP成長率の推移**

出所：CEICをもとに作成

　1つ目に世界に先駆けて COVID-19の感染が広まり、感染の封じ込めを行った「First-In、First-Out」の徹底である。世界に先んじて COVID-19の徹底的な封じ込めを行い経済の正常化を図ったことにより、COVID-19の感染状況の落ち着いた地域では、世界に先駆けて生活の正常化が図られている。

　2つ目に、供給サイドの正常化による需要の回復である。中国の産業界は2020年の1月後半から COVID-19の影響による政府の企業に対する休業措置により、**図表1-3**の通り付加価値額（VAI：Value Added of Industry）および利益額が急速に減少し前年比マイナスとなった。上記の徹底した封じ込めにより、2020年2月中旬以降に産業界の休業措置が徐々に解除され、2020年4月にはVAI が前年比でプラス成長に転じた。　このリカバリーは広範囲にわたっており、5月末までに産業セクター企業の70％近くが、生産の少なくとも80％の再開が報告され、テクノロジー業界を中心に調査対象となった41セクターのうち30セクターの生産量が前年比でプラスに転じている。一方で、産業界の利益の

図表1-3　産業界における付加価値額および利益額の前年比推移

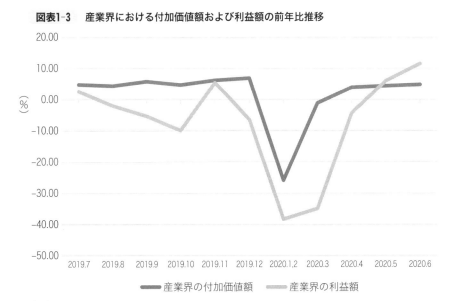

出所：Wind

改善は、石油精製や製鋼などの上流産業で在庫レベルの低下や工業製品のデフレの縮小等の影響を受けて、より進んでいる。

　中国の製造業 PMI は、**図表1-4**の通り2020年の2月は歴史的な低水準となったものの、2020年3月から50を上回る推移を見せ、2020年6月からは新規受注指数に加えて低迷していた輸出受注指数にも改善を見せ始めた。

　3つ目は製品輸出の回復力である。COVID-19によって引き起こされた世界

図表1-4　**中国の PMI 推移**

出所：Wind

図表1-5　**商業貿易額の推移**

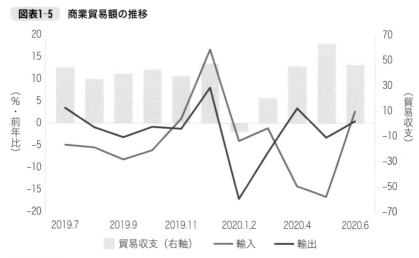

出所：Wind

的な不況にもかかわらず、回復傾向を反映し、6月の中国の輸出は前年比0.5％増加して貿易黒字が大幅に増加した。主に外需は、COVID-19の影響により個人や医療機関で需要が増大した医療用品やリモートワークへの移行需要に伴う電子機器により牽引された。

　このことは、中国の輸出抑制に対する強い外圧が依然として存在するものの、世界のサプライチェーンにおける中国の支配的な地位は簡単に置き換えることが難しいことを示している。COVID-19の世界的な広がりにより、中国における一極集中ではなくサプライチェーンの多様化を求める声が高まりを見せている。　この傾向は新しいものではないが、製造業が中国から大きくシフトすることは実際には難しく、既に生産を多様化している企業でさえ、中国の広範な影響から解放されることは難しいと考えている。

② 今後の中国経済の展望

　第1節で説明した通り、COVID-19の影響によるパンデミックは、上記の通り世界中に多大な混乱をもたらしている。その中で、2020年5月22日に中国全国人民代表大会が開幕し、李首相は"政府活動報告"を行った。これは中国の"両会"、すなわち年に一度の全国人民代表大会と中国人民政治協商会議の重要な内容である。両会は通常毎年3月第1週に開催されているが、今年はCOVID-19の影響で5月に延期された。既に説明した通り、COVID-19の影響で中国第1四半期の経済成長率が数十年ぶりにマイナス成長となった一方で、3月以来、生産状況は既に基本的に回復傾向となっている。

　その状況下で、2020年の"政府活動報告"では、経済成長率の具体的な目標を設定するのではなく、主な注目点をCOVID-19後の経済発展の減速状況下で国民生活を保障することとした。李首相は、"政府工作報告"の中で、新しいインフラストラクチャと減税への主要な投資を優先し、中国の生産性と経済効率を高めるための新しい国有企業改革に高い期待を置く財政刺激策を発表した。　また、政府は経済見通しの不確実性が残っているため、より強い支援措

置の可能性を残している。

　本章では、中国の今後の展望を図るうえで非常に重要な"両会"で議論された内容に触れつつ、今後の中国経済の展望について解説していきたい。

［1］通年の経済成長率の具体的な目標は設けず

　李首相は"政府活動報告"を行い、中国の発展が"かつてない"チャレンジに直面していることを強調し、通年公表していた経済成長の具体的な目標について、2020年の経済成長率を公表しなかった[1]。この理由としては、主に世界のCOVID-19の影響に加えて経済貿易情勢の不確定性が大きく、中国の今後の発展がいくつかの予期しない影響要素に直面しているためである。また、経済成長は引き続き重要であるが、経済成長率目標を非公表にすることで、各方面が"六安定"、"六保"に集中するよう誘導することができる。"六保"は今年の"六安定"の仕事の力点である。"六保"は住民の雇用、基本的な国民生活、市場の安定性、食糧エネルギー供給、産業チェーンのサプライチェーン安

図表1-6　2020年政府の公式目標値

目　標	2020	2019	2018	2017
GDP（％ 前期比）	n/a	6.0-6.5	6.5付近	6.5付近
消費者物価指数（％ 前期比）	3.5付近	3.0付近	3.0付近	3.0付近
年雇用創出数（百万人）	≧9	≧11	≧11	≧11
都市調査失業率（％）	6.0付近	5.5付近	≦5.5	—
都市登録失業率（％）	5.5付近	≦4.5	≦4.5	≦4.5
財政赤字（GDP 比）	≧3.6	2.8	2.6	3.0
地方政府特別債 （10億人民元）	3,750	2,150	1,350	800
税金および料金削減 （10億人民元）	2,500	2,000	1,100	550

出所：政府活動報告

1　2020年は通年では、2.3％の成長を記録した。また、2021年3月5日開幕の全国人民代表大会にて、経済成長率6％の目標が掲げられた。

定化、社会の円滑な運営といった項目を保証することである。

　政府活動報告のページ数は、前年と比べて半分程度であるが、目標設定セクションでは、「雇用」について言及が昨年の25回に対して37回言及されていた。2019年の政府活動報告と比較して、新規雇用創出の目標は1,100万から900万に下方修正され、調査対象の全国失業の上限は5.5％から6.0％に引き上げられた。それは2020年では、雇用市場における顕著な圧力が中国の経済政策決定の主要な懸念点となることを示唆している。

　これらの目標を達成するために、政府活動報告は、中国の予算財政赤字が昨年の2.8％から2020年にはGDPの少なくとも3.6％に上昇することが許可されると発表された。政府は同時に新型コロナウイルス対策特別国債で1兆人民元を発行し、地方政府が対象とする債券発行の割り当てを昨年の2.15兆人民元から3.75兆人民元に拡大した。これらの緩和策はすべて、実体経済を支える地方政府の支出に割り当てられているが、財政赤字の目標は経済状況がそれを必要とする場合にはさらなる拡大の余地を残している。

　李首相はまた、2020年の国内総融資額と貨幣供給量の「大幅かつ強力な」成長、金利政策のより積極的な利用や必要な預金準備率（RRR）の引き下げな

図表1-7　財政収支予実の推移

出所：政府活動報告、Wind

図表1-8　流動性供給状況の推移

出所：政府活動報告

　ど、金融政策をより柔軟にすることを表明した。**図表1-8**の通り、国内総融資額と貨幣供給量は2020年2月以降上昇を示している。政府活動報告はまた、「クレジットを実際のビジネスに直接結び付ける」ための革新的かつ新しい方法を採用し、資本コストを削減することを確約した。金融技術（Fintech）の開発を加速することにより、中国人民銀行（PBOC）で利用可能なツールが急速に拡大することが示唆されている。

［2］優先度の高い技術インフラ投資の推進

　政府はまた、2.5兆人民元の減税（2019年には2兆3,600億人民元）を達成し、一部は緊急でない中央政府の支出を2020年予算の50％以上削減する新しい政府緊縮政策により、600億人民元を新たな投資のために確保する予定である。商工業の電気料金を下げる政策を延長し、ブロードバンドと専用線の料金を下げ、融資期間を延長して元利を返済し、政府活動報告で奨励されている事業者の家賃を減免あるいは猶予することを奨励する。大型商業銀行の零細企業への融資増加率は40％を超えることが予想されている。

　地方政府を対象とした債券からの収益は、主にインフラプロジェクトへの資金提供に使用される。政府活動報告は、新しいデータネットワークの作成や

5Gアプリケーションの拡張など、中国の技術的能力を強化し、国内需要を喚起する新しいインフラを優先することが示唆されている。郡レベルの地方自治体は、再定住する農村住民からの需要の増加に対応するための公共施設やサービスに対する追加支出からも恩恵を受けることが期待される。最後に政府活動報告では、鉄道や水道といった大規模で伝統的なインフラプロジェクトへの投資の重要性も繰り返し強調されており、注目されている西部の地域の開発と深く結びついている。一方、不動産市場の政策は、引き続き投機の抑制に焦点が当てられており、都市に特化した対策を推進することにより達成される。

図表1-9　新しい情報産業のインフラ

5Gネットワーク
モノのインターネット（IoT）
産業界における、モノのインターネット（IoT）
衛星インターネットアクセス
人工知能（AI）
クラウドコンピューティング
ブロックチェーン
ビッグデータ・センター

出所：中国発展改革委員会

［3］3つの大きな改革により中国の長期的な競争力の向上を図る

　中国の経済を安定させるための短期的な対策に加えて、政府作業報告書は、構造改革、特に市場メカニズム、国有資産と企業の効率性、民間部門のビジネス環境、および基本的な公共サービスの供給に照準を合わせ、持続可能な成長のモメンタムを継続させる方針を示している。その中で、中国の長期的な競争力向上のために、以下の3つの改革が推進されることが期待される。

　第1に、製造業のアップグレードと新しい産業開発を奨励するために、作業報告書は製造部門への中長期の貸付を増やし、中小企業とスタートアップ企業の融資保証を拡大することを確約した。政府による政策により、デジタル経済における中国の比較優位を拡大するために、モノのインターネット（IoT）、スマート製造業、オンライン小売およびサービスに関連する新しい開発が特に支援を受けられることが明らかになっている。

　企業セクターの研究開発リソース投入による製造業のアップグレードおよび産業開発の貢献を奨励することに加えて、政府は中国の革新的なインフラに追加リソースの投資を行い、国立研究所のネットワークの再構築および国際的な科学コミュニティとの関係強化を図る。また技術および産業の刷新を促進する研究所もリソースを有効活用できる仕組みを整備する。

　第2に、社会の安定状態を維持することが商取引における政府の目標である一方で、李首相は引き続き外国投資の促進に尽力している。**図表1-10**の通り、外国直接投資額（FDI）の金額は年々増加傾向にあり、外国から中国への投資が増えていることを示している。中国は2020年に外国からの投資に関するネガティブリストの項目を削減しており、外国投資家が中国に投資しやすい環境の整備が図られつつある。ただし、越境サービス貿易のネガティブリストが作成される予定である。加えて、新しい自由貿易試験区と統合保税地域が中国の中央部と西部地域に設立され、既存の自由貿易地域にはより大きな自治権を与える。政府はまた、第3回中国国際輸入博覧会に向けて十分な準備を行い、中国と外国のすべての企業が平等に扱われ、公正な競争に従事することを可能とする市場環境の促進を図る。

図表1-10　中国への外国直接投資額（FDI）の推移

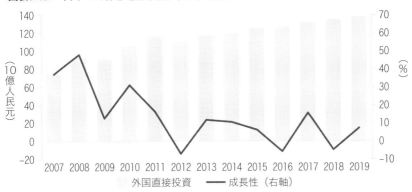

出所：Wind

　第3に、作業報告書では、国有企業(SOE)改革に関する3年間の行動計画が公表予定であることを言及し、SOE改革が経済の生産性と効率を高めるための中心的な役割を果たす可能性が高いことが示唆されている。**図表1-11**の通り、SOEの総資産利益率(ROA)は中国における他の企業に比して低く、比較的、効率の悪い経営状態であることがわかる。中国全国人民代表大会の直前の2020年5月18日に、共産党中央委員会は政府によって過半数の支配権を有さない混合所有企業のための柔軟かつ効率的な規制制度に関する提案を行った。この提案は、2015年のSOE改革の方向性を深化させるものであり、以下のような事項を提案している。

- ●「コア」となる本業に基づきSOEを管理することを強調した。
- ●商業系国有企業は株式多元化と利益最大化を実現すべきである。
- ●主要産業と柱となるセクターは、ビジネスラインと戦略策定ラインを分離する必要がある。
- ●公共サービスを提供するSOEは、コスト管理とサービス品質の向上に焦点を当てるべきである。
- ●商業系SOEに対して、混合所有制を許可し民間の資本および運営を導入したが、この提案では完全国有企業とさらに区分し、その管理と運営に関する政府の要件を緩和する。
- ●民間資本による混合所有への資本参加を奨励するものである。

図表1-11　中国における会社形態ごとの ROA の推移比較

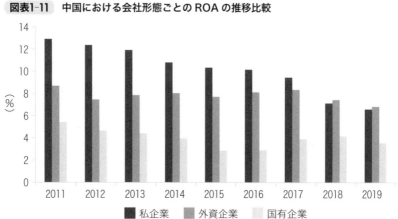

出所：Wind

　さらに、政府が防衛や安全保障などの戦略的セクターにおける国家経済の役割を維持する一方で、改革された SOE は民間企業と同じ立場とみなされるため、知的財産保護が強化されると共に市場競争を促進するためにネガティブリストシステムが導入され、より公正な市場環境の恩恵を受けることが期待される。以上の通り、政府は経済への積極的な参加者としての役割を果たすのではなく、投資家、仲裁人および監督者の役割を果たすことになる。

[4]「両会」の内容を踏まえた今後の中国経済に見通しに関する総括

　上記で解説した通り、「両会」では、COVID-19のかつてない複雑な局面に中国が置かれている中で、通年の経済成長率の目標値を公表せずに社会の安定性維持を強調した。また、国有企業や外資誘致といった構造改革を進めるとともに、産業のアップグレードや新しい情報技術産業に関する投資を促進させる施策を公表することで、中国の長期にわたる競争力の向上を図っている。

第13次五ヵ年計画の振り返り及び第14次五ヵ年計画

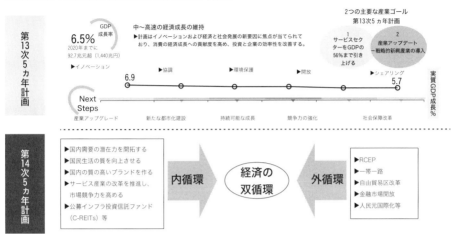

出所：各種公表資料をもとに作成

　両会を経て開催された2020年10月29日の中国共産党第19回中央委員会の第5回会議では、「第14次五カ年計画」の青写真が決定され、2021年から2025年までの国民経済および社会発展の目標が設定された[2]。

　第13次五カ年計画を受けて、第14次五カ年計画の中では、金融市場改革の路線を継承するだけでなく、国内と国際による「双循環」の理念が提唱されている。双循環とは、国内循環と国際循環の2つを指す言葉とされる。

　ポストコロナにおけるグローバルな景気後退が続く中、「双循環」の提唱は国内経済の成長を維持するための手段であり、「国内における大循環」は国内生産の回復力を強調するとともに、中国の内需の可能性を解放することが期待される。

2　2021年3月に開催された全国人民代表大会において、第14次五カ年計画の内容は審議され、正式に決定された。

第2節

中国の金融資本市場の現状と展望

　本節は、中国の金融資本市場の今後についての一定の示唆を与えるべく記載したものである。1990年12月に深セン証券取引所と上海証券取引所がそれぞれ設立してから、約30年間あまりが経って、中国の株式市場と債券市場がすでに世界最大級の資本市場となり、著しい成長を遂げることができ、日本を含めて海外にいる投資家が無視できないマーケットとなっている。本節ではまず中国の金融資本市場として代表的な株式市場と債券市場の現状について概説を行い、そのあとで展望についても触れたい。

1　株式市場の現状

［1］中国の株式市場構造

　中国の株式市場は、上海と深センに証券取引所が設置され、それぞれにA株とB株の2種類が存在する。A株は、中国本土の上場企業が発行しA株市場にて人民元建てで取引されている株式である。B株は、中国本土の上場企業が発行しB株市場にて外貨建てで取引される株式のことである。流通量としては、2019年末でB株（2019年12月末：1,303億人民元）はA株（2019年12月末：366,976億人民元）に比して規模が非常に小さい。ただし、A株とB株はともに本土企業が発行し、同一の種類株式は同一の権利を有する。

　外国の投資家に対してはA株市場の参入に対する規制が存在するため、自由に投資することはできず、中国証券監督管理委員会（以下「証監会」又は「CSRC」という）が定めたQFII（適格海外機関投資家）やストックコネクト等の制度を利用して投資をする必要がある。株式投資スキームに関する詳細は第3章で説明する。

　監督体制としては、証監会が株式市場を監督管理する権限を有し、法規則の企画・立案を担当している。また、IPOの上場承認や上場企業に対する処分に関する権限を有している。

　中国の主要株式市場である中国A株の特徴としては、まだ発展途上の市場であり、株式市場の取引残高における個人投資家の割合が50%〜80%程度と言われており、個人投資家の割合が他国に比して高いことが挙げられる。このことから、株価上昇時に全員で買い、下落する時は全員で売るという「追涨杀跌（追昇殺落）」といわれる集団行動により変動が大きい。**図表1-12**の通り、2014年から2015年にかけて今後の価格上昇の見込みから個人投資家による積極的な買い姿勢により株価が急激に上昇したが、2015年6月に下落に転じると急激に株価が下落した。政府が株価の下落を抑えるために、空売りの制限や株式購入のためのファンド設立などを実施し一時期上昇基調となったが、再度下落することとなった。なお、2018年11月から創業板に登録制度が実施されること等の政策緩和に伴い、株式市場の取引量が活発となり、株価も上昇している傾向がある。

　他の株式市場の特徴としては、政策・規制面に透明性、持続性が不足してい

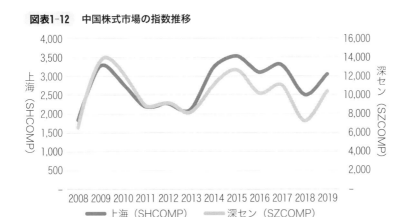

図表1-12　中国株式市場の指数推移

出所：上海証券取引所と深セン証券取引所をもとに作成

る点が挙げられる。例えば、株式市場の監督管理を担当する証監会の主席が交代すると従来の政策が大きく変更されるリスクがあり、現に IPO 審査に関する基準が変更された事例がある。近年、資本市場の規制改革が行われており、その改善が図られている。

また、各上場銘柄の売買停止が頻発する市場であり、これは中国の上場企業が自主的に売買停止できることに起因している。各上場企業は、売買停止を比較的容易に実施できることから、市況や経営の状況を考慮し、何らかの理由から自主的に売買停止する事例が頻発している。2015年6月からの下落局面においては約半分に当たる1,300もの銘柄が売買停止となった。また、一度売買が停止されてしまうとなかなか解除されず、売買停止期間が長いことや取引再開時期が不確実であることも課題となっている。

さらに、税制に関する政策面の不透明性も課題として挙げられる。2014年11月に QFII スキームにおいて、それまで取扱いが必ずしも明確でなかった A 株取引に関するキャピタル・ゲイン課税について、国家税務総局が通達を公表し、通達公表前の期間に行われた取引で発生したキャピタル・ゲインに対して遡及的に課税をすると公表した。他国では遡及課税をする事例があまりないため、特に外国投資家に対して、大きな税務の不確実性に関する心理的なインパクトを与えた。

［2］株式市場における資金調達の概況

中国では、好調な経済状態に基づく資金需要の増加や株式市場の発展とともに、直接金融による資金調達が発展し、増資および IPO の金額は年々増加している。2020年はパンデミックの影響もあり、上海株式市場における IPO の金額と件数は両方世界一と輝いていた。**図表1-13、1-14**が示すように、2019年より、IPO に関連する規定が緩和されることより、IPO の審査プロセスが簡素化されたことにより、IPO 会社数が増加する傾向である。

IPO に関して、2020年の第4四半期までは、IPO の審査プロセスが簡略化されたことにより、平均通過率が94％に達していた。

図表1-13　中国における IPO の状況①

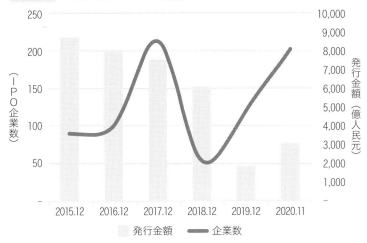

出所：上海証券取引所をもとに作成

図表1-14　中国における IPO の状況②

出所：上海証券取引所をもとに作成

［3］株式の取引金額

　中国株式市場の上海証券取引所と深セン証券取引所の取引金額合計は、株価が上昇した2015年に主に個人投資家による購入が進み256兆人民元を記録したものの、2015年の株価の急落に伴い個人投資家の売買が減少したことから、2016年には同取引金額合計が128兆人民元と半減してしまった。その後、株価が低迷していることから取引金額も伸びず、2018年まで減少し続けている。**図表1-15**は株式取引金額の推移を示している。2019年より、経済の回復に伴い、取引金額が188兆人民元まで戻り、回復傾向である。

図表1-15　株式取引金額の推移

出所：上海証券取引所、深セン証券取引所のホームページをもとに作成

［4］株式市場の今後の見通し

　2020年以降の見込みとしては、取引金額に関する拡大の傾向が考えられる。1つ目の理由として、まず中国Ａ株のMSCI（Morgan Stanley Capital International）Emerging Market指数への組入れ比率の上昇が挙げられる。2018年6月に中国Ａ株の重要性の高まりから、MSCI Emerging Market指数に組み込まれた。これにより、Ａ株に資金の流入が見られた。ただし、上記の中国Ａ株の課題もあり、MSCIはＡ株に対する浮動株調整後時価総額の上限を5％とされ、中国Ａ株の組入れは限定的であった。2019年2月、MSCIは新興国株式指数に採用しているＡ株の組入れ係数を5％から20％にすると発表した。

具体的には2019年5月に10％、8月に15％、11月に20％に引き上げられた。

　2つ目の理由として、中国株式市場の外国投資家に対する対外開放が挙げられる。従来、中国A株は外国投資家に対して規制を設けており、QFIIや上海・香港ストックコネクトなど外国投資家は定められたルートでのみしか中国A株に投資することができなかった。しかし、近年の金融セクターの対外開放の動きから、外国投資家に対する規制緩和が進められている。例えば、2018年4月に開催されたボーアオ・アジアフォーラムにて、中国人民銀行の易総裁が、上海・ロンドンストックコネクトの開通を行うと宣言し、2019年6月17日に実現した。加えて、中国本土と香港の証券取引所の相互接続のスキームをさらに改善するために、2018年5月1日からストックコネクトの1日当たりの限度額を4倍に拡大し、香港から上海、深センへの投資の1日当たりの限度額が130億人民元から520億人民元に拡大されることも宣言された。ヨーロッパから中国本土への株式取引の直接的なアクセスが可能となるとともに、香港からのアクセスの枠が拡大される。また、従来は外資系金融機関の証券会社や資産運用会社は、これまで過半数の議決権を取得することが認められておらず、限定的な中国進出に留まっていた。昨今の対外開放施策により外資系の証券会社や資産運用会社の本格的な中国進出が見込まれ、中国国内の株式取引に関わるプレイヤーの増加から株式取引金額も増加することが考えられる。

　3つ目の理由として、2019年12月28日に第13回全国人民代表大会常務委員会の第15次の会議で《証券法》を審議して通過し、2020年3月1日から正式に有効となった。これにより、中国資本市場の証券発行の登録制度を確立した。なお、2020年4月27日に中央全面深化改革委員会で創業板の登録制度の実施試行案が通過した。登録制度の確立することにより、短期的に資本市場リスクが増えるものの、長期的に資本市場の健全な発展に貢献することが期待される。

2　債券市場の現状

[1] 中国の債券市場構造

　中国の債券市場は、大きく分けて、銀行の間で債券が取引される銀行間債券市場、中国の債券を取り扱う取引所（上海証券取引所）、私募の債券が取引される私募市場、そして店頭市場（OTC）の４つに分類される。主な清算機関としては中央国債登記決済有限公司（中債登）、上海清算所（上清所）、中国証券登記決済公司（中証登）である。

　それぞれの債券市場における特徴は**図表1-16**のとおりである。また、企業債は国家発展改革委員会が発行を認可し、証券取引所、銀行間債券市場で取引される債券であり、公司債は証監会が発行を認可し、証券取引所で取引される債券である。

図表1-16　中国における各債券市場の特徴

項目	銀行間債券市場	上海証券取引所	私募市場	OTC
証券の種類	●国債、地方債、金融債、企業債、短期融資券、資産証券化商品（ABS）、非公開定向発行非金融企業債務融資工具（PPN）	●国債、地方債、政策性金融債、融資債券、企業債、公司債、譲渡可債券、資産収益証書	●私募債、資産証券化商品（ABS）、収益証書	●国債（銀行）、私募債（証券会社）
投資家の種類	●機関投資家	●個人及び企業	●適格機関投資家	●個人及び企業
取引手法	●現物 ●レポ、先物、スワップ	●現物 ●レポ	●現物	●現物
価格決定方法	●相対	●相対、自動マッチング	●協議、入札	●銀行や証券会社による提示価格
清算方法	●総額清算（中債登） ●差額清算（上清所）	●差額清算（上清所）	●総額清算（中債登）	●総額清算（中債登）
清算日	●T+0もしくはT+1	●T+0	●T+1	●T+0
債券の保管・清算期間	●中債登及び上清所	●中証登	●CSRC が認可する機関	●商業銀行もしくは証券会社
規制機関	●中国人民銀行	●CSRC	●中国証券業協会	●CBIRC ●中国証券業協会

出所：各市場ホームページをもとに作成

[2]　中国の債券商品構造

　中国の債券市場では、銀行が従来よりメインプレイヤーであるため、債券の発行残高が銀行間市場の全体に占める割合が高い。2019年現在では発行残高の87％を銀行間市場が占めている。これは、銀行が中国国内で集めた預金の有力な投資先として中国の債券に投資していることに起因する（図表1-17参照）。

図表1-17　発行残高に占める保管機関の構成比

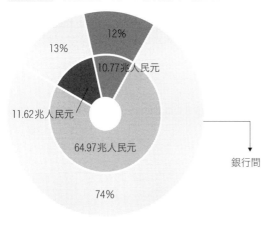

出所：Chinabond、Wind および上清所をもとに作成

　主要な商品を見ても、銀行間で取引される Interbank Deposit と呼ばれる都市商業銀行（日本の地方銀行に相当する）や農村商業銀行のような中小銀行が主に使う調達手段の債券が2019年現在で約40％を占めている（図表1-18参照）。

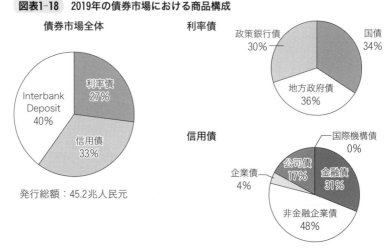

図表1-18　2019年の債券市場における商品構成

債券市場全体

利率債27%
信用債33%
Interbank Deposit 40%

発行総額：45.2兆人民元

利率債

政策銀行債30%
国債34%
地方政府債36%

信用債

国際機構債0%
公司債17%
金融債31%
企業債4%
非金融企業債48%

出所：Chinabond、PBOC および上清所をもとに作成

［3］2019年債券市場状況

　2019年債券市場は各種類の債券の発行金額が27.04兆人民元（2019年に発行の17.97兆人民元の Interbank Deposit を含まない）（**図表1-19**参照）で、前年比19.65% 伸びた。その中で、中債登の発行金額は15.31兆人民元で、56.61% を占めていた。上清所の発債金額は7.21兆人民元で、26.67% を占めていた。中証登の発債金額は4.52兆人民元で、16.72% を占めていた。2005年から2019年にかけて債券市場の年間発行金額は大幅増加した（**図表1-20**参照）。

図表1-19　2019年の債券市場発行状況（単位：兆人民元）

分　類	発行金額	比　率
中央国債登記結算有限責任公司	15.31	56.6%
銀行間市場清算所股份有限公司	7.21	26.7%
中国証券登記結算公司	4.52	16.7%
合計	27.04	100%

出所：ChinaBond

図表1-20　2005年から2019年にかけての債券市場発行量トレンド

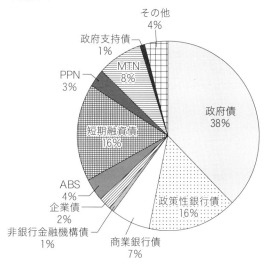

出所：ChinaBond

図表1-21　銀行間市場における商品構成

（円グラフ）

- その他 4%
- 政府支持債 1%
- MTN 8%
- PPN 3%
- 短期融資債 16%
- ABS 4%
- 企業債 2%
- 非銀行金融機構債 1%
- 商業銀行債 7%
- 政策性銀行債 16%
- 政府債 38%

※1　MTN（Medium Term Note）：予め設定した発行
　　総額の枠内で随時発行できる中期債券
※2　PPN（Private Placement Note）：非金融企業が
　　特定投資家向けに私募発行する債券
出所：Wind をもとに作成

　銀行間市場の発行において、中債登で発行される債券について、記帳式の国債は3.76兆人民元で前年同期比12.69% 増、地方政府債は4.36兆人民元で前年同期比4.74% 増、政策性銀行債は3.66兆人民元で前年同期比6.59% 増、商業銀行

債は1.60兆人民元増で前年同期比74.36%、ABS債は0.96兆人民元で前年同期比3.39%増となった。上清所で発行された債券について、MTN（Medium Term Note）が1.84兆人民元で前年同期比9.37%増、短期融資券（超短期を含む）は、3.58兆人民元で前年同期比14.54%増、PPN（Private Placement Note）は0.62兆人民元で前年同期比13.25%増であった（図1-21参照）。

［4］債券市場の今後の見通し

　発行者サイドの観点からは、2019年12月末時点における名目GDPに対する債券市場規模の割合は、中国では100%程度である一方で、先進国では日本の200%超を筆頭にGDP比100%を大きく上回る国がある。また、国としての経済成長はGDPが2019年で6.1%と他の先進国と比して高い。今後も中高速の安定的な経済成長および資金需要の伸びが見込まれ、GDPに対する債券市場の規模の割合は相対的に低いため、中国の債券市場は成長余地が大きいと考えられる。

　一方、COVID-19の影響により、債券不履行によるデフォルトが増加している。Windのデータにより、2020年7月から12月までの半年間において110余りの信用債権が延期あるいは実質デフォルトが発生しており、期限超過額が約1,200億人民元であり、主に企業債に係るものである。これは従来のように、債券に対して政府が暗黙的な保証をしなくなったことを表しており、投資家として、個々の債券のリスクをよく精査した上に、投資判断を行うべきである。

　投資家サイドの観点からは、従来は商業銀行が投資家として過半数を占め、基金業、保険会社、外国投資家といった機関投資家の占める割合が低く、他国と比べると投資家に偏りがあった。今後、資産管理業の発展や外資系金融機関に対する市場開放とともに商業銀行以外の投資家による債券投資の需要が大きくなり、債券発行額の増大につながると考えられる。

　商品性の観点からは、世界的に金融緩和状況であり先進国の債券の利回りが相当程度低い中で、中国の債券は比較的高い格付けの中で利回りが高く、相対的に魅力的な商品であると考えられる。また、2019年1月31日に、中国人民銀

行は2019年4月から、人民元建て中国国債と政策銀行債を世界の3大債券指数の1つであるブルームバーグ・バークレイズ指数に組み入れ、20カ月以内に完了することを発表した。JPモルガンが2020年2月28日に人民元建ての高流動性中国国債をGBI-EM指数（グローバル新興市場多元化政府債指数）、JADE Global指数（アジア区域性基準指数）、GBI-AGG指数（総合政府債券指数）、GBI-AGG Div指数（総合政府債券多元化指数）、GABI指数（固定収益グローバル総合債権指数）に正式に組み入れた。なお、FTSE Russellが2020年9月25日に2021年10月からWGBI指数に組み入れることを発表し、これは中国にとって3回目となる世界の主要債券指数に組み入れることである。完全にグローバル総合インデックスに組み込まれた後、人民元建て債券は、米ドル、ユーロ、円に続いて債券における第4位の通貨となる。今後、海外の投資家が魅力的な中国の債券市場への投資を選択する機会が増加することが見込まれる。

　税制の観点からは、財政部と税務総局が2018年11月に、2018年11月から2021年11月までの3年間、中国債券市場での外国機関投資家による債券利息に対する法人所得税と増値税を一時免除するための通達（財税［2018］108号）を公表した。これにより、従来は国債および地方債に係る債券利息のみであったが他の債券にも免税の範囲が広がるため、外国機関投資家にとって魅力が増し投資額が増加することが期待される。それに、財政部と税務総局が2019年4月に、永久債に対する法人税政策に係る問題に関する公告（財税［2019］64号）を公表した。これにより、永久債の利息所得は免税の範囲に入るため、投資家にとって魅力的投資対象が増えた。

　以上から、中国の債券市場はまだ成長途上の市場であるものの、また、中国政府の対外開放の政策の下で中国の債券市場の海外投資家による投資を促す政策を実現しており、比較的に高い利回りと、様々なインフラ整備と改革することによって、魅力的なマーケットになりつつある。今後の中国債券市場のさらなる拡大と国際化が一層期待されるであろう。

第3節

人民元国際化とデジタル人民元

1 人民元国際化の背景

　人民元の国際化とは、人民元が中国国内に留まらず、国際的な決済、投資活動、そして貯蓄において、広く使用されることである。人民元国際化の直接的な契機は2007年〜2008年の世界金融危機である。世界金融危機以後、米ドルの価値が下がり、米ドル建ての資産は価値が毀損した。人民元の国際化を進めることにより、米ドルに依存せずに人民元で資産を保有することで当該リスクを回避することができる。また、約40年あまりの改革・開放政策により、中国経済は著しく成長することができ、GDPは米国に次ぐ2位となっている。今後、一帯一路に象徴されるように、中国企業のグローバル化が大きなトレンドになっている以上、通貨である人民元が国際的にあまり利用されていないことは、不利な状況に置かれることを意味する。これらの理由から、中国の人民元国際化が2008年以降、重要な国家戦略の1つとして、本格的に始まったのである。

　足元では、デジタル人民元の研究開発が進められている。米中摩擦の激化やコロナ禍においても、積極的に実証実験が行われており、今後の展開次第では、人民元国際化の推進力の一つとなることが期待される。

2 人民元国際化の要件

　通貨の国際化のためには、国内政治・経済が安定しており、世界的に経済や貿易の観点から重要な国になっていることが挙げられる。次に、当該通貨が自

由に使用できることが前提となる。そして、資本市場を整備することが要件となる。経済や貿易の観点から世界的に重要でない国の通貨は流通量が相対的に少なく、通貨の国際化は難しいといえる。この点、中国に焦点を当てると、GDPは上述したとおり、世界第2位で経済面において世界的に重要な国となっている。また、貿易の観点からもすでに世界最大の輸出国である。このため、人民元が自由に使用できること、および資本市場を整備することが今後人民元国際化の成否の大きなポイントとなってくる。

3　**グローバルでの人民元の状況**

[1] 決済シェア

　では、実際に人民元が国際的にどのようなポジションにあるか見ていきたい。先述したように、2008年の世界危機以降、中国は本格的に人民元の国際化へ動き出している。**図表1-22**は国際銀行間通信協会（SWIFT：Society for Worldwide Interbank Financial Telecommunication）の統計データであり、2012年1月と2019年4月の世界の通貨の決済シェアトップ10の通貨を示している。人民元の占める割合はそれぞれ0.25％と1.88％であり、また、順位は世界

図表1-22　世界における決済シェア

出所：SWIFTのRMB Trackerをもとに作成

第20位から世界第5位に上がっており、グローバルの金融市場において、人民元の重要性が着実に増していることを示している。

[2] 外貨準備高

　続いて、外貨準備高について見ていきたい。**図表1-23**は国際通貨基金（IMF）から公表されている統計である Currency Composition of Official Foreign Exchange Reserves（COFER）の直近の人民元の世界の外貨準備高に占める割合を表している。そこから、各国が外貨準備高として保有している人民元の割合が、2017年の第4四半期より後において着実に増加している。

　人民元の決済や外貨準備高の世界におけるシェアが伸びている理由の1つとして、2016年には米ドル、ユーロ、日本円およびイギリスポンドに続き、人民元が国際通貨基金（IMF）の特別引出権（SDR：Special Drawing Rights）の通貨バスケットとして採用されたことである。SDR は IMF 加盟国の出資額に応じて加盟国に割り当てられ、財政難に陥ったとき、通貨バスケットから融資を受

図表1-23　人民元の世界の外貨準備高に占める割合

※人民銀行の外貨準備高 /Allocated Reserved で算出

出所：IMF『中国人民銀行年度報告書』

けることができる権利のことである。つまり、SDR の通貨バスケットは自由に利用可能な通貨である必要がある。通貨が SDR の通貨バスケットに採用される基準は、世界有数の輸出国であることと、IMF が採用する通貨が自由に利用可能であることである。SDR の通貨バスケットに採用されたことは、IMF が人民元を国際的に重要な通貨であると認めたことを意味している。したがって、人民元が SDR の通貨バスケットに採用されたことは、人民元の国際化を進める中国にとって念願のことであり、大きなマイルストーンといえる。このように、人民元の国際的な重要性が上がっているが、その状況をさらに分析するために、経常取引と資本取引に分けて分析する必要がある。

4　国内の状況

[1]　経常取引

　まず、クロスボーダーの経常取引について、2009年7月に、中国国内の5都市の企業365社と香港、マカオ、ASEAN との間で人民元建てクロスボーダー貿易決済が行われた。その傾向が持続的に拡大されて、2010年6月にクロスボーダーの経常取引の試験地域が5都市から約20の省、自治区、直轄都市へと範囲が広がった。さらに、貿易相手国についてもすべての国へと対象が広がった。2011年8月になると、試験地域の範囲はすでに中国全土に拡大された。これにより、貿易について中国全土から全世界へ人民元建てクロスボーダー取引の実施が可能になった。**図表1-24**は2009年から2019年までの経常取引人民元建てクロスボーダー決済額を示している。

　図表1-24から見てとれるように、2009年から2015年に著しいスピードで増えていった。その後、外貨規制が厳しくなった関係で2016年、2017年においていったん落ち込んだが、2018年からまた持ち直した状況にある。

図表1-24　経常取引人民元建てクロスボーダー決済額(単位：億人民元)

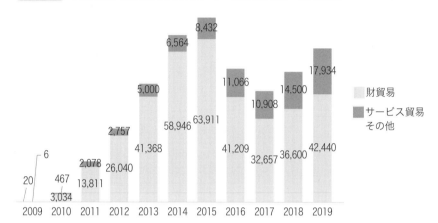

出所：中国人民銀行年度報告書をもとに作成

［2］資本取引

　続いてクロスボーダーの資本取引に関して、中国政府は、金融市場に直接的なインパクトがあるため、一貫して慎重な姿勢をとっている。ただし、人民元国際化の国策の下、ここ数年、その進展も目まぐるしいものとなっている。近年、以下のようなマイルストーンが実現している。

- 2011年12月に、適格海外機関投資家によるオフショア市場で調達してきた人民元を中国本土の株や債券に投資するRQFII制度が正式に開始された。
- 2014年11月に、適格国内機関投資家による中国本土で調達してきた人民元を中国国外の株や債券に投資するRQDII（人民元適格国内機関投資家）制度も解禁されている。
- 2014年には上海・香港ストックコネクトが開始された。上海・香港ストックコネクトにより海外の投資家は香港を経由して上海株式市場へ投資ができ、中国の投資家は上海を経由して香港株式市場へ投資することができるようになった。
- 2016年には深セン・香港ストックコネクトが開始されている。

図表1-25　資本取引人民元クロスボーダー決済額（対外直接投資と対内直接投資）
（単位：億人民元）

対外直接投資　　対内直接投資

出所：中国人民銀行年度報告書をもとに作成

●2017年には、債券通（ボンドコネクト）が開始された。香港から中国本土
への北向通（ノースバウンド）が開始され、海外の機関投資家が香港を経
由して中国本土の債券を売買できるようになった。中国本土から香港への
南向通（サウスバウンド）も将来的に実施される予定である。

これらの政策により、**図表1-25**が示すとおり2011年以降資本取引の人民元ク
ロスボーダー決済額がかなりの勢いで増加しているのが見てとれる。

5　人民元国際化のためのさまざまな政策

[1] クロスボーダー融資の緩和、貿易投資利便化、先物市場の開放

人民元の国際化を進めるために、政府は上記で述べた政策以外にもさまざま
な政策を打ち出している。2017年1月に、中国人民銀行は「全範囲クロスボー
ダー融資マクロプルーデンス管理についての通達」（以下「銀発［2017］9号」
という）を公布した。企業の調達できる融資額が純資産の2倍になり、クロス
ボーダー融資の条件が緩和された。2018年1月、中国人民銀行は「人民元クロ

図表1-26 「人民元クロスボーダー業務政策のさらなる改善による貿易投資利便化を促進することによる通達」の主な内容

No	主な内容
1	外貨決済できるクロスボーダー取引は人民元決済ができる旨を明確にした。
2	個人によるその他経常項目の人民元クロスボーダー決済業務ができるようになった。
3	海外投資家による炭素排出権取引の人民元クロスボーダー決済業務ができるようになった。
4	海外投資家による人民元での直接投資を利便化した。
5	国内企業の海外で発行した債券、株により調達した人民元は需要に応じ国内で利用できることを明確にした。

出所：中国人民銀行の人民元国際化レポート2018をもとに作成

スボーダー業務政策のさらなる改善による貿易投資利便化を促進することによる通達」（以下「銀発［2018］3号」という）を公布した。主な内容は**図表1-26**の5点である。

　また、先物市場についても人民元の国際的な使用が進んでいる。2018年3月には人民元建て原油先物が上海国際エネルギー取引所に上場し、2018年5月に鉄鉱石先物についても海外取引者が参加できるようになった。

［2］A株と中国債のグローバル総合インデックスへの組入れ

　人民元国際化のもう1つの進展は、グローバル総合インデックスへの組入れを実現できたことと思われる。

　まず、前述のように、2018年6月から、中国A株はMSCI指数に正式に組み入れられた。また、2019年2月、MSCIは新興国株指数に採用しているA株の組入れ係数を5％から20％にすると発表した。これにより、グローバル総合インデックスに基づいて投資運用を行っている海外機関投資家が中国株をポートフォリオに組み入れなければならず、中国株に対して海外投資家からの資金流入が促される効果がある。

　また、2019年1月31日に、中国人民銀行は2019年4月から、人民元建て中国国債と政策銀行債を世界の3大債券指数の1つであるブルームバーグ・バーク

レイズ指数に組み入れ、20カ月以内に完了することを発表した。完全にグローバル総合インデックスに組み込まれた後、人民元建て債券は、米ドル、ユーロ、円に続いて第4位の通貨債券になる。

　これらの動きにより、中国株式市場と債券市場に対する国際的な認識を向上させるという重要な意義を持っている。また、海外投資家の市場需要を反映でき、海外投資家が人民元の資産を増やすことにより中国経済に対する信頼に有利に働くといえる。したがって、A株や中国債のグローバルなインデックスへの組入れは人民元の国際化に有利に働くと考えられる。

［3］人民元クロスボーダー決済システム

　現在、世界各国ではクロスボーダーの金融取引を行うために、SWIFT（Society for Worldwide Interbank Financial Telecommunication）という決済システムを使用している。人民元決済の利便性を高めるために、2015年から中国人民銀行が独自に人民元専用のクロスボーダー決済システム（CIPS：Cross-Border Interbank Payment System）を開発して運用を開始した。そして、2018年5月にはフェーズ2の運用が開始した。具体的に、オペレーション時間が拡大され、世界の営業時間をカバーできるようになった。これにより、さらに人民元業務を行うための一大インフラを構築できたといえる。現在、邦銀の中国法人もCIPSに接続している。

6　デジタル人民元

［1］グローバルの中央銀行によるデジタル通貨（CBDC）のトレンド

　世界各国でデジタル通貨[3]の研究が進められており、中国を含む一部の国では、電子決済や新しい形の民間発行の通貨が目立つようになり、中央銀行のお

3　明確な定義があるわけでなく、ここでは、デジタルデータに変換されている通貨利用可能なものとする。この中には、暗号資産、CBDC、電子マネー等が含まれる。

金の利用が減少するなど、支払革命が勢いを増している。今日のますますデジタル化が進む経済において現在の状態を維持するために、一部の政府は、中央銀行のデジタル通貨（CBDC）の発行を検討し、従来のお金を補完するか、最終的には置き換えることさえ検討している。

　具体的には、CBDCはデジタル形式の法定通貨（フィアット通貨）であり、各国の中央銀行によって発行され、中央で管理および統治される。CBDCの特徴として、現金と同様にトランザクションでは分散化されるが、供給では集中

図表1-27　国際機関と主要国のデジタル通貨発行取組動向

No.	機関・国名	取組みと主な動き	時期
1	IMF	デジタル通貨の試験利用を提案	2020年4月20日
2	BIS	カナダ、イギリス、日本、EU、スウェーデン、スイスなどの中央銀行と専門チームを立ち上げてCBDCの研究開発に取り組む	2020年1月21日
3	USA	FRBパウエル議長が米国はCBDCの研究を進めているが、デジタルドルを打ち出すことは未定だと表明	2020年2月11日
4	EU	EU中央銀行はPoCプロジェクトEUROchainを公表。また2020年2月11日にEU中央銀行総裁はCBDCの利用効果の検証・評価の実施を要望	2019年12月17日
5	スウェーデン	中央銀行がCBDCの「e krona」に対する実証実験を開始	2020年2月21日
6	フランス	中央銀行がCBDCの実験方案に関する募集指令を公布	2020年3月27日
7	イギリス	中央銀行が「CBDC：チャンス、チャレンジ及びデザイン」に関する討論報告書を公表	2020年3月12日
8	韓国	中央銀行が2021年にCBDCの実証実験事業の実施を宣言	2020年4月6日
9	シンガポール	金融管理局がブロックチェーンによる多種類貨幣のデジタル通貨のひな形「Ubin」が第5段階の実証実験を行うと宣言	2019年11月11日
10	日本	7月17日に閣議決定した「骨太の方針」で日銀が20日にCBDCを評価する「デジタル通貨グループ」を設置	2020年7月20日
11	中国	開発研究が進み、標準設定も完了し、2020年4月より深セン、蘇州、成都、雄安などで実証実験を開始	2020年4月20日

各種資料より作成

化される。また、中央銀行がCBDCユニットの発行（流通中の現金の交換、アップグレード、およびデジタル化）および流通からの削除を許可されている唯一のエンティティであり、デジタル通貨を完全に制御することが確保されている[4]。

CBDCは2つの主要な形式にて開始されることが想定される。

- ●ホールセールCBDC 大企業間取引の決済資産として許可された機関に限定された使用法（例：銀行間支払、証券決済、および大企業間の決済）。
- ●汎用CBDC

　　流通している銀行券を代替または補完する、公衆（金融セクター以外の世帯および企業）が利用できる、広くアクセス可能なリテールバージョン。

　　インターバンク市場に限定されたホールセールCBDC導入の場合には大きな混乱は想定されないが、汎用CBDC導入の場合、中央銀行は国民の個人口座を開設する必要があるため、より広い影響が生じる。

[2] 中国におけるCDBCの取組み

　CBDCへの期待が高まる中で、各国の中央銀行のプロジェクトの多く（特に先進国におけるプロジェクト）は初期的な段階にあり、政府がフィージビリティ調査を開始しプロトタイプや潜在的な設計方法を調査した後に、本格的なパイロットテストが開始されることが期待される。現在のところ、多くの国では汎

4　CBDCとは対照的に、プライベートデジタルトークン（ビットコイン、ライトコイン、イーサリアムなどの「暗号通貨」）はさまざまな異なるソースによって分散され、制御されている。
　一部の小売業者は暗号通貨を支払いとして受け入れるが、これらは独立したデジタル通貨であり、中央銀行によって裏付けられておらず、CBDCのように法定通貨として認識されていない。代わりに、暗号通貨の価値は、発行企業または民間のデジタルネットワークの相対的な信用力に依存し、金融政策や貿易黒字などの要因ではなく、市場によって決定される。これらは価値の変動が激しく、交換手段として広く受け入れられていないことから、支払い手段として必ずしも信頼を得ていない。
　「ステーブルコイン」として知られているいくつかの非公開で発行された暗号通貨は、債券や国の通貨などの資産のバスケットの裏付けによってこれらの欠点を克服することを目的としている。ただし、ステーブルコインは潜在的にグローバルな金融サービスの効率を向上させる可能性があるが、大規模に採用した場合、金融の安定性リスクを引き起こす可能性がある。規制当局は法律を改正するか、特にこれらの資産を管理するための新しいルールを策定する必要がある。

図表1-28　中国のデジタル人民元の開発準備に関する主な取り組み

時　期	取組内容
2014年初旬	デジタル通貨委員会を立ち上げて監督管理の枠組みと国家デジタル通貨の開発の模索を開始。
2015年中頃	中国人民銀行からデジタル通貨関連の研究レポートが発行され、中央銀行の発行によるデジタル通貨の法案、改訂が進む。
2016年1月	中国人民銀行主催によるデジタル研究会が行われ、デジタル通貨発行の戦略目標が明示され、関連技術の開発・基礎研究、応用研究の実施、早期のデジタル通貨の開発実施の要望。
2016年7月	中国人民銀行がブロックチェーンとデジタル通貨帳票取引によるプラットフォームの研究開発事業を立ち上げ、ブロックチェーン技術の検証についても決定された。
2016年12月	複数の商業銀行の参画の下、中国人民銀行がブロックチェーンについての初回実験を実施した。
2017年2月	中央銀行がCBDCの実験方案に関する募集指令を公布。
2017年3月	中国人民銀行の科学技術工作会議でデジタル通貨を主導する中央銀行イノベーションプラットフォームの構築について言及された。
2017年5月	中国人民銀行デジタル通貨研究所が正式に発足し、デジタル通貨およびFintechについての研究が促進された。
2018年3月	中国人民銀行がDCEP（Digital Currency Electric Payments）の研究開発を進めていることを表明した。
2019年10月	全人大常務委員会において、暗号法（Cryptography Law）が採択され、ブロックチェーン技術とそれに基づく、デジタル人民元の計画を進めることが確認された。
2020年10月	広東省深セン市にて、デジタル人民元の発行に向けて、実証実験が開始される。

各種資料をもとに作成

用CBDCに焦点が当てられている。そのような状況下、先行している中国のデジタル人民元の取り組みを以下に紹介する。

　中国は世界的なデジタル通貨の先駆者であり、小売決済におけるデジタル通貨の指数関数的な成長と影響力の強いテクノロジーによる影響に不安を感じた中国人民銀行（PBOC）は、早くも2014年に暗号通貨の調査を開始した。ビットコインやモバイル決済のような公的な暗号通貨が個人に広く利用されるようになってきた2018年下半期頃に、中国の通貨主権を守るために、より緊急性を

増した。

　中国は、流通している現金の代わりにデジタル人民元を発行する世界初の主要経済国になりつつある。このデジタル通貨の全体的な設計構造を含む、このデジタル通貨／電子決済（DC／EP）イニシアチブの技術詳細を最近発表した。デジタル人民元は現在、深センや蘇州などの選抜された都市でテストされている。

　この電子通貨は中国の人民元に1対1でペッグされ、現金として既存の正確な発行プロセスに従う。商業銀行は、PBOCの既存の金融政策への影響を最小限に抑えるために、必要な準備比率要件を超えて担保を維持する必要がある。

　デジタル人民元は、発行と引き換えのための「2層システム」（2層デジタルマネーシステム）に基づいている。

図表1-29　中国のデジタル人民元の発行・流通イメージ図

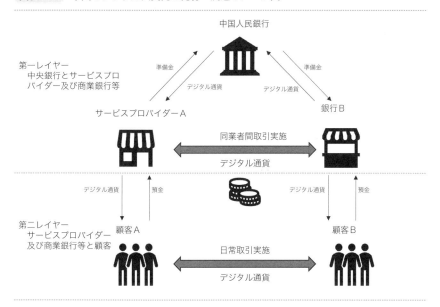

　第一レイヤーでは、PBOCは商業銀行を通じて中国のCBDCを発行および償還する。これは、中央銀行と商業銀行団体が共同で設立した集中分散型の元

帳の形でデジタルウォレットに保存される。予想される機関には、ユニオンペイ（中国の銀行カード業界団体）やアリババやテンセントなどのオンライン決済サービスプロバイダーに加えて、大手4商業銀行が含まれる。

　第二レイヤーでは、これらの商業銀行は、このコインを一般の人々や企業に再配布する責任があり、国内の商業銀行との通常のやりとりと同様の方法で流通させる。

　デジタル通貨に2層システムを採用することにより、PBOCは既存の通貨発行と流通システムを中断することなくハード通貨に取って代わることができる。

　これはまた、デューデリジェンスの実行、ITシステムの刷新、およびPBOCでのクライアントの要求への応答に責任を負うものではない。中国の既存の通貨はすでに非常にデジタル化されているため、アプリケーション開発者、エンドユーザー、銀行、およびWeChatやAlipayなどの大手企業によって開発されたAPI（Application Programming Interface）は、シームレスな相互運用性とこれら2つの間の資金移動を可能にしていく必要がある。

　デジタル人民元の発行は、中国が世界で2番目に大きい経済としての地位を確立しているため、世界的に重要になる可能性がある。このデジタル通貨は、中国が人民元の国際化に努めているため、政治的および経済的なツールとして役立つ可能性があり、世界の準備や世界貿易のための米ドルの代替通貨として選択される可能性さえある。

　例えば、中国の一帯一路には、約70か国にわたるインフラストラクチャファイナンスが含まれている。デジタル人民元を使用した金融制度をこれらの国に拡大すると、世界の金融市場で米ドルに対するチャレンジがもたらされる可能性がある。

［3］CDBC発行の意義

　21世紀に入りデジタルへの取組みが加速する中で、アナログな通貨制度は十

分に機能していないといえる。米国の商品先物取引委員会（CFTC）の元議長
である、クリス・ジャンカルロによれば、デジタルドルは通貨の将来を保証
し、個人やグローバル企業が空間や時間に関係なく支払の実行を可能と主張し
ている[5]。

　CBDCは、金融の排除やトランザクションシステムの非効率性など、紙幣
の従来の欠点のいくつかを克服するための潜在的なソリューションとして注目
を集めている。

　具体的には、中央銀行はデジタル通貨を次の目的で検討している。

● 支払効率のサポート

　公共部門の観点から見ると、既存の現金ベースのシステムは、発行、運営、
保守のコストが比較的高いため、紙幣と硬貨に大きく依存している政府にとっ
て負担となる。例えば、現金の取引コストは、多くの国でGDPの0.5〜0.9%
と推定されている。代わりに、デジタル通貨は、転送と決済の時間を短縮する
ことにより、支払システムの効率を高める（商店が「ほぼ瞬時の」カード支払か
ら資金を受け取るのに最大3日かかる場合があるため）。

　CBDCは、非公開で発行された暗号通貨が解決しようとしている非効率的
な支払にも対処できるが、政府による資金管理の面もある。イングランド銀行
の調査では、CBDCの発行によりGDPが3%上昇する可能性があり、大幅な
減税による景気後押しに相当する効果が試算されている。

　効率性は、商業銀行にまで及ぶ可能性があり、民間部門の観点から見ると、
現金の場合、企業や銀行は現金を保管、計算、移動するためのコストがかかっ
ている。お金の取り扱いとATMの維持は現在、銀行の運営費の約10%を占め
ている。デジタルトランザクションはこれらのコストを削減すると同時に、顧
客がどのように費やして節約するかについてのより深い洞察を銀行と支払処理
業者に提供する。

5　個人主導のデジタルドルプロジェクトにおける米国の商品先物取引委員会（CFTC）の元議長。

● 支払の弾力性と安全性の強化

　CBDC は、中央銀行によって発行および管理される安全で標準的な相互運用可能な国のデジタル決済手段であり、信頼できる価値の保管庫の役割を果たす。また、決済の弾力性に貢献し、商業銀行の電子決済システムの外でコア決済サービスを提供することにより、金融の安定性を高める。特に現金が使用できない e コマースの場合、支払オプションの多様化を実現できる。

　一般市民が中央銀行に直接デジタル通貨口座を保有している場合、CBDC はより安全で流動性が高いため、不況期に銀行経営に対する脆弱性を回避することができる。その結果、政府は「Too big Too fail」とみなされる金融機関に預金保険と救済を提供する必要がなくなることが想定されている。興味深いことに、進行中のコロナウイルスの蔓延により、安全性への要望が高まっており、COVID-19は法定通貨に関連する衛生上の問題を明らかにしている。例えば、コロナウイルスの蔓延を抑えるために、中国は流通している紙幣から古いお金を引き抜き、2週間の消毒と検疫を行い、現金の支払を一時的に禁止した。また、コロナウイルスの流行エリアに6,000億元（860億米ドル）の新しい現金を追加することにより、感染リスクを低減を図った。韓国も同様に、銀行券を摂氏150度で加熱し、流通している貨幣を介したウイルスの感染拡大阻止を図った。

● 金融および金融の安定性の強化

　デジタル通貨は、金融政策の変更の実態経済への伝達を強化し、決済システムの回復力を高めることができる。これらは、量的緩和や金利などの間接的なツールよりも、マネーサプライの直接的なコントロールと効率的な管理を可能にする。

　また、CBDC の発行により、政府は通貨のフロー情報に関するリアルタイムでの情報収集、マクロ経済統計の正確な計算、必要に応じた銀行の貸付や直接資金調達の積極的な管理が可能となる。

　通貨のボラティリティが高く、ハイパーインフレに直面している新興経済国

（政府がより多くのお金を印刷し、既に供給している通貨の切り下げを実施している国々）の場合、CBDCにより通貨の購買力が安定し、お金の真の価値を維持するのに役立つ。

● 違法行為の防止

　課税または監視されていないブラックエコノミーでの現金の流通は、世界のGDPの5％または2兆米ドルに達するとも言われており、これは毎年資金洗浄され、犯罪、人身売買、テロ活動の資金源となっている。政府はフィアット通貨よりもCBDCをより厳格に監視できるため、KYC（Know Your Clients）確認プロセスを改善し、ビッグデータを使用して特定の行動パターンを特定できる。これにより、マネーロンダリング、脱税、テロ資金調達に対抗することができる。

● クロスボーダー支払の改善

　資本市場および世界貿易において、クロスボーダーの資金の送金および外国為替取引の実行にCBDCを使用すると、リスクを削減し、効率を高めることができる。これにより、透明性の向上、運用の簡素化、取引関連の手数料の削減、外国為替リスクの低減、規制報告負担の軽減といった効果が期待される。

　次に、支払の効率化により、通貨の回転率が上がり、CBDCを持つ国が国際貿易と政策においてより大きな役割を果たすことができる。

● フィナンシャル・インクルージョン（金融包摂）[6]の推進

　CBDCは金融包摂を促進する手段として使用でき、住民が無料または低コストの基本銀行口座にアクセスすることを可能とする。新興国の中央銀行は、

6　経済活動で必要となる金融サービスを、貧困や難民等の状況にもかかわらず、すべての人々が利用できるようにする取り組みのこと。

CBDCを銀行券の代わりとして発行したり、銀行券を補完したりして、金融市場の近代化の促進を図ることが期待される。

　この要因としては、従来の現金を使用した支払について効率性と安全性への懸念があるため、銀行口座の保有を必要とせず銀行口座を持たない個人に対してモバイルネットワーク等経由でデジタル決済手段を提供することで包括性を高める必要性に起因する。

● 支払の現金使用の減少への対処

　スウェーデンなどの一部の先進国では、現物現金の流通量が減少している。これらは、少数の民間企業および非常に頻繁に外国企業によって提供されるデビットカードおよびクレジットカードを介した電子決済に置き換えられている。例えば、スウェーデンの中央銀行調査では、2018年のスウェーデン居住者の13％のみが最近の購入に現金で支払い、2010年の39％から減少したことが判明した。多くはSwishと呼ばれるモバイル決済アプリケーションを使用しており、2023年までに現金の受け入れ中止の可能性がある。

　政府は民間セクターの電子決済プロバイダーに過度に依存していることから、CBDCが国家保証の資金へのアクセスを維持し、決済システムに対する国民の信頼を維持することを検討している。さらに、既存の電子決済システムがすべてのユーザーのニーズを満たすことができるという保証はない。これは先進国であっても銀行を利用できないセグメントが存在するためである。

[4] 今後の展望

　ほとんどの市場では、現金が残る可能性がある一方で金融の完全性の保護から金融政策の有効性の維持まで、CBDCの利点により、より多くの政府が独自のCBDCを検討している。

　中国の動きは他の国に先んじており、広東省深センにおいて　5万人規模のデジタル人民元の実証実験を2020年10月12日より開始している。狙いの一つには、資金の流れを管理することがあげられる。もう一つの狙いとしては、デジ

タル人民元の利用を促進し、中国国内に留まらず、一帯一路等の経済圏を通し、貿易決済等を通じて、普及させることで、基軸通貨への足掛かりとすることが挙げられる。

CBDCの採用は企業や個人に大きな影響を与えるため、その使用範囲や規制範囲に関し適切な設計と制度的取り決めを考慮する必要がある。

システムの信頼性等の検討すべき課題についても、国際的な枠組みの中で、今後CBDCがどのように進展していくか注視していく必要がある。

⑦　日本企業にとっての人民元ビジネスの機会

2018年5月、中国の李首相が訪日し日中首脳会談が行われた。会談の成果として、一連の政府間の合意がなされたが、その内容は、金融に関わる内容が多かった。RQFIIの投資枠の付与、通貨スワップ締結のための作業の早期完了、人民元クリアリング銀行の設置、中国債券業務ライセンス早期付与と日本の証券会社等の中国市場参入に関する認可申請を効率的に実施することについて、日中の間で合意された。以下では、人民元の国際化と、これに関連するRQFII、通貨スワップ協定、人民元クリアリング銀行について、具体的に述べていく。

[1] RQFII

中国は、日本の金融機関に対してRQFII（人民元適格海外機関投資家）の投資枠2,000億人民元を付与することを日本と合意した。例えば、2018年12月になって三井住友銀行が30億人民元のRQFIIの投資枠を獲得した。これにより三井住友銀行は債券市場を拡大することが可能となった。RQFIIの投資枠の付与は、日本企業にとっては中国ビジネスに参入する機会が増え、中国にとっては人民元の国際化につながるという双方にとって大きな意義があるといえる。

［2］ 通貨スワップ協定

　続いて通貨スワップ協定について述べていきたい。通貨スワップ協定とは、通貨危機など万一の場合に備え、互いの通貨を交換して融通することである。中国は、多数の相手国の中央銀行や通貨当局との間で通貨スワップ協定を結んでいる。先述した2018年5月の日中首脳会談により、中国通貨スワップ協定の締結を早期に完了させることに合意しており、2018年10月に中国人民銀行と日本銀行は通貨スワップ協定を締結した。融資枠は2,000億人民元（3兆4,000億円）であり、期間は3年間となっている。中国にとっては人民元の国際化という意義があり、日本にとっては日本企業の中国ビジネスに対しての環境整備を図るという意義がある。

［3］ 人民元クリアリング銀行

　上記の通貨スワップと同じ2018年10月に、人民元クリアリング銀行の設置に関して中国人民銀行と日本銀行は覚書を締結した。中国銀行東京支店が人民元クリアリング銀行の役割を担うこととなる。また、2019年6月には三菱UFJ銀行が邦銀としてクリアリング銀行に指定された。これにより、以前よりもスムーズな人民元決済が可能となった。

⑧ 課題

　このように、人民元国際化を進めて既に10年余りが経って、人民元は通貨としての国際的な重要性を年々高めている。人民元のさらなる国際化のために必要な対外開放と資本市場の整備を行っていることを述べてきたが、まだ依然として決済シェアや外貨準備高において上位の米ドルやユーロには及ばない。その要因として、中国にまだ外貨規制が存在しており、資本取引を完全に開放できていないためである。このため、人民元はまだ完全な国際通貨といえないであろう。

　一方で中国は他の国に先んじて、広東省深センにおいて　5万人規模のデジ

タル人民元の実証実験を2020年10月12日より開始している。いくつかの狙いが考えられるが、資金の流れを管理することだけでなく、デジタル人民元の利用を促進し、中国国内に留まらず、一帯一路等の経済圏を通じた貿易決済等を通じて、基軸通貨への足掛かりとすることが考えられるのではないか。コロナ禍での衛生面の配慮も考慮しなければならない。

　しかしながら、中国政府は今までの各国で起こった金融危機を研究して、慎重な検討を重ねており、人民元の国際化までの道のりは時間を要するものと考えられる。例えば、資本取引の開放を徐々に行っているが、明確なタイムスケジュールがあるわけではない。人民元国際化を国策として今後も推進していくトレンドは変わりはないものの、日本を含めて海外の金融機関は短期的な動きに注目するより、中長期的な視点を持つ必要がある。特に、日本企業にとっては、上述したようにRQFIIの投資枠の付与、通貨スワップ協定の締結、クリアリング銀行の設置により中国の資本市場へのアクセスが過去よりかなり容易になり、中国の資本市場でのビジネスチャンスの拡大につながっている。

第4節

一帯一路と金融セクターとの関わり

1 概念

　一帯一路とは中国が先導して、アジア、中東、東ヨーロッパのインフラ整備を行い、貿易を促進し、対外経済を拡大させ、国内経済を強化する経済圏構想

図表1-30　一帯一路の概要図

シルクロード経済ベルト

21世紀海上シルクロード

出所：Legislative council of Hong Kong

である。**図表**1-30のように「一帯」は陸路のシルクロード経済ベルト、「一路」は海路の21世紀海上シルクロードの構築を指している。

　一帯一路は2013年に提唱された時点ではそのスケールが世界を驚かせたが、理念に過ぎないのではないかと世の中で思われていた。しかし、理念の状態から中国政府がさまざまな施策を講じることで着実な進展を見せている。以下のように、主要な出来事を整理した。

- 2013年末に一帯一路の構想が習近平国家主席により提出された。
- 2014年12月に北京でシルクロード基金が設立され、運営が開始された。
- 2015年３月には中国発展改革委員会、外交部、商務部が、一帯一路初の公式文書となる「シルクロード経済ベルトと21世紀海上シルクロードをともに推進し構築するビジョンとアクション」(「一帯一路ビジョンとアクション」)を正式に発布した。
- 2015年７月には新開発銀行（BRICS銀行）が運営を開始し、12月にアジアインフラ投資銀行（AIIB）が北京で正式に設立され、運営を開始した。
- 2017年に入り、40以上の国家および国際組織が中国と一帯一路提携協定を締結した。また、同年５月には、一帯一路国際協力サミットフォーラムが北京で開催された。これは、一帯一路に関する初の世界的な会議である。
- 2017年６月に「一帯一路ビジョンとアクション」に続く「一帯一路建設海上協力構想」が正式に発布された。

　一帯一路が提唱されてから５年ほどで、上記のような進展を果たしているのである。そして、2017年12月末の中国を含む一帯一路沿線国の経済状況は**図表**1-31のようになっている。**図表**1-31が示す通り、さまざまな国家が一帯一路の政策に関わっていることがわかる。

図表1-31 2017年12月末の中国を含む一帯一路沿線国の経済状況

出所：UNCTAD, World Bank, EY Analysis より作成

2 中国海外投資概観

　続いて本項では、一帯一路による中国企業の海外投資の現状に焦点を当てていく。**図表1-32**は沿線国に対する直接投資の金額を示している。2019年、中国企業は一帯一路の沿線国（56ヵ国）に対する非金融直接投資は150.4億米ドル、前年同期比で3.8%減少した。投資先は主にシンガポール、ベトナム、ラオス、インドネシア、パキスタン、タイ、マレーシア、UAE、カンボジア、カザフスタンなどの国である。

　図表1-33は一帯一路に対する新規工事契約額と工事完成売上高を示している。新規工事契約額は1,548.9億米ドル、工事完成売上高は979.8億米ドルである。この新規工事契約額と工事完成売上高は、中国の海外工事引受プロジェクト全体の56.7%のシェアを占めている。このように、一帯一路による提携は中国の海外投資を促進していることが見てとれる。

図表1-32　中国の一帯一路に対する非金融分野の直接投資
（単位：億米ドル）

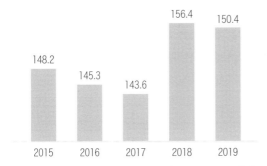

出所：中国商務部の沿線国家投資協力状況をもとに作成

図表1-33　中国の一帯一路に対する新規工事契約額と工事完成売上高
（単位：億米ドル）

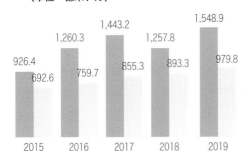

出所：中国商務部の沿線国家投資協力状況をもとに作成

3　「一帯一路」戦略における機会と金融セクターとの関わり

　上記で、一帯一路戦略により海外投資が増えていることを概説した。本項では一帯一路に対する金融業、そして日本企業との関わりについて見ていきたい。

[1] 金融業界の機会

　一帯一路は沿線国のインフラ不足を解消するために、融資、債券発行、資産管理、保険等の需要が巨大な金融市場を形成する。このため、**図表1-34**に示すような機会がある。

図表1-34　金融業界の機会

金融チャネルの構築	金融サービスの提供	リスク管理能力強化
●戦略を明確化し、慎重に「一帯一路」に沿ったエリアを選択し、金融チャネルを構築する。 ●グローバル決済ネットワークを改善し、人民元オフショア市場建設に参加し、人民元ビジネスを展開する。 ●主要市場と規制環境に応じて、支店を自ら設置するか買収するかを選択する。	●主要なプロジェクトに基金を設立し、多額かつ長期の融資を実行する。 ●アセットマネジメント、投資銀行等の新興業務の開発、業務能力の向上、顧客への広範囲の融資チャネル及び高水準の金融サービスを提供する。 ●顧客へより多く、より複雑な投資機会を提供する革新的な金融商品を提供する。	●リスク管理能力の向上、国際基準及び規制環境に適応した革新的なリスク管理ツールを提供する。 ●市場及び業界等に適応した差別化された業務プロセス及びリスク戦略を提供する。

[2] 中資企業、外資企業の金融業界の状況

　実際に中資企業、外資企業の金融業界は一帯一路戦略に積極的に反応している。

　中資銀行はシンジケートローン、ファンド等さまざまな金融ツールを通じて、合理的に貸付投資を引き出している。多数のプロジェクトが開始され、主要プロジェクトは道路、鉄道、港湾、電力、通信等の領域をカバーしている。

　外資銀行は貿易金融業務の提携において、対外融資、M&A ファイナンス、シンジケートローン等、質の高い金融サービスを提供している。また、外貨融資により、中資企業の対外投資に効率的な国際資本を提供し、グローバルの市場リスクを低減し、世界各地のキャッシュ・フロー管理を最適化している。

　イギリス大手銀行の HSBC ホールディングス傘下の銀行である HSBC（中国）は、欧米、アジア、中東、アフリカおよび中南米の約20の主要国家、およ

び地区に「中国企業海外サービス部」を設立した。海外市場を開拓している中資企業の現地支援を行うためである。また、HSBC（中国）は企業のクロスボーダー融資を支援するため一帯一路専門のチームを設立した。

同様に、イギリスの大手銀行金融グループのスタンダード・チャータード銀行は一帯一路関連の国にネットワークを持ち、多くの国で営業している。中国の顧客との円滑なコミュニケーションを確保し、中国の顧客ニーズに応えるため、一帯一路国家に専門の「中国企業海外サービス処」を設立し、中国語を話すスタッフによるサービスを提供している。

[3] 日本企業の状況

続いて、日本の一帯一路に対する状況について述べていきたい。2017年5月14日、中国国家主席である習近平は北京で開催された一帯一路国際協力サミットフォーラムの開会式に出席し、一帯一路の核心は「平和と提携、開放と寛容、相互学習と相互利益」の精神であることを再度強調した。一帯一路戦略の実施は、日本企業の中国での発展においても多くの機会を提供する。

2017年5月中旬、自由民主党の二階俊博幹事長は日本政府を代表し一帯一路国際協力サミットフォーラムに出席した。期間中、習主席とも面会した。習主席は、一帯一路は日中両国の相互利益、共同発展を実現する新しいプラットフォームと試金石であると発言した。

2017年6月、安倍晋三首相は東京都で行われた「アジアの未来」国際交流会議において演説を行い、一帯一路構想が国際社会共通の理念に合致しており、最終的に環太平洋の自由で公正な経済圏を形成し、世界の平和と繁栄に貢献することを期待し、条件が整えば協力をすると述べた。条件付きの協力ではあるものの、日本企業にとっても一帯一路への参画はポジティブなものになっている。

また、中国市場に参入した日本企業で組織された中国日本商会は「一帯一路連絡協議会」を設立し、一帯一路の構想に関連する情報を共有することを発表した。

4 　「一帯一路」戦略におけるリスク

　一帯一路と金融セクターの関わりや日本企業の機会について述べてきた。一方、一帯一路にはさまざまなリスクも存在する。ここでは3つのリスクについて述べていきたい。

［1］地政学リスク

　まずは地政学リスクについて述べていきたい。沿線国周辺にテロ組織、過激派組織が潜在的に存在している。また、一帯一路プロジェクトには複数の国が関わっているため、ある国の政権の交代によりプロジェクトが延期になるケースや中断、見直しが行われるケースがある。スリランカ、マレーシアではすでにこのような現象が起こっている。

［2］宗教、文化衝突リスク

　一帯一路は広い地域に及んでおり、沿線国と中国の宗教、文化が異なっている。インフラの整備により、中国労働者や他の異なる宗教、文化を持った人々が入って来ることによって、宗教、文化が衝突する可能性がある。

［3］融資回収リスク

　一帯一路沿線の国では、政治や経済の観点から安定していない国が含まれている。このような国への融資は最終的に回収が難しくなる可能性がある。実際に**図表1-35**が示すように、沿線国はリスクの高い国が多いことがわかる。

図表1-35　一帯一路沿線国のリスク分布

リスク指数	(80,100)	(60,80)	(40,60)	(20,40)	(0,20)
	●	●	●	●	●
	極めて高い	高	中	低	極め低い

出所：中国出口信用保険公司「ベルトアンドロード65カ国のリスク状況分析」、
　　　Oxford Economics をもとに整理

［4］投資のリスク管理

　上記で3つのリスクについて述べてきた。実際は上記で述べたリスク以外にもさまざまなリスクがある。このようなリスクに対応するために、投資前、投資期間中、投資後のすべての段階でリスク管理を実施することが重要となる。投資前に投資のために必要な情報を収集してリスクを識別する。例えば、投資先に派遣できる人員数や投資先の政策について把握する必要がある。投資期間中では実際に識別したリスクを評価して対応する。投資後も引き続き、モニタリングを行い、リスク管理を行う必要がある。

　図表1-36は投資リスクとそれに対応するリスク管理プロセスを示している。

図表1-36　投資リスクとリスク管理プロセス

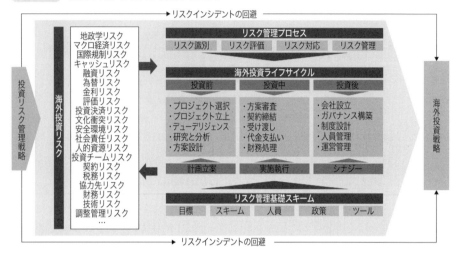

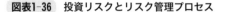

5　今後の展望

　上述のように、一帯一路は中国の経済圏構想であると同時に外資企業においても参入の余地がある。実際にHSBCやスタンダード・チャータード銀行は一帯一路の機会を活用している。日本も条件付きではあるが、一帯一路への協力姿勢は見せているので、今後日本企業も同様に参入する可能性はあると考えられる。その際は、上記で述べたリスクを意識しながら投融資することが重要となってくる。

　2020年のCOVID-19は世界経済に大きな打撃を与えた。世界銀行によると、世界経済は5.2%の縮小が見込まれている。脱グローバル化が叫ばれているが、中国はグローバル化は世界の発展の必然的な流れであるとの姿勢を明確に示している。

　グローバルな生産・供給チェーンを安定させ、貿易・投資の自由化・円滑化を推進してこそ、世界経済の下降リスクに各国が共同で対処できるとの姿勢を明確に示している。

　その点で、一帯一路は、その発足以来、沿線諸国の国際協力の深化、地理的関係の促進、経済成長の促進に重要かつ積極的な役割を果たしてきた。

　グローバルな産業チェーンの再編に直面するポストコロナ時代においては、地域経済の発展のバランスをとり、中国企業の国際化を最適化し、サプライチェーンのリスクを多様化する上で、一帯一路の取組みはより戦略的に重要になると考えられる。

第5節
自由貿易試験区の現状と特徴、グレーターベイエリア構想

1 上海国際金融センターへのビジョン

第14次五カ年計画では、北京、上海、広東省・香港・マカオのグレーターベイエリアにおける国際的な科学技術イノベーションセンターの形成を支援する旨のメッセージが発信された。

2020年6月に陸家嘴で開催された会議の席上で、中国人民銀行（PBOC）の副総裁で国家外為管理局（SAFE）の潘公勝局長はCOVID-19の流行以降、世界の経済・金融情勢は大きく変化しており、上海はより影響力のある国際金融センターを構築する上で新たな機会と課題に直面していると指摘している。

潘局長は、新たな機会と課題を受けて、中国人民銀行と国家外為管理局は、5つの具体的な側面を含め、上海との国際金融センター建設を引き続き支援し、協力していくと述べた。

第一は、グローバルな金融センター間の競争の中で上海の基本的な位置づけを堅持し、人民元金融資産をベースとした金融センターの構築である。第二に、複数チャネルの同時開放を堅持し、陸上市場の開放をより高いレベルの加速を実現することである。第三に、上海を金融機関、特にウェルスマネジメントや資産運用機関のハブとした、推進である。第四に、国際基準に沿った法の支配・ルールの環境を構築することである。第五に、外部に開かれた高レベルの資本プロジェクトの構築である。

次に、現在の上海国際金融センターとしての立ち位置を見ていきたい。毎年、イギリス金融コンサルティング会社 Z/Yen がマーケット調査を行い、国際金融センターランキング（GFCI）を発表している。GFCI は世界で最も権威

のある国際金融センターの指標である。ビジネス環境、金融業発展状況、インフラ整備、人的資本と評判に基づき採点され、ランキングが年2回、3月と9月に発表される。**図表1-37**は2020年9月GFCIのランキングを示している。トップ20に上海（3位）、香港（5位）、北京（7位）、深セン（9位）と中国の4都市がランキング入りを果たしている。

図表1-37 2020年9月（GFCI28）の国際金融センターランキング（GFCI）

Centre	Rank	Rating
ニューヨーク	1	770
ロンドン	2	766
上海	**3**	**748**
東京	4	747
香港	**5**	**743**
シンガポール	6	742
北京	**7**	**741**
サンフランシスコ	8	738
深セン	**9**	**732**
チューリッヒ	10	724
ロサンゼルス	11	720
ルクセンブルク	12	719
エジンバラ	13	718
ジュネーヴ	14	717
ボストン	15	716
フランクフルト	16	715
ドバイ	17	714
パリ	18	713
ワシントンDC	19	712
シカゴ	20	711

出所：Z/Yenの The Global Financial Centres Index をもとに作成

図表1-38　近年のランキングの変動

	2018年 9 月 (GFCI24)	2019年 9 月 (GFCI26)	2020年 9 月 (GFCI28)
上　海	5	5	3
香　港	3	3	5
北　京	8	7	7
深セン	12	9	9

出所：Z/YEN の The Global Financial Centres Index をもとに作成

　また、近年の香港、上海、北京、深センのランキングの変動は**図表1-38**のようになっている。2018年 9 月から2020年 9 月まで、ほぼすべての都市がランキングを上げていることがわかる。

　中国の各都市は、なぜこのように指標のランキングを上げることができたのか。上記に挙げたように中国はさまざまな取組みを行っているが、ここでは自由貿易試験区に焦点を当てて述べていきたい。

2　上海自由貿易試験区の概要

　上海浦東新区にある中国（上海）自由貿易試験区（以下「上海自貿区」という）は、2013年 8 月22日付けで国務院による承認を得て、2013年 9 月29日に正式に設立された。

　上海自貿区の設立は、国家戦略の一環として、グローバル経済・貿易の発展状況に応じて、より積極的な開放戦略を実施することを目指した重要な措置である。

　設立当時の対象範囲は、 4 つの税関監督エリア（外高橋保税区、外高橋保税物流園区、洋山保税港区、浦東空港総合保税区）から構成され、その総面積は28.78平方キロメートルである。

　上海自貿区の設立の目的は、従来のように優遇策や特別政策を提出するといった低コストの政策区域を構築するのではなく、試験的計画を実施し、国の

ガバナンス体制を整備、近代化させ、さらなる改革に焦点を当てた、力強く独立した総括的な自由貿易区を構築することにある。改革は幅広い分野を対象とし、大胆かつ全面的なイノベーションを通して、開放型経済体制を構築し、貿易および投資の利便化を促進させる。また、中国全土の発展をサポートし、ビジネス環境の国際化や法制化を深化させ、グローバル競争で勝つために必要となる優位性を確立し、中国経済発展の可能性を拡大させるといった大きな意義がある。さらに、上海自貿区の設立は、政府機能の転換、投資分野の拡大、貿易発展のための方式転換の加速、金融分野の開放やイノベーションの深化、および法的保障の充実等のさまざまな改革課題に関わっている。そして、上海自貿区は金融業を中心とするサービスを主としており、上海を改革開放の試験地として国際金融センターにすることを目標としている。

③　上海自由貿易試験区の背景

　上海自貿区設立の背景であるが、ここでは内部要因と外部要因の２つの視点から述べていきたい。まず、内部要因であるが、経済成長の鈍化や労働コストの上昇により、経済成長を輸出に依存することができなくなりつつある。そして過剰な生産能力や深刻な資源過大消費にも直面しているため、金融改革のさらなる実施、経済モデルを転換する必要があったのである。次に、外部要因としては、当時、環太平洋パートナーシップ協定（TPP）や環大西洋貿易投資パートナーシップ協定（TTIP）などの自由貿易協定が構築されており、諸外国から中国が取り残されてしまうという中国の危機感があったと考えられる。

④　上海自由貿易試験区の特徴

　次に、上海自貿区の特徴を３つ述べていく。

［1］投資許可および貿易の利便化

　上海自貿区に向けられた投資管理制度の改革における特徴の一つとして目立った点として、ネガティブリスト管理モデルの確立が挙げられる。つまり、自貿区内において初めて「制限なければ参入可能な」モデル（禁じられたものではない限り、自貿区進出を可能とする）を採用し、投資および市場参入を管理する。そして、外商投資プロジェクトについて従来の承認制を届出制に変更する。これは国際ルールに近付けるため、さらに開放の度合いを拡大しようとする中国政府の意図を反映させたものとなっている。

　また、2013年に公布された「中国（上海）自由貿易総体方案に関する通達」（国発［2013］38号。以下「総体方案」という）は、開放分野を金融サービス、輸送サービス、商業取引サービス、専門サービス、文化サービスそして社会サービスの6つの分野に拡大している。この分野の拡大は上海自貿区を従来の保税区から金融を中心とした改革試験地へ、そして上海を国際金融センターとするという中国政府の意図を反映させたものとなっている。

［2］政府機能の転換、監督管理

　上海自貿区において政府機能の転換は重要課題として挙げられている。政府管理の重点を事前承認から事中・事後の監督管理に転換する。情報の追跡、収集、監督のための総合的評価メカニズムを確立し、試験区内の企業の試験区外の経営活動の全プロセスに対する追跡、管理監督を強化する。また、国際ルールに適合した情報公開メカニズムを充実させ、行政の透明性を高めることが総体方案に明示されている。

［3］金融および外貨管理

　上海自貿区の設立は中国金融分野改革の新しい歴史を開いた。最も注目されたのは開放とイノベーションの内容である。2013年12月に中国人民銀行は「中国（上海）自由貿易試験区の建設を金融面で支持することに関する意見」（銀発［2013］11号。以下「中国人民銀行による30条意見」という）を発表した。中国人

民銀行による30条意見は7項目から構成されている。具体的に、①全体的な原則、②リスク管理に有利な口座体系の構築、③投融資に係る利便性の向上、④クロスボーダー人民元利用の拡大、⑤金利市場化の推進、⑥外貨管理の深化、⑦モニタリングの管理から構成されている。中国人民銀行による30条意見は細則ではなく、詳細がはっきりしないものであったが、2014年2月下旬、中国人民銀行上海本部および国家外貨管理局が相次いでクロスボーダー人民元の利用拡大を奨励し、外貨実施細則およびアンチマネーロンダリング、アンチテロ融資等の付属書類を公布し、一連の明確な実施細則を公布した。これにより、金融改革を通して資本項目における人民元両替の自由化、対外投融資の利便化、クロスボーダー双方向人民元プーリング、商品デリバティブ取引の利便化、および金利の市場化等の試みを先行させ、金融および外貨管理の改革に積極的に取り組んでいる。

5　金融改革一覧

　続いては、実際に自由貿易区において実現された金融改革を紹介する。

［1］自由貿易口座
　ここでは自由貿易口座について述べていきたい。中国人民銀行による30条意見には、口座の特徴が以下のように記載されている。
1) 試験区内の居住者は居住者自由貿易口座を開設し、投融資業務を展開することができる。
2) 非居住者は試験区内の銀行で非居住者自由貿易口座を開設し、参入前の内国民待遇原則に従って関連金融サービスを享受することができる。
3) 居住者自由貿易口座と海外口座、国内区外の非居住者口座、非居住者自由貿易口座およびその他居住者自由貿易口座間の資金は、自由に振り替えることができる。

4）同じ非金融機関主体の居住者自由貿易口座とその他の銀行決済口座の間は、経常項目業務、賃金弁済、実業投資およびその他の規定に合致するクロスボーダーの需要に基づき資金振替ができる。

5）居住者自由貿易口座と国内区外の銀行決済口座との間に生じた資金流動は、国境をクロスボーダー業務として管理する。ファイアウォールは条件を満たした取引のみが成立し、完全なる人民元の自由流通は、条件を満たした場合に限り、許可される。

図表1-39は自由貿易試験区の口座の仕組みを示している。

図表1-39　口座の仕組み

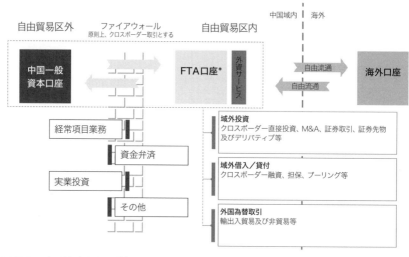

※ FTA 口座（自由貿易口座）は以下を含む。

1. 区内の非居住者は海外機関自由貿易口座（FTN）を開設する。
2. 区内機関及び区内に登録した個人事業者は区内機関自由貿易口座（FTE）を開設する。
3. 分離記帳勘定ユニット取得の金融機関と海外金融機関はボストロ自由貿易口座（FTU）を開設する
4. 区内の個人及び海外の個人はそれぞれ区内個人自由貿易口座（FTI）及び区内海外個人自由貿易口座（FTF）を開設する。

［2］クロスボーダー人民元

　上述したように2014年2月に中国人民銀行上海本部がクロスボーダー人民元の利用拡大を奨励した。具体的には、クロスボーダー人民元オフショア借入の規制緩和、人民元双方向クロスボーダープーリングの解禁、クロスボーダー人民元の集中受払業務の解禁が挙げられる。

　まず、クロスボーダー人民元オフショア借入の規制緩和であるが、試験区内の企業がオフショアから借入を実施できるようになった。オフショアからの借入により、借入企業にとって選択肢が広がったといえる。また、2016年1月に「全範囲クロスボーダー融資のマクロプルーデンス管理試行を拡大することについての通達」（銀発［2016］18号）によりマクロプルーデンス管理によるクロスボーダー資金調達が自由貿易試験区で解禁され、同年4月には「全国範囲において全範囲クロスボーダー融資のマクロプルーデンス管理を実施することについての通達」（銀発［2016］132号）により全国で行うことが可能となっている。

　次に、人民元双方向クロスボーダープーリングであるが、資本関係を有するグループ企業同士でクロスボーダーにより人民元をプーリングできるようになった。人民元双方向クロスボーダープーリングにより海外で人民元が不足した際、中国国内から余剰の人民元を調達でき、また、中国国内で人民元が不足した際、海外から余剰の人民元を調達することが可能となり、余計な支出を防ぎ、資金を効率よく使用することができるようになった。また、2014年11月に中国人民銀行により「多国籍企業グループのクロスボーダー人民元資金集中運営管理業務展開に関する通達」（銀発［2014］324号）が公布され、上海自貿区だけでなく全国でクロスボーダープーリングを行うことが可能になった。2018年、上海自貿区でのクロスボーダープーリングの収支は4,826億人民元となっている。プーリングのスキーム図は、以下の**図表1-40**のようになっている。

　そして、クロスボーダー集中受払業務の解禁であるが、グループ企業同士だけでなく、取引関係のある企業との経常取引について、クロスボーダーで人民元をまとめて決済できるようになった。これにより、決済業務が簡素化し、資金を効率よく使用できるようになっている。また、人民元双方向クロスボー

図表1-40　プーリングのスキーム図

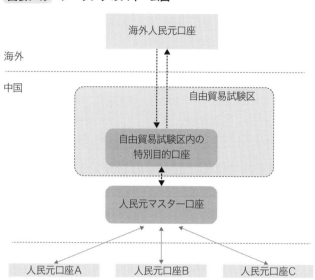

ダープーリングと同様に、2014年11月に全国でクロスボーダー集中受払業務を行うことが可能となった。2018年、上海自貿区でのクロスボーダー人民元決済は2.55兆人民元となっている。

　これらは人民元の国際化を目指す中国政府にとって、意義のある改革であるといえる。

［3］金利の自由化

　中国人民銀行上海本部は2014年3月に上海自貿区内での小口外貨預金金利上限を撤廃した。外貨預金金利の自由化は2000年に300万米ドル以上の大口外貨預金の金利が自由化されていたが、これにより上海自貿区内ではすべて外貨金利上限が撤廃された。そして、2014年6月より上海市内全域で小口外貨預金金利が自由化され、2015年5月に全国で小口外貨預金の金利が自由化された。2015年10月には人民元の預金金利も自由化された。

6　その他自由貿易試験区の設立

　　ここまで、上海自貿区の金融改革について見てきた。上海自貿区が始まり7年以上が経ち、2020年現在では上海自貿区を含む21の自由貿易試験区が設置されている。

　　2015年4月に広東省、天津市、福建省で新しい自由貿易試験区が発足しており、上海自貿区も陸家嘴、金橋、張江のエリアが加えられ大幅に拡大した。拡大面積は91.94平方キロメートル、拡大後の合計面積は120.72平方キロメートルとなり、設立当時の上海自貿区の約4.2倍となっている。金融業を含め、業務内容はさらに多様化し、上海国際金融センターの建設、長江経済帯の発展などの国家戦略と密接に連携している。

　　2017年以後も遼寧省、浙江省、河南省、湖北省、重慶市、四川省、陝西省、海南省、山東省、江蘇省、広西チワン族自治区、河北省、雲南省、黒龍江省、そして2020年になり北京市、湖南省、安徽省が追加で設置され自由貿易試験区は合計21カ所となった。また、ネガティブリストについて2013年では190項目あったが、2020年には30項目まで減少しており、より対外開放が進んでいることがわかる。

図表1-41　その他自由貿易試験区

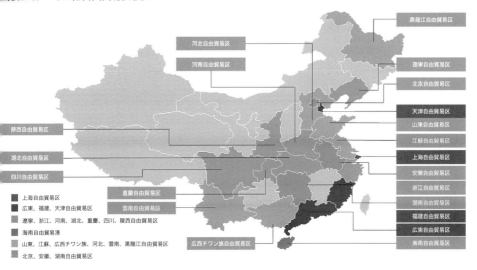

7 グレーターベイエリア（粤港澳大湾区）構想

［１］ グレーターベイエリア（粤港澳大湾区）構想の概要

　グレーターベイエリア（粤港澳大湾区）構想とは中国の広東省と香港、マカオの連携を深め、巨大な経済圏を形成し、さらなる経済発展、対外開放を目指す構想であり、2017年7月から本格的に始まった。**図表1-42**が示すように9つの都市（広州、深セン、珠海、仏山、中山、東莞、恵州、江門、肇慶）と、香港、マカオから構成されている。2019年末のグレーターベイエリアの人口は約7,000万人、面積は約5.6万平方キロメートル、GDPは約1.5兆米ドルとなっている。

図表1-42　2019年のグレーターベイエリアの面積、人口、GDP

	面 積 （平方キロメートル）	人 口 （百万人）	GDP （10億米ドル）
香　港（Hong Kong）	1,107	7.50	365.70
マカオ（Macau）	33	0.68	53.86
広　州（Guangzhou）	7,434	15.31	342.52
深セン（Shenzhen）	1,997	13.44	390.33
仏　山（Foshan）	3,798	8.16	155.85
東　莞（Dongguan）	2,460	8.46	137.46
恵　州（Huizhou）	11,347	4.88	60.56
中　山（Zhongshan）	1,784	3.38	44.95
江　門（Jiangmen）	9,507	4.63	45.61
珠　海（Zhuhai）	1,736	2.02	49.81
肇　慶（Zhaoqing）	14,891	4.19	32.60
グレーターベイエリア合計	56,094	72.65	1,679.25

出所：香港貿易発展局をもとに作成

［2］グレーターベイエリア構想の発展目標と世界三大ベイエリアとの比較

　2019年2月18日に中国国務院が「広東・香港・マカオ・グレーターベイエリア発展計画要綱」（以下「発展計画要綱」という）を公表し、グレーターベイエリアの具体的な方向性が初めて示された。グレーターベイエリアの戦略的な位置付けは、①活気のある世界レベルの都市群、②国際的な影響を持つイノベーションと技術のハブ、③一帯一路構想に対する重要サポート、④中国本土と香港・マカオの協力を深める、⑤生活、ビジネス、観光に優れた生活圏、からなっている。また、発展計画要綱では、グレーターベイエリア構想の発展目標を2つの期間に区切って定めている。まず、2022年までにグレーターベイエリアの総合的な実力を上げ、広東省と香港、マカオの協力を深化、拡大させ、国際的な最高水準の枠組みを構築することである。そして、2035年までに経済力、技術力を向上させ、国際的な競争力、影響力をより一層強化し、国際的な最高水準のベイエリアを構築することである。つまり、世界三大ベイエリアのサンフランシスコ、ニューヨーク、東京のベイエリアに匹敵するベイエリアを構築することを目指している。**図表1-43**は各ベイエリアの面積、人口、GDP

図表1-43　各ベイエリアの面積、人口、GDP（2018年）

	サンフランシスコ	ニューヨーク	粤港澳	東京
総合指数 （順位）	0.563 （1位）	0.527 （2位）	0.466 （3位）	0.325 （4位）
経済 （順位）	0.409 （3位）	0.423 （2位）	0.634 （1位）	0.312 （4位）
イノベーション （順位）	0.506 （1位）	0.358 （4位）	0.494 （2位）	0.451 （3位）
文化・観光 （順位）	0.432 （2位）	0.816 （1位）	0.291 （3位）	0.255 （4位）
生活・ビジネス環境 （順位）	0.614 （1位）	0.543 （2位）	0.297 （4位）	0.407 （3位）
イメージ （順位）	0.853 （1位）	0.494 （3位）	0.615 （2位）	0.100 （4位）

出所：2019年1月23日付中国産業情報（情報）サイトが社会科学院報告をもとに作成・掲載

を示している。グレーターベイエリアは他のベイエリアと比べ規模が大きいことがわかる。また同時に、１人当たり GDP と第３次産業の GDP シェアについては今後伸ばす余地が大いにあるといえる。

［３］金融機関の機会

　発展計画要綱では、金融機関サービスについて示されている。グレーターベイエリアの銀行は、人民元クロスボーダー貸付、人民元先物外国為替業務、人民元関連のデリバティブ業務、理財商品の代理販売業務を行うことができる。また、グレーターベイエリアの企業は、クロスボーダー人民元債券を発行することができる。そして、香港の機関投資家がグレーターベイエリアで調達した人民元をプライベートエクイティファンドやベンチャーキャピタルファンドに投資することを支持すると明記されている。

［４］インフラプロジェクト

　グレーターベイエリアのインフラプロジェクトであるが、2018年９月に香港と中国本土を結ぶ「広深港高速鉄道」が開通した。香港—広州間は従来２時間ほどかかっていたのが最短47分に短縮された。また、2018年10月には香港—マカオ—珠海を結ぶ「港珠澳大橋」が開通した。陸路で約４時間かかっていた香港国際空港—珠海間が45分へ短縮され、香港—マカオ間も約30分で行き来することが可能となった。さらに、2024年には深センと中山を結ぶ「深中通道」が開通予定である。

［５］一帯一路との関係

　先述したように、グレーターベイエリア構想の戦略的な位置付けの１つとして一帯一路構想をサポートするという役割がある。**図表1-44**が示すように、グレーターベイエリアは南シナ海の入口であり、21世紀海上シルクロードのゲートウェイとしての役割を果たすことができる。また、沿線国のプロジェクトやビジネスの製造、出荷、金融、建設のワンストップショップとしての役割を果

図表1-44　グレーターベイエリアと一帯一路

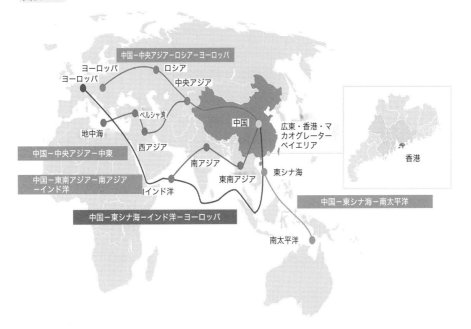

たすことができる。このようにグレーターベイエリアは一帯一路構想に対して
さまざまな利点があるといえる。そして、一帯一路構想によりさらなるインフ
ラ整備が行われ関連する地域の経済効率が上昇すると考えられる。

[6] 課題

　ここまでグレーターベイエリアの概要について述べてきたが、一方で課題も
ある。グレーターベイエリアは一国二制度の下、社会制度や法律制度が異な
り、また、属している関税区域も異なる。現状の市場の相互接続の水準は不十
分であり、市場の相互接続の水準を段階的に改善する必要がある。グレーター
ベイエリア内部の地域ごとの発展状況のギャップも大きく、一部の地域では、
同質的競争や資源配分のミスマッチが起きている。さらに、2020年6月30日に施
行された国家安全維持法も香港を取り巻く環境を大きく変える可能性がある。

8　海南自由貿易試験港構想

［1］海南自由貿易試験区構想の概要

　海南島は1988年に海南省として設置された経済特区であり、面積は33,900平方キロメートル、人口は944万人（2019年）である。中国の最小の省ではあるが最大の経済特区としての歴史を持つ。

　海南島にある中国（海南）自由貿易試験区（以下「海南自貿区」という）は、2018年10月中国国務院の「中国（海南）自由貿易試験港総体方案」（以下「海南総体方案」という）の発布を受け設立された。

　海南自貿区の設立は、自主性・法治性・国際化・利便化を満たすビジネス環境と、公平でかつ開放された効率的な市場環境形成を加速させ、貿易の利便性を向上させ、経済のさらなるグローバル化を目指した措置である。

　海南総体方案によると、海南自貿区は改革開放試験区・国家の生態と文明の試験区・国際観光消費センターおよびサービス保障区として全面的に深化させ、開放戦略を積極的に推進し開放型新体制を構築することによって、海南自貿区を太平洋およびインド洋への重要な門戸として開放することにある。また、海南総体方案では、海南自貿区が経済の新体制の構築の加速化させ、サービス業の革新的な発展を促し、政府機能を変革させ、重大なリスクの防止を実現させることを目的にしている。

［2］海南自由貿易港建設構想

　この方案では、2025年までに自由貿易港としての初期段階の制度体系を整備し、2035年までに制度体系および運用を成熟化させ、今世紀半ばには国際的競争力を持つ自由貿易港として発展させることを計画している。

　具体的には、海南自由貿易港の建設は、中国のこれまでの自由貿易区よりも戦略性が高く、大胆な試みによって中国の開放経済の新たな指針となることが期待されている。全体計画によると、海南市は「ゼロ関税、低税率、簡易税制」に代表される多くの優遇政策により、歴史的な発展の機会を迎え、貿易、

投資、国境を越えた資本の流れ、人材などの開放実現を目指している。

　海南自由貿易港はオフショア自由貿易港としての特性を持っており、国家の戦略的な位置付けと政策的なエンパワーメントにより、金融改革の実証実験を率先して行うことが期待される。実験の過程では、ストレステストを実施し、リスクが本土の他の金融システムに転嫁されないように予防策を講じるとともに、蓄積された経験をその他の自由貿易区、さらには中国全土に広めていくことが予定される。

⑨　将来の展望

　中国は国家戦略として、グローバルスタンダードに基づく自由貿易の枠組みを作ろうとしている。上海自貿区はその戦略の第一歩で、将来的にアジア・太平洋自由貿易へと進展していくと見られている。実際に2020年に地域的な包括的経済連携（RCEP）の締結が行われるとともに、アジア太平洋経済協力会議の席上で習主席は環太平洋パートナーシップ協定（CPTPP）への参加を前向きに検討する旨を示している。

　地域内の財・サービス・投資の貿易を高水準で開放し、地域貿易・投資の自由化・円滑化のレベルの大幅な向上は貿易相手国である日本においても大きな影響があり、具体的な進展を注視していく必要がある。

　この過程において、人民元の国際化が重要な課題であり、上海の国際金融センターの構築も重要な役割を果たすと考えられている。

　グレーターベイエリアについては、上記で述べた通り一国二制度の点で課題があるため、当該課題を克服できるかが焦点となる。課題を克服した上で、中期目標と長期目標を達成し、世界三大ベイエリアに匹敵するベイエリアを完成させることができると考えられる。

　また、海南自貿区は太平洋およびインド洋に対する貿易の窓口として発展していくと見られている。

　そして、COVID-19の流行以降、世界の経済・金融情勢が大きく変化する中

で、自由貿易区、グレーターベイエリア、海南自由貿易港等のいずれも新たな機会と課題に直面し、いかに対応していくのか注視していく必要がある。

第6節

中国における Fintech の現状

1　**中国における Fintech の現状**

　ここ数年、世界最大級の国内市場と豊富なベンチャーキャピタルを背景に、デジタル革命は中国に急速に根付いた。現在、中国は世界の e コマース市場の50％以上を占める世界 No.１ の e コマース市場であり、９億人に迫るモバイルユーザーが存在している。そしてほぼ手数料無しでモバイル決済を行うことが可能であり、世界をリードしている。中国デジタル経済の急成長は、アリババ、テンセント、バイドゥといった巨大インターネット企業に大きく牽引されており、彼らはイノベーションの最先端に位置している。**図表1-45**は EY の調査による各国の2019年の Fintech 採用率である。EY は Fintech 企業や非伝統的なプロバイダーから提供される19の異なるサービスを識別しており、それらを Fintech サービスとしている。Fintech サービスは送金と支払、ファイナンシャルプランニング、貯蓄と投資、借入、そして保険の５つの分類から構成される。EY の調査は27の市場から２万7,000以上の消費者からのオンラインインタビューに基づいており、２つ以上の Fintech サービスを使用している個人を Fintech ユーザーとして定義している。そして、Fintech 採用率は、Fintech ユーザーが Fintech サービスを使用している割合を示す。調査の対象国の中で中国の Fintech 採用率は、トップの87％となっている。

図表1-45 各国の Fintech 採用率

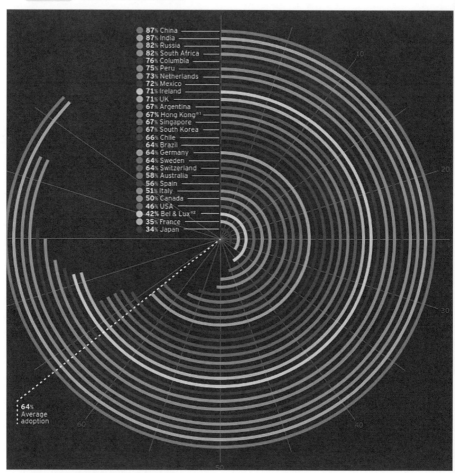

87% China
87% India
82% Russia
82% South Africa
76% Columbia
75% Peru
73% Netherlands
72% Mexico
71% Ireland
71% UK
67% Argentina
67% Hong Kong[※1]
67% Singapore
67% South Korea
66% Chile
64% Brazil
64% Germany
64% Sweden
64% Switzerland
58% Australia
56% Spain
51% Italy
50% Canada
46% USA
42% Bel & Lux[※2]
35% France
34% Japan

64%
Average
adoption

※1　香港特別行政区
※2　ベルギー及びルクセンブルグ
出所：EY Fintech Adoption Index 2019

2　中国でFintechが発展した主な要因

　上述のように、中国ではFintechが発展している。中国でFintechが発展した主な要因を5つに分類して述べていく。

［1］ニーズに対して不足していた金融インフラ

　2019年、中国のGDPは約14兆米ドルとなった。これはアメリカに次ぎ世界第2位の規模である。直近も市場の変動があるにもかかわらず、経済成長は持続しており、今後も多数の中産階級が生み出されることが予想されている。Fintechが発展する以前、中小企業は、財務状況や与信レベルの透明性に限界があることを理由に、銀行から満足のいく融資を受けられていなかった。また、**図表1-46**は2014年当時の各国の銀行インフラ数を示している。これによれば、中国の銀行インフラ数（商業銀行店舗とATM）は、北米や欧州、日本に比べて少なく、資産を蓄積してきている消費者のニーズを満たすものではなかった。このような状況のなか、中小企業や個人の資金需要が高まっていたため、中小企業や個人はイノベーションの欠如していた銀行ではなく、よりよい金融サービスを提供できる機会を求めるようになったのである。

図表1-46　2014年の10万人当たりの銀行インフラ数

	中国	北米	欧州	日本
商業銀行店舗	8.0	28.2	27.8	33.9
ATM	54.8	221.2	70.9	127.5

出所：世界銀行をもとに作成

［2］充実したインターネット環境

　図表1-47は中国のインターネットユーザー数とインターネット普及率を示している。2020年3月でインターネットユーザー数は9億人を超え、インターネット普及率は64.5％まで増加している。2008年12月の20％台から急速に増加

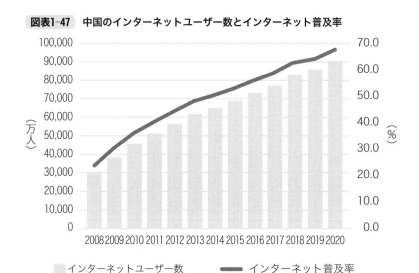

図表1-47　中国のインターネットユーザー数とインターネット普及率

凡例：
■ インターネットユーザー数
━ インターネット普及率

出所：中国インターネット情報センター（CNNIC）、
　　　（第45回中国インターネット発展状況統計報告）をもとに作成

していることがわかる。また、モバイルインターネットの利用者数も9億人に迫っている。充実したインターネット環境は、モバイル決済システムの普及の要因の1つとなったのである。

［3］eコマース（EC）の発展

　2019年、中国eコマース（EC）市場は約1.9兆米ドルに達し、世界の半数以上の規模を占め世界最大となっている。例えば、2020年11月11日の「独身の日」と呼ばれる中国ネット通販最大のセールにおいては、12兆円規模の取引高となった。中国は伝統的に現金が主な決済手段であり、クレジットカードの普及率が低く、伝統的な銀行は十分な決済手段を提供することができなかった。アリババ等のIT企業がEC市場におけるFintechによる決済手段を提供し、急速に普及した。

　図表1-48は中国 EC 市場の世界に占める割合を示している。また、**図表1-49** は縦軸が15歳以上のオンラインで支払を実施する割合を示し、横軸がクレジットカードを使い金融機関からの借入を実施する割合を示している。

図表1-48　中国 e コマース（EC）市場の世界に占める割合

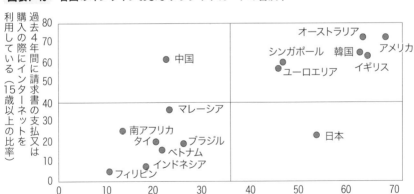

出所：eMarketer をもとに作成

図表1-49　各国のオンラインおよびクレジットカードの普及率

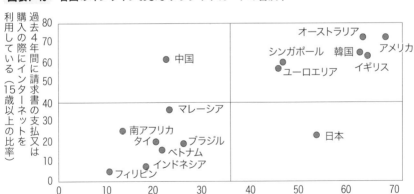

金融機関からの借入又はクレジットカードの利用（15歳以上の比率）

出所：世界銀行をもとに作成

［4］IT 巨大企業によるイノベーション

　デジタル技術はすでに消費者の暮らしに浸透し、上述した通り、顧客は e コマースやオンライン決済の使用を習慣的に使用している。決済手段サービスの事業はブームを迎えており、アリババグループ傘下の金融会社 Ant Financial が開発した Alipay は中国においてすでに最大の決済手段となっている。ただし、決済手段以外にもさまざまなサービスが広がっている。

　アリババは、2013年 6 月に Alipay を利用した「余額宝」という資産運用ファンドの運営を開始した。当該ファンドの誕生により、顧客は容易に余剰資金の運用を実施することができるようになった。伝統的な銀行がより魅力的な商品・利息を顧客に提供できなかったため、「余額宝」は爆発的に成長した。その後、2017年には金融当局からの規制の影響による運用額の上限の引き下げや、中国で低金利環境が進みリターンが低下し Money Market Fund（MMF）としての性質上、利回りが低下したこと等により縮小したものの MMF のファンドとしては世界最大級の資産規模を維持している。

　一方、テンセントが運営する WeChat の機能は、もはやただのソーシャルメディアプラットフォームの域を越えている。タクシーやネットスーパー、出前、レストランなど、ありとあらゆるものの支払を済ますことができる。

　二次元コードと O2O（Online to Offline）サービスの普及により、モバイル支払はさらに発展している。O2O ビジネスモデルに関して、たとえオンライン上で顧客が購入したとしても、商品やサービスはオフラインの商店から提供される。O2O ビジネスの促進のために、アリババは、2015年に中国大手商業小売会社の蘇寧雲商集団（スニン・コマース）との業務提携に合意したと発表した。両社は EC プラットフォーム、サプライチェーン、物流、金融決済とクラウドコンピューティングなどで連携し、オンラインとオフラインを融合させた「インターネット＋小売」ビジネスの発展を目指す提携である。

[5] Fintech を積極的に利用する消費者の存在

　中国の消費者は Fintech 商品の利用に前向きであり、このことが革新的なサービス機会の提供を可能としている。現在の主要なマーケットは、以前十分な銀行サービスを受けていなかった層であり、また、理財商品やプライベートバンクなどへのサービスに対する需要を高めている中産階級である。ミレニアル世代と呼ばれるデジタルに精通した世代の多くが中産階級へと成長し、これらの世代は新しい技術に対してオープンな姿勢であり、高齢世代に比してリスク許容度および消費傾向が高い。これらの世代が中国のオンライン決済の成長を後押ししている存在といえる。伝統的な銀行の信頼の喪失や銀行の実体店舗の重要性の減少により、より多くの中産階級は資産管理をノンバンクにて行い、インターネットバンキングを使用するようになっている。中国の消費者は、個人情報をオンラインで共有することに抵抗はなく、携帯端末に支払情報を残し、現金以外の形式で支払を行うことを望んでいる。このような消費者の存在が e コマースやデジタルバンキングの成功の基礎となっており、P2P ローンや理財商品、Mutual Fund などの金融サービスの急速な発展にもつながっている。

　ここまでをまとめると、中国ではインフラが不足していたがネット環境が整っており、アリババやテンセントによる e コマース市場への参入、そしてこれらの企業によるさまざまなサービスの提供、消費者嗜好が組み合わさり、中国の Fintech 市場は拡大していったのである。

3　各産業の Fintech の状況

　ここまで中国の Fintech が発展していること、およびその要因について述べてきた。続いて各産業の Fintech の状況について述べていきたい。各産業のFintech の状況は**図表1-50**のとおりである。

図表1-50 Fintech の状況

産　業	現　状
小売業	●行動のデジタル化により、中国はオンラインショッピングやオンライン決済の規模が急速に拡大している。 ●消費者嗜好の変化に対応するため、伝統的な小売業はオムニチャネルを採用する必要がある。
ヘルスケア産業	●中国のヘルスケア産業はデジタル変革モデルの医療ビジネスを実現するため、新しいテクノロジーを採用している。 ●しかし、中国の医療制度は依然として公的保健と公営病院の支配下にある。デジタル変革は政府主導であり、ビジネス、政治、社会的目的が混在していることから、変革プロセスは緩慢かつ段階的となると考えられる。
金融業	●中国の銀行は相当程度の投資金額をコンプライアンス、オンライン決済、送金、クロスボーダー e コマース関連の IT ソリューションに充てている。 ●中国の銀行はリスクマネジメントと業務効率を向上させるためにビッグデータと分析ソリューションが必要であると認識している。サイバーセキュリティソリューションは銀行のデータの安全性を確保している。 ●現在の銀行はデジタルソリューションへの急激な投資という競争圧力に直面している。
製造業	●中国はデジタル化と自動化を推進すると決めており、「Made in China 2025」計画は製造業をバリューチェーンに進化させるためのデジタル活用のオペレーション変革を促進している。 ●中国の製造業者はデジタル化の成功のための明確なロードマップを必要とすると考えられる。上流と下流の業者との協力戦略が必要であり、サプライチェーンもデジタル化される傾向にある。

4 中国における代表企業の状況

[１] Fintech 代表企業の地域分布

　Fintech 企業の継続的な発展には、意思決定の早いハイスキルな人材が欠かせない。**図表1-51**が示すように、中国ではこのような人材や Fintech 関連大企業は、北京、深セン、上海―杭州に集中していることがわかる。

　北京は国内外の国際的な Fintech 企業の本社・中国本社所在地であり、マイクロソフト、IBM、シスコ、小米、京東、百度などが所在している。深センは

図表1-51　Fintech の主な代表企業の地域分布

出所：DBS 銀行 EY 連名レポート（2016年）

香港の金融センターに近く、Huawei、ZTE、テンセントなどの Fintech 関連
大企業の本部所在地である。上海は国際金融センターであり、アリババの所在
地である杭州の近くである。

　Fintech 企業は、世界でも有数の理工系の大学、例えば、北京大学や清華大
学の近くでビジネスを行っている。これらの大学は、Fintech 企業に対して継
続的にエリート人材を輩出している。上記地区は、投資額の増加が著しく、中
国の Fintech 企業にとって、成長に資する有利な環境となっている。同時に、
より多くの中国の学生がアメリカのトップの大学で学ぶことを選択しており、
彼らは Google や Facebook などのアメリカのトップ企業に勤務している。こ
れらの才能、知識、経験を持った人たちが中国へ戻ることにより、さらなる将
来的なイノベーションにつながっている。

[2] 各 Fintech 企業のビジネス展開状況

　図表1-52は Fintech 企業におけるビジネス分布である。IT 企業が決済だけでなくさまざまな分野に進出してイノベーションが起こっていることは上述したが、多岐にわたりビジネスを展開していることが見てとれる。その一つの信用保証において、アリババは傘下のアント・フィナンシャルグループが開発した「芝麻信用」というサービスを提供している。このサービスにおいては、アリペイのユーザーの利用状況や属性状況に基づきユーザーの信用状況をスコア化している。高スコアのユーザーに対して各種サービスの優遇が図られている。一方、低スコアのユーザーの信用について不利な情報を開示することによって返済率が開示しなかったときの1.6倍に向上するといったデータもあり収益性の向上が期待される。なお、テンセントも「テンセント・クレジット」という同様のサービスを提供している。ただし、マネーロンダリング対策等から中国当局が銀行と同様の規制を行う可能性はあり、また海外でのサービス展開においては海外の規制当局から同様の規制を受ける可能性は否定できない状況にある。

　昨今の金融市場開放の動きは Fintech と密接に連動している。市場開放に併せて外国の金融機関が中国の Fintech 企業と共同で事業を行う例が増加している。例えば、世界第２位の資産運用会社大手のバンガードはアリババ集団傘下の金融会社アント・グループと合弁企業を設立し個人向けの投資顧問サービス

図表1-52　各 Fintech 企業のビジネス展開状況

	アリババ	テンセント
支　払	✓	✓
ローン	✓	✓
理　財	✓	✓
保　険	✓	✓
証　券	✓	✓
銀　行	✓	✓
信用評価	✓	✓
クラウドファンディング	✓	✓

を始めた。

　米国の証券ブローカーディーラーの DriveWealth は、中国の Fintech 企業である CreditEase と提携し、中国の投資家が国際的な株式に効率的にアクセスできるようにロボアドバイザリー製品 ToumiRA を発売した。

　米国の株式や ETF を手数料なしで買うことのできるアプリを提供する米国金融サービス企業のロビンフッドは、百度と連携して中国市場に進出した。ロビンフッドのアプリは、百度の株取引アプリであるストックマスターに統合され、人工知能を用いて将来の株価の動きを予測する。

　米国電子商取引会社のペイパルは、中国の消費者のクロスボーダー取引と支払をサポートするために、中国の電子決済システムを運営する銀聯と提携した。これにより、中国の消費者は、銀聯の使用が制限されている国の電子小売業者から直接商品を購入することが可能となった。ペイパルと銀聯は、ペイパル・チャイナ・コネクトを開始し、顧客が直接人民元を支払手段にすることを可能にし、これにより手数料を節約することができるようになった。

5　将来の展望

　中国の Fintech は急速に発展しており、外国企業は中国企業と提携することにより中国の Fintech 市場に参入し、ビジネスを拡大することが可能となっている。また、デジタル人民元といった中央銀行の取組みも Fintech を支えるインフラとなり、益々のビジネス発展に寄与する可能性がある。今後、日本企業も中国の企業と提携し、Fintech 市場に参入することで新たなビジネスを展開する可能性は大いにあるといえる。また、従来の金融規制から離れて発展を遂げてきた Fintech 企業においても銀行業といった既存事業と類似するサービスへの進出が進んできており、既存事業と同様の規制が進む可能性もある。これらの規制は健全な運営に不可避ともいえる。今後の発展に向けては、ポストコロナの産業構造の大きな変化に対応していくとともに、変遷していく規制についてもより注視していく必要がある。

第 7 節

香港の金融資本市場の現状と展望

　本節は、グレーター・チャイナにおけるもうひとつの金融市場である香港について、その今後に対しての一定の示唆を与えるべく記載したものである。本節では、香港の国際金融センターとしての地位、マクロ経済状況、および、香港の金融資本市場として代表的な株式市場と債券市場の現状について概説を行うとともに、金融セクター別の概況および規制の枠組みについても触れたい。

1 香港の国際金融センターとしての地位

　香港は、主要な国際金融センターの一つとして、アジアの中心に位置し、中国の金融市場のゲートウェイとしての機能、世界の他の国との広範なネットワーク、健全な法制度、国際基準に沿った効果的で透明性の高い金融規制、香港ドルと米ドルのペッグ制（1米ドル＝7.75〜7.85香港ドルを目標相場圏とする制度）、低くシンプルな税制、資本の自由な流れ、多種多様な金融商品、大規模な金融人材のプール、英語が共用語であること等を基盤としている。

　また、2020年9月に英国のシンクタンク Z/Yen グループが公表した国際金融センター指数（GFCI：Global Financial Centres Index）において、香港はニューヨーク、ロンドン、上海および東京に次ぐ第5位であった（**図表1-53**参照）。

　さらに、世界経済フォーラム（World Economic Forum）による2019年の国際競争力レポートでは、国際競争力指数の総合評価において、シンガポールおよび米国に次ぐ第3位であり（**図表1-54**参照）、12の評価項目のうち、「マクロ経済の安定性」、「健康」、「商品市場」、「金融システム」で首位、また、「インフラ」、「ICT（情報通信技術）の導入」で第3位、「制度」では第5位であった（**図表1-55**参照）。

図表1-53　GFCIのトップ10ランキング（2020年9月公表）

都市	GFCI 28		GFCI 27		ランクの変動	レーティングの変動
	ランク	レーティング	ランク	レーティング		
ニューヨーク	1	770	1	769	0	▲ 1
ロンドン	2	766	2	742	0	▲ 24
上海	3	748	4	740	▲ 1	▲ 8
東京	4	747	3	741	▼ 1	▲ 6
香港	5	743	6	737	▲ 1	▲ 6
シンガポール	6	742	5	738	▼ 1	▲ 4
北京	7	741	7	734	0	▲ 7
サンフランシスコ	8	738	8	732	0	▲ 6
深セン	9	732	11	722	▲ 2	▲ 10
チューリッヒ	10	724	14	719	▲ 4	▲ 5

出所：The Global Financial Centres Index28

図表1-54　2019年の国際競争力レポートにおけるトップ10ランキング

ランク	国名	スコア	2018からの差異	
			ランク	スコア
❶	シンガポール	84.8	+1	+1.3
2	米国	83.7	−1	−2.0
❸	香港	83.1	+4	+0.9
4	オランダ	82.4	+2	―
5	スイス	82.3	−1	−0.3
❻	日本	82.3	−1	−0.2
7	ドイツ	81.8	−4	−1.0
8	スウェーデン	81.2	+1	−0.4
9	英国	81.2	−1	−0.8
10	デンマーク	81.2	―	+0.6

出所：2019年の国際競争力レポート

図表1-55　2019年の国際競争力レポートにおける香港の評価結果

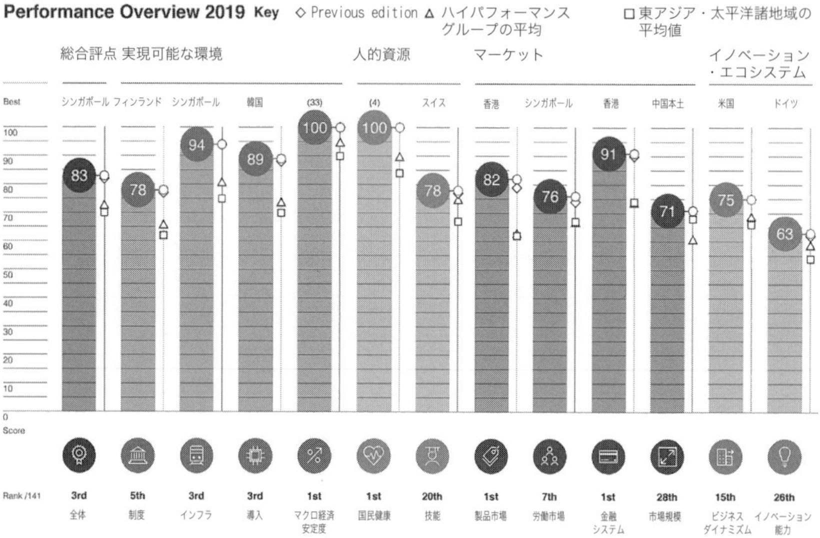

Performance Overview 2019 Key　◇ Previous edition　△ ハイパフォーマンス
グループの平均　　　　□ 東アジア・太平洋諸地域の
平均値

出所：2019年の国際競争力レポート

2　香港のマクロ経済状況

　2019年半ばに生じた逃亡犯条例改正案反対のデモ、および、2020年には米中
対立の悪化に加え、COVID-19が世界および香港の経済活動に大きな打撃を与
えたため、2019年および2020年にかけて、香港のマクロ経済状況は大幅に悪化
した。**図表1-56**の通り、香港の年間GDPは、2019年に1.2%縮小した後、2020
年に実質6.1%縮小している。このように2年連続で香港経済が縮小したこと
は過去になく、今回が初めてであり、これまで最も深刻な状況であることがわ
かる。また、消費者物価指数は、2019年の平均3.0%から2020年には1.3%に低
下し、失業率は、2019年の2.9%から2020年には5.9%に達し、急激な悪化を示
している。

　香港の財の輸出は、サプライチェーンの大幅な混乱と世界的な需要の減少の

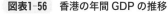

図表1-56　香港の年間 GDP の推移

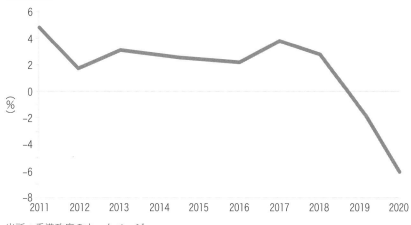

出所：香港政府のホームページ

中で、2020年前半に落ち込んだ後、2020年下半期にわたり改善が見られたが、年間全体では前年度と比較して緩やかな減少となった。このうち、欧米への輸出は年間全体で急激に減少したが、中国への輸出は著しく増加した。

　サービスの輸出は、記録的に減少している。2020年2月以降、広範囲にわたる旅行の制限により、インバウンド観光が停滞したことが主な要因である。一方で、金融サービスに関する輸出は、国境を越えた活発な金融および資金調達の活動により、緩やかな増加を示した。

　内需については、COVID-19の脅威により国内消費活動が大幅に混乱し、雇用と所得の状況が悪化し、アウトバウンド観光が停滞したため、個人消費支出はこれまでで最も急激な減少を記録した。

　金融市場に関しては、COVID-19と米中対立の悪化による世界経済の見通しに対する懸念によって、市場のセンチメントが揺らいだため、2020年の香港の株式市場はかなりの変動を示し、2020年末時点で香港ハンセン株価指数は2019年末時点より3.4%下落となった。

　証券市場での取引は、2020年を通じて非常に活発で、2020年の1日の平均取引高は、前年比48.6％増の1,295億ドルであった。また、2020年の香港株式市

場の IPO 資金調達額は、前年比26.5％増であり、世界で2番目の規模であった。

　前述の通り、2019年から2020年にかけて香港のマクロ経済状況は、急激に悪化しているが、四半期ごとの GDP の推移（**図表1-57**）を見ると、2020年第1四半期のマイナス9.1％から、第4四半期はマイナス3.0％と、縮小幅が小さくなり、香港経済は改善の兆しを見せつつある。これは、世界経済の回復と中国のV字回復によるものと考えられ、また、2021年以降は COVID-19のワクチン接種が進むことを前提に、さらなる改善が期待される。この点、香港政府は2021年は、GDP が3.5％から5.5％の範囲で成長すると見込んでいる。

　なお、金融セクターに着目すると、GDP は、2019年の2.8％から2020年は3.6％と増加しており、COVID-19下においても安定した成長を見せているため、今後、世界経済の回復とともにさらなる成長が期待されている。

図表1-57　香港の四半期ごとの GDP の推移

出所：香港政府のホームページ

⚫3　株式市場

[1] 香港の株式市場の概況

　香港証券取引所には、大企業向けのメインボードと中小企業向けのGEM（Growth Enterprise Market）という2種類の市場がある。2020年12月末時点で、メインボードの上場企業数は2,170社、時価総額は約47,392,196百万香港ドル、GEMの上場企業数は368社、時価総額は約130,822百万香港ドルである。香港の株式市場は、2020年9月末時点の時価総額ベースで、中国本土、日本に次いでアジア3番目の規模を誇っている。

　香港の株式市場の特色として、上場企業に占める中国関連企業の割合が高いことが挙げられる。中国関連企業の株式は、**図表1-58**の通り、H株（H-Share）、レッドチップ株（Red Chip Share）および中国民間企業株（Mainland Private Enterprise Share）に分類され、2020年12月末時点で、当該中国関連株の上場企業数合計は1,319社、時価総額合計は約38,073,000百万香港ドルであり、香港証券取引所の上場企業数の約52%、時価総額合計の約80%を占めている。このように、中国企業とグローバルな投資家を結びつける機能を果たす香港証券取引所では、拡大する中国経済と歩調を合わせるように、中国企業が一層存在感を高めており、市場規模の拡大をけん引している。

図表1-58　香港における中国関連企業の株式

分　　　類	概　　　要
H株	中国で設立され、中国政府または民間によりコントロールされている企業の株式
レッドチップ株	中国外で設立され、中国政府によりコントロールされている企業の株式
中国民間企業株	中国外で設立され、中国の民間によりコントロールされている企業の株式

出所：Hong Kong Exchangeのホームページ

　図表1-59は、2020年12月末時点における、香港証券取引所の上場企業の業種別構成割合（時価総額基準）である。情報技術（Information Technology）、金融（Financials）、不動産・建設（Properties&Construction）などが主な業種となっている。近年、アリババを始めとする中国のIT関連企業の大型上場等によって情報技術の割合が上昇している。図表1-60の2020年12月末時点の株式時価総額ランキングに記載の通り、テンセントおよびアリババの時価総額合計だけで市場全体の20％超を占めていることからも、香港株式市場において中国

図表1-59　香港証券取引所の上場企業の業種別構成割合（時価総額基準）

- ● エネルギー
- ● 素材
- ● 資本財・サービス
- ● 一般購買財・サービス
- ● 生活必需品
- ● ヘルスケア
- ● テレコミュニケーション
- ● 公益事業
- ● 金融
- ● 不動産・建設
- ● 情報技術
- ● コングロマリット

出所：Hong Kong Exchange のホームページ

図表1-60　株式時価総額ランキング（2020年12月末時点）

ランク	コード	会社	市場規模（HK$ mil.）	%（対市場合計）
1	00700	Tencent Holdings Ltd.	5,409,700.37	11.41
2	09988	Alibaba Group Lolding Ltd.-SW	5,034,648.59	10.62
3	03690	Meituan-W	1,733,416.04	3.66
4	00939	China Construction Bank Corporation-H Shares	1,416,058.01	2.99
5	01299	AIA Group Ltd.	1,148,972.59	2.42
6	09618	JD.com, Inc.-SW	1,070,389.49	2.26
7	00941	China Mobile Ltd.	905,016.34	1.91
8	00005	HSBC Holdings plc	843,260.80	1.78
9	01810	Xiaomi Corporation-W	836,168.39	1.76
10	02318	Ping An Insurance (Group) Co. of China, Ltd. - H Shares	707,519.81	1.49

出所：Hong Kong Exchange のホームページ

IT関連企業が重要な割合を締めていることがわかる。

　図表1-61は、過去11年間における香港証券取引所の上場企業数および時価総額の推移を表している。上場企業数および時価総額ともに概ね順調に成長しており、国際金融センターとしてのポジションを確固たるものにしてきたが、ここでは特に2018年から2020年にかけて一層の成長を遂げている点に着目したい。

　香港では、2019年7月頃から深刻化した逃亡犯条例改正案反対のデモ、2020年6月末に施行された「香港国家安全維持法」、米中対立の激化、また2020年1月頃からのCOVID-19の世界的な感染拡大等による、香港経済の悪化および国際金融センターとしての地位を揺るがし兼ねない事象が生じていたにも関わらず、2018年から2020年にかけて、時価総額が大幅に成長した。

　この主な要因として、2018年に香港証券取引所の上場規則が改正されたことにより、中国のIT系企業等が上場しやすくなったこと、また、米中対立の激化および米国に上場している中国企業の会計不正の個別事例等により、中国企業に対する米国政府や規制当局等の見方および規制が厳しくなり、これまで米国に単独上場していたアリババ等の中国IT関連企業が香港で重複上場する事

図表1-61　香港証券取引所の上場企業数および時価総額の推移

出所：Hong Kong Exchange のホームページ

例が増えてきていることが挙げられる。なお、その他にも、中国経済の成長を背景に中国関連企業の増資やIPOの金額が増加していること、また、COVID-19の経済政策として各国の通貨供給量が増加し、その資金が香港市場に流れてきていること等が考えられる。

［2］株式市場における資金調達の概況

香港証券取引所におけるIPOの資金調達額は、2015年以降、2017年および2020年を除き、世界第1位の規模となっている。**図表1-62**は、過去8年間の香港証券取引所におけるIPOの資金調達額および件数である。中国経済の急成長を背景に、中国関連企業の大型IPOが年々増加していること、また、前述の通り2018年に香港証券取引所の上場規則が改正されたことにより、2018年から2020年にかけて、アリババ等の中国IT関連企業の重複上場が行われたことが増加の主な要因である。

図表1-62　香港証券取引所におけるIPOの資金調達額および件数

出所：Hong Kong Exchange のホームページ

［3］株式市場の今後の見通し

　前述の通り、これまで香港株式市場は、中国の経済成長を背景に中国と海外投資家の間で、国際金融センターとしての役割をうまく果たすことによって発展してきた。そのため、今後も香港株式市場が果たすべき役割に変わりはなく、また、国際金融センターとしての競争力をさらに高めていくためには、これまで以上に中国と海外投資家をつなぐ役割を強化していくことが必要になると考える。

　また、現在くすぶっているさまざまな要因が単独でまたは複雑に絡み合い、今後、香港株式市場に様々な影響を及ぼす可能性が考えられる。以下では可能な限りそのような要因に言及しているが、現時点で一概に動向を見定めることは困難であるため、引き続きこれらの動向や関係性に留意していく必要があると考える。

- 逃亡犯条例改正案反対のデモは、2020年6月末に施行された国家安全維持法により、落ち着いたものの、一国二制度の下、これまで認められてきた香港の国際金融センターとしての独自制が失われる可能性について、世界各国から懸念が高まっている。

- 米中対立がさらに激化し、香港金融市場、ひいては国際金融市場に悪影響を及ぼす恐れが考えられる。一方で、米中対立は中国企業の香港回帰の要因にもなっており、香港株式市場にとってポジティブな展開にもなっている。

- COVID-19の世界的な感染拡大が収束せず、各国経済及び金融市場にさらなる悪影響を及ぼす可能性が考えられる。一方で、中国はCOVID-19の感染拡大を適切にコントロールしており、プラスの経済成長を遂げている。また、各国でワクチン接種も進んでいる。

- 今後、中国の金融規制和および人民元の国際化等が一層進み、香港を介さずに中国が海外投資家から直接資金を調達できるようになると、中国と海外投資家のハブとしての香港の役割が薄れてしまう可能性が考えられるが、しかし、相応の時間を要すると考えられることから、引き続き香港の役割は必要と考えられる。

4 　**債券市場**

［1］香港の債券市場の概況

　香港の債券市場は株式市場と比較して規模はそれほど大きくなく、香港で発行された香港ドル建て債券の残高は、Asian Bonds Online によると、2020年末時点で3,080億 US ドル（**図表1-63**参照）、外貨建て債券の残高は2020年末時

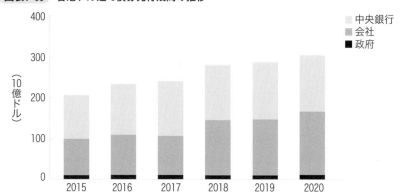

図表1-63　**香港ドル建て債券発行残高の推移**

（凡例）
中央銀行
会社
政府

（10億ドル）

出所：Asian Bonds Online

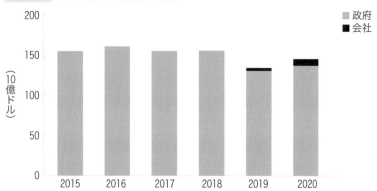

図表1-64　**外貨建債券発行残高の推移**

（凡例）
政府
会社

（10億ドル）

出所：Asian Bonds Online

点で1,484億 US ドル（**図表1-64**参照）である。中国、日本および韓国と比較しても低い水準にある。

なお、香港ドル建て債券残高のうち約5割を占める為替基金証券（Exchange Fund Bill and Note）は、香港金融管理局（HKMA：Hong Kong Monetary Authority）が発行する債券であり、マネタリーベースの構成要素の1つである。

また、外貨建て債券については、2007年より香港における人民元建て債券の発行（点心債）が可能となっている。

［2］香港債券市場の今後の見通し

現在、HKMA と香港政府は、香港の債券市場のさらなる発展を促進するためにさまざまなイニシアチブを導入しており。これには、香港政府によるグリーンボンドプログラムの実施も含れる。

また、適格な債券発行者および投資家は、さまざまな税制優遇措置やインセンティブ制度も利用できる機会があるため、今後の香港債券市場の成長に期待したい。

5　主要な金融セクターに関する規制の枠組み

ここでは、主要な金融セクターである銀行業、証券業、資産運用業および保険業ごとに、香港の健全な金融資本市場の発展、国際金融センターとしての地位向上を目的とする関連法令、制度および監督当局について概説を行う。

［1］銀行業

香港における銀行業の枠組みを定めた法律として、銀行条例（BO：Banking Ordinance）がある。銀行条例では、監督当局である香港金融管理局（Hong Kong Monetary Authority、以下「HKMA」の機能および銀行業を行う金融機関が遵守すべき事項が規定されている。

まず、HKMA は、銀行条例の下、金融システムと銀行システムの安定を維

持する責任を持ち、銀行を監督するとともに、一般的な中央銀行業務を行う。
その主な目的は、以下の通りである。

- 連動為替相場制（Linked Exchange Rate system）のもとで通貨の安定性の維持
- 銀行システムを含めた金融システムの安定性と整合性（integrity）の促進
- 金融インフラの維持・発展を含めて、国際金融センターとして香港の地位の維持
- 為替基金（Exchange Fund）の管理

　また、香港で銀行業を行う金融機関は、HKMA の認可を受ける必要がある。銀行業を希望する金融機関は HKMA に対してその旨を申請する必要があり、HKMA は当該申請を承認、もしくは却下する権限を持つ。

　銀行業務に関するライセンスは「Licensed Banks」、「Restricted Licensed Banks」、「Deposit-taking Companies」に分かれており、当該ライセンスを保有する金融機関を「認可金融機関（AIs：Authorized Institutions)」という。また、認可金融機関とは別に、海外の金融機関のみ対象とする「Local Repre-

図表1-65　香港における銀行業務に関するライセンスおよび概要

分類	概　　要
Licensed Banks	当座預金口座と貯蓄預金口座を運営できる。また、金額や期間の制限もなく、市民から預金を受け入れることができる。小切手の取扱いが認められるのも Licensed Banks のみである。
Restricted Licensed Banks	投資銀行業務を行う。50万香港ドル以上の預金受入れに限り可能（期間の制限はない）。
Deposit-taking Companies	主に銀行の子会社や関連会社として設立され、消費者金融や証券ビジネスなどの専門的な業務を行う。10万香港ドル以上、かつ少なくとも満期まで３カ月以上の預金に限り、受入れ可能である。
Local Representative Offices	海外銀行を対象とした制度であり、銀行と顧客間の連携業務に限って行うことができる。通常の銀行業務を行うことは一切認められていない。

出所：HKMA のホームページ

sentative Offices」という制度がある。現状、日本の金融機関が利用しているのは「Licensed Banks」、「Restricted Licensed Banks」、もしくは「Local Representative Offices」である。

　なお、銀行条例を補足するものとして、HKMA により定められた「SPM：Supervisory Policy Manual」や「Guide to Authorization」等がある。SPM は HKMA の最新の監督ポリシーと慣行を規定しており、AIs 等は銀行条例だけでなく、当該 SPM も遵守する必要がある。また、「Guide to Authorization」は公認金融機関になるための認可基準、認可を得るための応募手続き方法、免許の取り消しの根拠について、HKMA の解釈が規定されている。

［2］証券業および資産運用業

　香港における証券業および資産運用業の枠組みを定めた法律として、証券先物条例（SFO：Securities and Futures Ordinance）がある。証券先物条例では、証券先物市場を規制・監督するための主要な法律であり、金融商品、証券先物市場やそこで活動する業者、投資家保護などが含まれる。監督当局である証券先物取引委員会（SFC：Securities and Futures Commission）の機能および、証券業および資産運用業を行う金融機関が遵守すべき事項が規定されている。

　SFC は、証券先物条例等の運用を行い、秩序ある証券先物市場の運営を確保するために活動する。また、投資家を保護し、国際金融センターとしての地位を発展させることを支援する。その主な目的は以下の通りである。

- 規則違反や不公正取引の捜査、適切な執行を含めた市場規制の設定と実施
- 証券仲介業者の免許付与と監督
- 取引所、清算機関、オルタナティブ取引プラットフォームを含む市場運用者の監視と市場インフラの強化
- 投資商品や個人投資家への商品販売前の申請書類の認可
- 公開企業（public companies）の買収や合併を管理する規制の管理や、香港交易所の上場企業に関する規制の監督
- 国内外の監督官庁との協力と支援

●投資家の市場動向や投資リスク、権利、責任に関する理解の促進

また、香港で証券業および資産運用業を行う金融機関は、SFC の認可を受ける必要がある。当該業務を希望する金融機関は SFC に対してその旨を申請する必要があり、SFC は当該申請を承認、もしくは却下する権限を持つ。

証券先物条例では、以下10業務が規定されており、金融機関は SFC に対して該当する業務ごとにライセンスを申請する。なお、認可を受けている金融機関のうち、取扱いが多い業務は Type 1、Type 4 および Type 9 である。また、HKMA から銀行業の認可を受けている金融機関が証券業務を行う場合、SFC に登録することで証券業務を行うことができる。

- Type 1 - 証券取引（Dealing in securities）
- Type 2 - 先物取引（Dealing in futures contracts）
- Type 3 - FX 取引（Leveraged foreign exchange trading）
- Type 4 - 証券に対する助言（Advising on securities）
- Type 5 - 先物取引に対する助言（Advising on futures contracts）
- Type 6 - 企業財務に対する助言（Advising on corporate finance）
- Type 7 - 自動取引システムの提供（Providing automated trading services）
- Type 8 - 信用取引（Securities margin financing）
- Type 9 - 資産運用（Asset management）
- Type10- 信用格付けの提供（Providing credit rating services）

規制の枠組みとして、証券先物条例（SFO）に加えて、規則（Rules）やコードおよびガイドライン（Codes and Guidelines）がある。証券先物条例では、証券先物委員会の目的・権限、業者規制、行為規制など証券規制全般について規定されているが、規則では、SFC によって多様な分野に対する具体的な規則が規定されている（例えば、ライセンスの申請や発行に関する規則、必要最低資本に関する規則等）。コードおよびガイドラインは、SFC の監督目的や機能、SFC の認可を受けた金融機関が証券先物条例を適用する際の実務指針等が規定されている。

［3］保険業（IA）

　香港における保険業の枠組みを定めた法律として、保険条例（IO：Insurance Ordinance）がある。保険条例では、監督当局である保険業管理局（Insurance Authority、以下「IA」）の機能および保険業または保険仲介業を行う金融機関が遵守すべき事項が規定されている。

　IA は、保険条例の下、保険業界の全般的な安定を促進し、保険業界を保護するために保険業界の規制および監督を行う。その主な目的は以下の通りである。

- 保険会社および保険仲介業者の監督
- 保険事業に関連する法律の改正の検討・提案
- 保険会社および保険仲介業者の適切な行動基準および健全な商慣行の採用の促進・奨励
- 保険会社及び保険仲介業者を規制するためのシステム改革の検討・提案
- ライセンス制度を通じて保険仲介業者の行動を規制する
- 保険商品、保険契約者および潜在的な保険契約者の理解の促進
- 効果的な規制戦略を策定し、保険業界の持続可能な市場開発の促進、世界の保険市場における保険業界の競争力促進
- 保険業界に影響を与える問題の調査

また、香港で保険業または保険仲介業を行う金融機関は、IA の認可を受ける必要がある。保険業または保険仲介業を希望する金融機関は IA に対してその旨を申請する必要があり、IA は当該申請を承認、もしくは却下する権限を持つ。

　保険業は、主に長期保険（Long Term Insurance）、損害保険（General Insurance）および再保険（Reinsurance）に分類され、ライセンス取得にあたり、該当する業務の申請が必要であるとともに、上記分類に応じて必要最低資本およびソルベンシー・マージン（Solvency Margin）の金額が異なる。また、保険仲介業は、保険代理業務（Insurance Agents）と保険ブローカー業務（Insurance Brokers）の2つに分類される。保険代理業務は、特定の保険会社から委

託を受けて、代理人として当該保険会社の保険商品の販売および契約締結の手配等を行う。保険ブローカー業務は、保険契約者から委託を受けて、適切な保険商品の紹介および契約締結の手配等を行う。

　なお、規制の枠組みとして、保険条例（IO）に加えて、規則（Rules）やコードおよびガイドライン（Codes and Guidelines）があり、前述した証券業および資産運用業と同様の体系となっている。

第 2 章

中国金融業における規制当局の改革・再編

第 1 節

規制当局の枠組みの変遷

　従来の中国の規制当局は、日本の金融庁のように一元化の監督体制ではなく、国務院の下、「1行3会」つまり、中国人民銀行、中国銀行業監督管理委員会（以下「銀監会」または「CBRC」という）、中国証券監督管理委員会（以下「証監会」または「CSRC」という）、中国保険監督管理委員会（以下「保監会」または「CIRC」という）を配置して、各規制当局がそれぞれ担当する金融機関を監督する体制を整備していた。当体制は、旧来の各業種の区別が明確であった時代には機能し、中国の金融発展に寄与していた。しかし、直近の中国の金融セクターは伝統的な金融商品・サービスだけではなく、アセットマネジメント業や、Fintech を活用した新しい金融商品・サービスが急速に発展したため、従来の業種の枠を飛び越えるような金融機関が急速に中国の金融セクターで台頭し、縦割り行政では金融リスクへの対応が難しくなっていた。

　そこで、共産党中央委員会と国務院は、2017年11月に国務院の下に「1行3会」における政策横断的な金融リスクに対応する機関として「国務院金融安定発展委員会」を設立した。同委員会の主な役割としては、金融安定やFintechを活用した新しい金融サービスや資産管理業など金融セクターの各業種で横断的な事業に関わる今後の発展に関して統一的に調整し、全体的な金融リスク低減を図るものである。

　一方で、他国の監督体制の事例等を参考にしながら「1行3会」の役割の見直しも行い、中国の中央銀行である中国人民銀行が金融行政における政策企画およびマクロ的な監督管理に関する機能を担うこととなり、各委員会は各金融機関のミクロ的な監督を担うことと役割を明確化した。また、**図表2-1**のように銀監会、保監会を統合して、「中国銀行保険監督管理委員会」（以下「銀保監会」または「CBIRC」という）を設立し、「1行両会」の体制へと移行すること

図表2-1　中国金融業管理体制

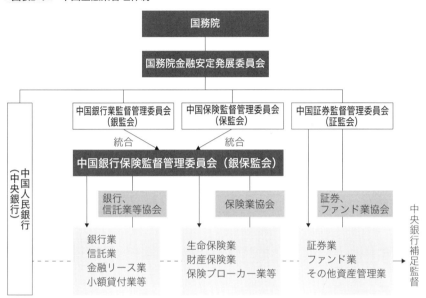

により、監督主体の一元化による横断的な監督体制の推進を図るとともに、監督に係る人員や知識・経験の共有など、各委員会に点在していた監督資源の効果的な利用の実現を狙っている。今回、諸般の事情により、証監会は他の委員会との統合の対象とならず、完全な一元化にはなっていないが、今回の統合の経験を活かして、さらなる一元化の監督管理体制を目指すことが考えられる。それに、中国金融規制当局が現在の金融業界の発展に合わせて、従来では必ずしも管理されていなかったファイナンスリース、少額貸付、Fintech 等の業界に対して、管理監督をさらに強化するように改革している。

第2節

金融資本市場の規制環境の方向性

　中国では二桁成長を誇った時代は終焉し、右肩成長を前提とした従来の金融規制の枠組みでは金融リスク抑制に対応できなくなってきている。そこで党大会などで経済成長に関して「量から質へ」の転換が盛んに叫ばれるなか、資本市場における規制環境も、従前の枠組みとは異なり、金融セクターに質の高い安定的な成長をもたらすような政策が規制緩和および規制厳格化の両面で次々と公表されている。

　図表2-2は、中国の資本市場を取り巻く規制環境の変化の概要をまとめたものである。

　図表2-2のとおり、政策の「緩和」対象としては、従来外資に規制が課せら

図表2-2　規制環境の変化の概要

土台の方針（例示）
- 金融システムリスクの安定化
- 中国金融セクターのレベルアップ
- クロスボーダーの取引及び投資の推進
- 人民元国際化の推進等

緩和の対象領域及び施策（例示）	引締めの対象領域及び施策（例示）
● 金融セクター全体における外資投資規制の緩和 ● 中国・海外市場間のコネクト（株式・債券、ファンド、ETF） ● 国内人民元建債券市場の外資への開放（パンダ債） ● 外国人による中国A株投資の一部解禁 ● 外資のPrivate Fund Management（PFM）業務の推進 ● QDII、QFII、QDLPの承認枠の拡大等	● 理財商品等のシャドーバンキングの規制厳格化 ● チャネル業務の禁止 ● 外資管理の厳格化（特に高額な海外送金・特定分野の対外投資・マネーロンダリング） ● 中国のMMFに対する規制強化 ● IPOの基準厳格化 ● 暗号資産／新規暗号資産公開（ICO）の規制厳格化等

出所：当局発表をもとに作成

れていた業務、各プロダクトにおける外国市場とのコネクト等が挙げられる。例えば、外資への市場開放が積極的に進められ、外資系企業が証券会社、保険会社、資産管理会社等に対して支配権を持つ出資が可能となったり、外国の投資家が中国のＡ株や債券、ファンド、ETF等への投資が可能となるといった政策が公表されている。ETFコネクティビティの例としては日中ETFコネクティビティがある。2019年に合意した日中ETFコネクティビティにより東京証券取引所および上海証券取引所の間で、一方の取引所で上場しているETFを信託財産とするETFを他方の取引所に上場させることができ日中双方の投資家が間接的に双方のETF市場にアクセスできるようになった。また、2021年に深セン証券取引所との間でも同様のスキームの構築に合意している。

　一方で「引締め」対象としては、当局による管理が難しい業務、高リスク業務等が挙げられる。例えば、中国の一般投資家が購入して劇的に規模の拡大した理財商品、マネー・マーケット・ファンド（MMF）に対する規制の厳格化、迂回融資を可能としていた証券会社等による迂回融資の禁止、政府が流通に関する規制をかけるのが難しい暗号資産や新規暗号資産公開（ICO）の規制厳格化などといった政策が挙げられる。

　上記を俯瞰すると、今まで制約が多く、なかなか自由にビジネスを展開できなかった外資系金融機関・投資家の中国国内でビジネス展開できる領域・業務が拡大し、一方で中国内資系金融機関を発展させてきた中国特有のビジネスや商品に対する規制が強化されているといえる。したがって、今般の金融セクターの緩和および引締めの動きは、金融セクターの外資系金融機関にとって追い風となる動きであると考えられる。ポストコロナの時代においても、このような緩和と取り締まりのバランスをとれるような政策方向は当分続くであろう。

第3節

金融資本市場の外資系金融機関への改革開放最新状況

1 改革開放への転換

　過去を遡ると、中国は自国の金融セクターの成長を図るために外資系金融機関に対する出資規制が厳しく、外資系金融機関は限定的な中国への事業進出にとどまっている状況があり、自由に中国でビジネスを実施することが難しかった。

　2001年に中国がWTOに加入した後、外資系金融機関に対する設立形態、地域性および業務範囲の方面における規制を開放していった。これにより、銀保監会および証監会の公表数値によれば、2019年末で外資銀行が中国で41行の外商独資銀行、114の支店、151の代表所を設立しており、外資保険会社が中国で59の法人、131の代表所、18の専門仲介機構を設立した。なお、2019年末で中国で15の合資証券会社を設立しており、74の代表所を設立した。それに、合資ファンド管理会社が44社となっている。

　同時に、中国内資金融機関の国際化戦略を積極的に推進し、国内に外資の戦略投資家を呼び込み、海外での合併、株式取得、新拠点の設立などを通じて「走出去（Go Global）」を推進することとなった。営業拠点が全世界に広がるにつれて、さらに多くの銀行とさまざまなビジネスモデルを通して金融サービスがつながることができるようになった。例えば、11行の中国内資銀行が29の「一帯一路」の沿線国で79の機関（19の子銀行、47の支店、13の代表所）を設立している。近年の中国のさらなる金融セクターの開放により、外資金融機関の設立、地域性および業務範囲方面の規制が緩和されている。

　これまで俯瞰した通り、中国単体として規制緩和が進んでいるが、各国と比

較してその開放度合いを見ていきたい。後述するが、中国の外資銀行の総資産が中国の銀行全体の総資産に占める割合は、2019年、依然として 2 ％に満たない。一方で、経済協力開発機構（OECD）国家の外資銀行が各国の銀行全体の総資産に占める割合の平均は10％以上である。外資保険会社の中国全体の保険会社における総資産割合も OECD の20％以上をはるかに下回る。

　OECD が公表しているいわゆる STRI 指数でさらに中国の対外開放の度合を見ていきたい。STRI 指数は外資参入制限、人員流動制限、その他差別的措

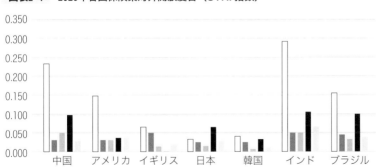

図表2-3　2020年各国銀行業対外開放度合（STRI 指数）

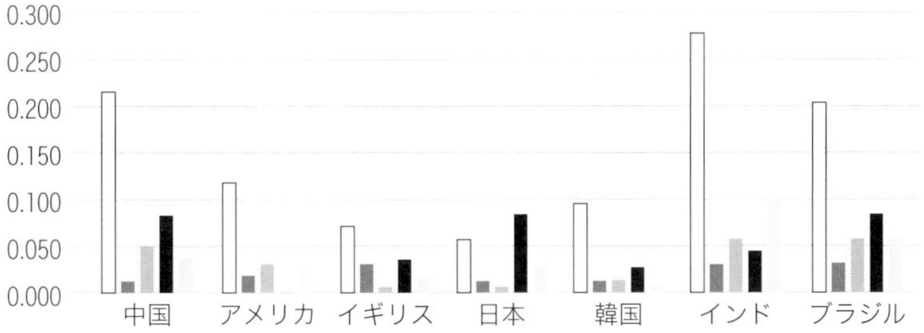

□外資参入制限　■人員流動制限　▨その他差別的措置　■競争制限　▨監督管理透明度

出所：OECD のホームページをもとに作成

図表2-4　2020年各国保険業対外開放度合（STRI 指数）

□外資参入制限　■人員流動制限　▨その他差別的措置　■競争制限　▨監督管理透明度

出所：OECD のホームページをもとに作成

置、競争制限、監督管理透明度から構成されており、0〜1の間で示される。STRI 指数が大きいほど対外開放の度合いが低いことを表す。2020年の中国の商業銀行の STRI 指数は0.389と2019年の0.409から改善されているものの45カ国中42位となった。保険業では STRI 指数は0.426で43位である。銀行業、保険業ともに STRI 指数が高くなっている原因としては**図表2-3**、**図表2-4**のとおり、外資参入制限が主な原因となっている。しかし、今後の対外開放政策と通じてさらなる改善が見込まれる。

2 **2018年4月のボーアオ・アジアフォーラムにおける中国政府の対外開放コミットメントおよび今後の展望**

　2018年4月10日には、中国の習近平国家主席はボーアオ・アジアフォーラムの開会の演説にて、中国市場への参入を大幅に緩和すると述べた。中国人民銀行の易綱総裁は、開会2日目の「通貨政策の正常化」フォーラムにて、金融セクターの開放施策と明確なスケジュール（**図表2-5**参照）を提示し、中国の金融セクターの対外開放に対するコミットメントを示している。総裁の発言の中では、外資開放は、以下の3つの原則により進めることが示されている。

- 中国事業進出に関して国民と同等の待遇を与え、ネガティブリストを導入することにより透明性のある出資規制とすること
- 金融業の対外開放と中国の為替レート形成メカニズムの改革は、資本規制の改革プロセスと調整しながら進めること
- 開放と同時に金融リスクの管理を重視し、中国金融監督の能力と開放の程度のバランスをとること

　易総裁の上記宣言により、中国人民銀行と各所管部署が、関連する法律や規制の改正を進めており、上述の施策は上記の通り、概ね当時の施策が実施された。金融セクターの開放の関連作業の円滑な実施を促すため、適切に施策を組み合わせ、金融セクターの開放が推進されている。外資の市場参入開放と業務範囲の拡大と同時に、法律と規制に準拠した内資企業と外資企業を等しく扱う

監督管理が実施されることが見込まれる。金融監督を強化することにより金融リスクの有効な管理が可能であり、金融の安定性を維持し中国金融業の競争力

図表2-5　ボーアオ・アジアフォーラムで示された外資系金融機関への金融開放の概要およびタイムスケジュールのサマリー

	2018	2019	2020
銀行業			
市場へのアクセス	●中国の外資系銀行に適用される、中国による銀行の新規設立又は既存の内資銀行の株式取得に関する規則が追加され、インバウンド投資の明確な法律的根拠が示された	●中国内資商業銀行の株式取得のための中国内資系及び外資系銀行における株式取得の上限が撤廃された ●中国拠点設立時の外資系銀行の最低総資産額の要件を撤廃した。以前は外資銀行設立の場合100億ドル、支店設立の場合200億ドルの要求であった ●中国の合資銀行時における中国相手方の要求を緩和し、金融機関が過半数を有する又は唯一の出資者であるという要求を廃止した ●中国及び外国の金融機関が消費者金融会社に投資・設立する資格要件を緩和した ●CBIRCが「中華人民共和国外資系銀行管理条例」を公表し、2019年10月から適用された	全国人民代表大会の公表した「中華人民共和国外商投資法」が2020年１月から有効となった
ビジネスへのアクセス	●以下について、従前の許認可制度から報告制度へと変更した ・外資系銀行による海外資産管理及び海外資産管理業や証券投資信託に対するカストディサービスの開始 ・外資金融機関による清算プロセス時における利付資産の回金	●外資銀行の人民元ビジネス開始前の検査及び許認可の要求を廃止した。人民元ビジネスは業務開始時点から認められる予定である ●銀行間債券市場におけるタイプＡ型の主幹事ライセンスが認められる	外資銀行支店がファンド信託資格を申請する際に、純資産等の財務指標について本店のものを使うこととする。

	2018	2019	2020
証券業			
市場への アクセス	●外国投資家による JV 証券会社の支配権獲得が認められた。外国投資家の議決権を増加させ支配権を獲得できる法的根拠が示された ●上場証券会社の外国株主に係る規制を改善し、外国投資家の議決権合計の上限である25％を廃止した		●外国株主の証券会社に対する所有権の上限撤廃時期を2021年から2020年へと前倒し、2020年4月1日から有効となった。
ビジネスへのアクセス	●JV 証券会社の事業範囲の制限に関して、当初 4 種類の事業が申請可能となった。2 年目から申請毎に 2 種類の事業追加が可能となる		
資産管理業			
市場への アクセス		●QFII と RQFII 制度の参入基準が標準化された。量的指標に代わる基準が適格投資家の申請で指定される ●信託会社への投資時における総資産10億ドルの最小基準額を撤廃した ●海外の金融機関による、商業銀行の資産管理子会社の設立又は投資への参加を推奨する ●海外の資産管理会社が、中国内資系銀行と保険会社の子会社とともに、外資が支配権を持つ資産管理会社を設立することを許可する ●外資独資の通貨ブローカー会社の設立や資本参加をサポートする	●資産管理会社及び先物会社への外資の所有権の上限撤廃時期を2021年から2020年に前倒し、2020年4月1日から有効となった。 ●不良資産処置において対外開放を実施し、2020年2月 Oaktree Capital が北京で外商独資 AMC を設立した。

	2018	2019	2020
資産管理業			
ビジネスへのアクセス		●適格投資家の投資の範囲について、従来の投資範囲に加えて以下の６つの商品を追加する。 １．全国中小企業株式（NEEQ：新三板）に上場している株式 ２．債券レポ取引 ３．私募投資ファンド ４．金融先物 ５．商品先物 ６．オプション等	
保険業			
市場へのアクセス		●海外の金融機関が既存の合資保険会社の支配権を獲得することが可能となる ●30年の経営期間要件や外国保険ブローカーを運営するための少なくとも２億ドル以上の総資産額要件を廃止する ●海外の金融機関による年金運用会社の設立及び投資が許可される ●国内の保険会社が資産運用ビジネスにおける株式を少なくとも75％保有する要求を廃止し、海外投資家の25％の現行の制限が引き上げられる ●外国保険会社の少なくとも30年の経営期間の要求を廃止し、参入条件を緩和する	●生命保険会社に対する外資の所有権上限に関する51％から100％への引き上げ時期を2021年から2020年に前倒し、2020年１月１日から有効となった。

出所：ボーアオ・アジアフォーラムでの発言内容及び、2020年10月末までに CBIRC 及び CSRC より公表された情報をもとに作成

を向上させ、グローバル化と中国金融市場全体の開放がより効果的に実現することを図っている。

　上記金融業開放施策は、市場参入の障壁を大幅に下げ、国際社会に明確なメッセージを発した。すなわち、中国は決意だけではなく実現するための具体的な施策を公表することにより対外開放のコミットメントを示したものである。これらの施策により、国内外の金融市場にさらに多くの交流を促し、外国の長所を取り入れ中国の短所を補い合い、中国金融業の国際競争力をさらに高めると同時に海外投資家に中国市場への多くの参入手段と機会を提供することで、中国と外国が相互に利益を享受することが期待される。

3　外商投資法

[1] 概要

　2018年12月26日の第13回全国人民代表大会常務委員会第7次会議で「外商投資法」の草案が発表された。そして、その約3カ月後の2019年3月15日に第13期全国人民代表大会第2次会議にて正式に「外商投資法」が可決され、同日付きで公布した。「外商投資法」は**図表2-6**の構成となっている（「外商投資法」の条文については付録1を参照）。

図表2-6　「外商投資法」の構成

中華人民共和国外商投資法 （2019年3月15日第13回全国人民代表大会第2次会議通過） 【施行日2020年1月1日】		
第1章	総則	8条
第2章	投資促進	9条～19条
第3章	投資保護	20条～27条
第4章	投資管理	28条～35条
第5章	法律責任	36条～39条
第6章	付則	40条～42条

出所：「外商投資法」をもとに作成

　さらに、2019年12月12日に国務院第74回常務会議にて「外商投資法実施条例」が可決され、外商投資の促進・保護等に関する規定を具体化した。2020年１月１日より「中華人民共和国外商投資法」・「実施条例」の施行に伴い、「中外合弁経営企業法」・「中外合作経営企業法」・「外資企業法」（通称「三資企業法」）に加え、「中外合弁経営企業法実施条例」・「中外合作経営企業法合弁期暫定規定」・「外商企業法実施細則」が廃止されることとなった。

　現在、すべての外商投資企業は中国内資企業と同様に「会社法」を適用することとなり、既存の中外合弁企業と中外合作企業の組織形態が「会社法」の規定と異なるため、組織形態の変更が必要となる。「外商投資法実施条例」第44条により、「外商投資法」実施後の５年以内において、「会社法」、「パートナーシップ企業法」等の法律の規定に基づき、その組織形態、組織機関等を調整し、変更できる。2025年１月１日以後、組織形態・組織機関等を変更しない場合、市場監督管理部門はその今後の変更登記の申請を受理しなくなる予定である。

[２] 目的

　対外開放の拡大、積極的な外商投資の促進、外商投資の合法的な権利の保護、外商投資管理の規範化を目的として、中国政府は「外商投資法」を制定した。本法施行後、設立手続から、組織形態・土地供給・優遇税制・資格認可まで、さまざまな方面で外商投資企業を中国内資企業と同一に扱うこととなる。外商進出のハードルが実質的に下がっている。

[３] 管理制度

　「外商投資法」実行後、参入前の内国民待遇およびネガティブリストによる管理制度、情報報告制度、安全審査制度を中心とする新たな管理制度を実行している。

　「外商投資法」施行前、商務部門が外商投資に対し、案件ごとに逐一審査を行う必要があったが、現在、参入前から外商投資企業に内国民待遇を付与し、ネガティブリストに含まれない案件に対して、商務部門による届出手続や承

認・証明書の発行が撤廃された。外商投資者はネガティブリストの禁止類・制限類に該当するかどうかを確認し、会社設立した後、企業登録システムおよび企業信用情報開示システムを通じて、商務部門に投資情報を報告すればよいことになった。

　外国投資家の参入後においても、その他具体的な管理制度も全部中国内資企業の関連制度を参照し、設けている。例えば、中国国内企業に対し合併・買収もしくはその他の方法により事業者結合に参加する場合、「独占禁止法」による事業者結合審査を受ける必要がある。

［4］会社法に基づくガバナンスの構築

　三資企業法が廃止されたのち、企業運営の基本となるのが「会社法」となるため、従来の法令と現行法令の違いに注目する必要がある。**図表2-7**は「会社法」と「中外合弁経営企業法」における異なる定めである。

　「中外合弁経営企業法実施条例」においては、最高権力機構は董事会とされ

図表2-7　会社法と中外合弁経営企業法の制度上の違い

	会社法		中外合弁経営企業法実施条例	
最高権力機構	36条	株主会	30条	董事会
董事の任期	45条	3年を超えてはならない	31条	4年
法定代表人	13条	董事長、執行董事、総経理	34条	董事長
重大事項の決議	43条	3分の2以上の議決権を代表する株主によって採択されなければならない	33条	出席董事の全員一致が必要
利益分配	34条	実際の出資比率に基づき配当を受ける。ただし株主全体の他の約定がある場合を除く	※8条（合弁法）	登録資本比率による分配
株式譲渡制限	71条	原則として、その他の株主の過半数の同意が必要。ただし定款にその他の約定がある場合を除く	20条	合弁パートナー同意が必要

出所：諸規定をもとに作成

ており、重大事項の決議は董事会に出席する董事の全員一致が条件とされているため、同意を得られない場合、外国投資家の意向は実現されないこととなる。一方、会社法の最高権力機構は株主会とされ、かつ、重要事項の決議についても董事会一致決議ではなく、株主会の3分の2による決議事項となる。当該ガバナンスの構築に際して、現合弁企業は速やかに合弁契約と定款の見直しをする必要がある。

また、「中外合弁企業法」の廃止に伴い、中国現地企業との対等な立場での新たな合弁形式での提携を結ぶことが可能となるため、積極的に中方資源を活用し、販路拡大などの経営発展の可能性を検討することができるようになる。

[5] 知的財産権の保護

「外商投資法」は、知的財産権の保護について言及しているのも特徴の1つである。外国投資家と外国投資企業の知的財産権を保護し、知的財産権の権利人と関連する権利人の合法的権益を保護する。知的財産権の侵害行為について、法に基づき厳格に法律責任を追及する、と記載されている。

また、行政手段による技術移転の強要を明確に禁止している。行政機関およびその職員は行政許可・行政検査・行政強制およびその他の行政手段を利用して、外国投資家・外商投資企業に対し強制的にもしくは形を変えて強制的に技術を譲渡させてはならない。

[6] 促進策

「外商投資法」が地方政府に法定範囲内で外商投資促進および便利化政策措置を制定する権利を与えた。

2020年9月25日に、上海市における投資促進・保護に関する具体策である「上海市外商投資条例」が可決された。外資による地域本部と機能性機関、投資性会社、研究開発センターの設立に対する奨励や、外国籍職員の出入国・就労・在留許可に対する制限緩和を明記している。開放拡大に対する決意を見せた。今後も、全国他の地域で対応する促進および便利化政策措置の導入が期待できる。

4　外商投資安全審査弁法

[1]　概要

　2020年12月19日、国家発展改革委員会、商務部は「外商投資安全審査弁法」を公布し、2021年1月18日よりに正式に施行されることとなった。「外商投資安全審査弁法」は総計23条で、安全審査を適用する外商投資類型、審査メカニズム、審査範囲、審査プロセス、審査決定、監督および処罰などについて規定している。

図表2-8　各種法規および主な内容

	名称	主な内容
2008年	「独占禁止法」	外国投資家による国内企業合弁買収に対して国家安全審査を行うことを初めて明確に規定した。
2011年	「国務院弁公庁の外国投資家の国内企業買収に関する安全審査制度の確立に関する通知」（「国務院安全審査制度通知」）	外国投資家による国内企業合弁買収の安全審査制度を確立することは、中国の安全審査制度の立法設計の原形と考えられている。
2015年	「国務院弁公庁の「自由貿易試験区外商投資国家安全審査試行弁法」の印刷発行に関する通知」（「自由貿易区安全審査弁法通知」）	自由貿易試験区内で国家安全審査に関する新規定が試験的に実施された。
2015年	「国家安全法」	国家安全審査分野は外商投資だけではないことを明確にした。
2020年	「外商投資法」	外商投資に対して国家安全審査を行うことを改めて強調した。

　中国の外商投資国家安全審査制度の創設に関する立法過程については、以下の通りである。「外商投資安全審査弁法」の公布は「外商投資法」と「国家安全法」で提案されている「外商投資安全審査制度の確立と実施」への直接的な立法対応であり、その実施は今後の実務の中で国家安全審査をより詳細にするための明確な指針となるものである。

［2］安全審査に適用する外商投資類型

投資類型	具体的な規定
外商投資 （第2条）	（一）外国投資家が単独又はその他の投資家と共同で国内において新設プロジェクトに投資し、又は企業を設立する場合 （二）外国投資家が合弁買収方式を通じて国内企業の出資持分権又は資産を取得する場合 （三）外国投資家がその他の方式を通じて国内において投資する場合

　「国務院安全審査制度通知」および「自由貿易区安全審査弁法」の規定と比較して、「外商投資安全審査弁法」は安全保障審査の対象となる取引の種類を拡大した。第2条3項は実際にはすべての外商投資の可能性がカバーしている。

［3］外商投資安全審査範囲

　「外商投資安全審査弁法」に基づき、以下の範囲内での外商投資を行う場合には、安全審査が必要とされている。

　（一）軍事産業、軍事関連産業等の国防上の安全に関係する分野に投資し、並びに軍事施設および軍事産業施設の周辺地域において投資する。

　（二）国家安全に関係する重要農産物、重要エネルギーおよび資源、重大設備製造、重要インフラ、重要な運輸サービス、重要な文化的商品・サービス、重要な情報技術およびインターネット商品・サービス、重要な金融サービス、基幹技術並びにその他の重要分野に投資し、かつ、投資先企業の実質支配権を取得する。

　従来の「軍事関連＋軍事周辺」などの伝統分野を除き、「外商投資安全審査弁法」は新たに「重要な情報技術・インターネット商品・サービス」「重要な金融サービス」「重要な文化商品・サービス」を安全審査の範囲に組み入れた。

　「投資先企業の実質支配権の取得」の認定については、主に下記の状況を含む。

　（1）外国投資家が企業の50％以上の出資持分権を保有する。

　（2）外国投資家が保有する企業の出資持分権は50％に満たないが、その議決権は董事会、株主会または株主総会の決議に重大な影響を与えること

ができる。
（3）その他の外国投資家が企業の経営決定、人事、財務、技術などに重大
　　な影響を与えることができる。

［4］外商投資安全審査プロセスおよび審査決定

　「外商投資安全審査弁法」では、主に外国投資安全審査のプロセス、期限及
び審査決定について比較的に詳述している。その中で、「資料の追加提供」の
時間が審査期間に含まれていないこと、「提案修正」については審査期間が再
計算されること、また特別審査については延長上限がないことに留意すべきで
ある。審査期間は「外商投資安全審査弁法」で定められた審査期間よりも長く
なる可能性がある。審査決定については、「外商投資安全審査弁法」第9条に
「条件付き通過」を増設し、国際通行のやり方を十分に参考にしており、実施
をより容易にしている。

図表2-9　外国投資安全審査のプロセス

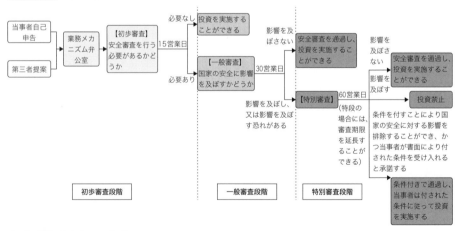

出所：諸規定をもとに作成

5　**第14次五ヵ年計画**

　2020年10月29日、中国共産党第19回中央委員会の第５回会議が終了した。会議では、「第14次五ヵ年計画」の青写真が決定され、2021年から2025年までの国民経済及び社会発展の目標が設定された。

第13次五ヵ年計画の振り返りおよび第14次五ヵ年計画

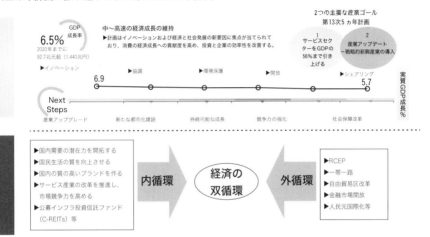

出所：各種公表資料をもとに作成

　第13次五ヵ年計画を受けて、第14次五ヵ年計画の中では、金融市場改革の路線を継承するだけでなく、国内と国際による「双循環」の理念が提唱されている。双循環とは国内循環と国際循環の２つを指す言葉とされる。

　ポストコロナにおけるグローバルな景気後退が続く中、「双循環」の提唱は国内経済の成長を維持するための手段であり、「国内における大循環」は国内生産の回復力を強調するとともに、中国の内需の可能性を解放することが期待される。

第4節

各業種における規制環境の
改革・再編の方向性

　これまでは、中国の金融セクター全体に関わる規制環境の概説を行った。これからは、中国の各業種別の概況および今後の発展の方向性について説明する。

1 新型コロナウイルスの中国への影響

　突発的な新型コロナウイルス（以下はCOVID-19という）は世界中に広がり、中国ひいて世界経済に前例のない衝撃を与え、中国における各業種に対しても、チャレンジをもたらしている。その中でも、上場銀行等は積極的にCOVID-19の影響に対応すると同時に、COVID-19による生産と生活パターンの変化を深く研究し、今回のリスクを新たな業務発展のチャンスに転じることに努めている。

　2020年の年頭にCOVID-19の流行は各地で爆発し、国民の生命と健康に脅威を与えた。中国政府は迅速かつ前例のない、厳しい予防・コントロール措置を実施した。現在、中国国内のCOVID-19の予防・コントロール状況は他国に比して、収束し、一定の成果を収めており、生産回復は着実に進められているが、それでも国内の工業、投資、消費、輸出入の分野では予想以上の落ち込みが見られている。国家統計局のデータによると、第一四半期において、規模以上の工業増加値は前年同期比で8.4%下落し、社会消費品小売総額は前年同期比15.8%下落、全国固定資産投資は前年同期比16.1%下落、輸出入金額は前年同期比6.4%下落している。

　海外に目を向けると、COVID-19の状況は中国国内より状況はさらに厳しく、感染が加速しており、多くの国は社会的距離、パーティーと外出の制限、娯楽施設の閉鎖、都市ロックダウンなどの措置を迫られている。各国の「ソー

シャルディスタンス」、「外出禁止」の政策の広がりに伴い、経済活動は段階的な停滞状態に入っている。こうした側面はグローバル一体化の深化に伴い、世界のグローバル産業チェーン、サプライチェーン、金融市場を通じて中国国内経済に逆作用し、さらに中国経済にさらに広範かつ深遠な影響を与えている。

　例えば、経済発展のために資金を提供することを背負っている銀行業にとっては、このような影響は甚大である。以下、銀行業の取り組みについて述べる。

　COVID-19の発生以来、銀行業は政府の政策に積極的に応え、COVID-19への抵抗と生産の回復のサポートのために必要な金融サービスを提供している。人民銀行の統計によると、第一四半期において銀行業は7.1兆人民元のローンを新たに提供し、前年同期比1.29兆人民元増加し、企業の生産回復を力強くサポートしている。利率の優遇については、3,000億人民元の特別貸付の加重平均利率は2.51％であり、財政部が50％の利息を補助した後、企業の実際の融資コストは1.26％であった。5,000億人民元の再貸付・再割引の加重平均利率も国務院の4.55％の要求を下回っている。それに、銀行保険機構は社会的責任を積極的に履行し、国内の防疫現場に寄付したものは27億元に達した。同時に、積極的に海外の寄付を行い、外国に駐在する大使館に協力して中国の海外留学生や中資機構の駐在員などにマスク、消毒液などの防疫物資を無償で提供した。また、世界で新型コロナウイルスの深刻な影響を受けている59ヵ国と地域にできるかぎり寄付をしている。

　上場銀行は政府と監督管理の要求に積極的に応え、社会的責任を履行し、実体経済、特に中小企業を積極的に支援すると同時に、COVID-19が自身の資産のクオリティ、利益、リスクコントロール、業務オペレーションと将来の発展への影響を全面的に評価する必要があり、関連措置を採って、年度の経営目標と関連戦略を整理する必要がある。同時に、上場銀行はCOVID-19による生産と生活パターンの変化を注意深く調査し、業務戦略を柔軟に制定し、新たな業務発展の機会を発見し、把握しようと試みている。

　業務オペレーションにおいては、金融機関はCOVID-19の中で経済運行を保

護する使命を負っているため、良好な業務の連続性と経営の強靭性を維持しなければならない。上場銀行はこれをきっかけに、業務の連続性管理能力を見直し、改善し、ITテクノロジーアーキテクチャとサイバー情報セキュリティ対策を検討し、より実効性、連動性とシステム性を備えた緊急対応策を構築し、将来のイベントに対して迅速に対応できるように、社会と金融の安定を維持すべく対応している。

リスクコントロール面においては、COVID-19は卸売小売業、宿泊飲食業、運輸業、観光業などの業界および対外貿易の輸出入と中小零細企業に大きな衝撃を与えたが、生物医薬、人工知能、金融テクノロジー、伝統的なインフラと新型インフラなどの分野の急速な発展を促進している。上場銀行は実体経済のための資金供給を継続する前提の下で、業界構造の転換とサプライチェーンの再構築過程における資金需要の転換を満たすため、合理的に資源を配分している。同時に、上場銀行も資産のクオリティの変化を密にモニタリングし、内部リスクコントロールシステムを改良し、銀行全体としてリスクを分散化を図ることでリスク管理を高度化する必要がある。

経営戦略に目を向けると、今回のCOVID-19は銀行のデジタル化転換の緊急性と重要性が顕著となっている。上場銀行のデジタルへの取組みは、顧客の経営モデルとリスク管理能力の見直しでもある。今回の出来事を通じて、上場銀行は現在のデジタル化転換戦略を再検討し、必要に応じて調整していく必要がある。

今回のCOVID-19は経済のデジタル化のプロセスを大きく加速させている。特に製造業の「AI化」とサービス業の「デジタル化」の急速な推進およびオフラインとオンラインの融合スピードを速めている。同時に、COVID-19は一般市民の消費習慣および消費観念にも長期的な影響を及ぼしており、市民の業務申請方式はオフラインからオンラインに移っている。したがって、上場銀行は今回の対応にあたり、リスクとしてだけでなくチャンスとしても捉えている。上場銀行は、金融テクノロジーの発展において、リスクを捕捉し、支店と業務モデルのデジタル化とAI化の転換を加速させ、顧客のニーズを全面的に満たしていく必要がある。

　このように、銀行業のおいては、今回のコロナ禍を一過性のリスク要因と捉えるだけでなく、従来の経営管理体制を再考する機会とも捉えられている。その他の業種においても、同様にコロナ禍の経済環境に対処するのみならず、その先を見据えた取り組みが始まりつつある。

2　銀行業の概況および今後の発展の方向性

［1］中国銀行業の概況

　中国の銀行の近年の業績は堅調であり、2019年の上場銀行の純利益の合計は１兆7,483億人民元であり、**図表2-10**のとおり、2019年の成長率は7.32％であり、2018年の4.35％より2.97％アップした。これは、純利息マージンの安定に伴う手数料収入の増加や貸倒比率の減速によるものである。一方で、営業上の効率性には一段の改善の余地があり、ROA は昨年の水準と同程度であるが、ROE については低下が見られている。

　人民銀行は継続的に法定準備率の減少を2019年に進め、市場流動性が比較的に余裕となり、**図表2-11**のとおり、上場銀行の総資産の成長率が増加した。2019年末、上場銀行の総資産は合計で196兆4,708.48億人民元であり、2018年末に比べて、16兆758.13億人民元増加し、増加幅は8.91％であった。大型商業銀行、株式制商業銀行、都市商業銀行および農村商業銀行はそれぞれ8.32％、10.44％、8.63％、10.92％増加した。

　個人資産の上昇により消費パターンが洗練され、それに伴い個人向けの金融サービスや金融商品へのニーズが高まっている。結果として、銀行は消費者中心の金融エコシステムの構築を推進し、顧客、データ、販売チャネル、IT 技術リソースを統合することを目指している。多くの銀行が「新しいリテール」戦略を提唱し、リテール業務が近年の多くの銀行にとっての重要課題となった。リテール業務から得られる収益全体に占める重要性が高まり、結果として、「新しいリテール」戦略が各銀行のリテール業務を発展させた。足元では米中貿易摩擦等の影響からやや懸念はあるものの、中国の経済は安定した穏や

図表2-10 中国上場銀行の純利益成長率の推移

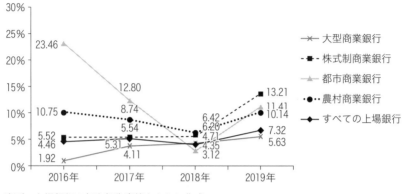

出所：上場銀行の年次報告書等をもとに作成

図表2-11 上場銀行の総資産額成長率の推移

出所：上場銀行の年次報告書等をもとに作成

かな成長を見せており、銀行は信用リスク管理体制の最適化を進め、また、不良債権の減損や処分の努力を続けている。上場銀行は外部のマクロ経済リスクに積極的に対応し、信用リスクの抑制を強化することによって、不良資産の解消と処理を引き続き強化させ、上場銀行の全体に不良債権額の上昇（51の上場銀行の不良債権の合計は2019年末で1兆5,610億人民元と前年から1,078億人民元増加した）と不良債権率の低下（ただし、**図表2-12**のとおり、加重平均の不良債権比率

図表2-12　不良債権比率の推移

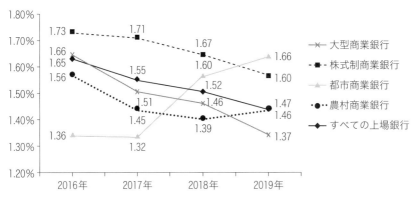

出所：上場銀行の年次報告書等をもとに作成

では1.46％と前年の1.52％を下回っていた）となっている。

　2019年に上場銀行は当局の政策のサポートを受けて、積極的に、多様なチャンネルの資本構成を加速し、資本レベルは着実に充実してきている。銀行セクターは長期的に発展しているものの、資本強化は引き続き必要である。2019年の上場銀行の自己資本比率は、**図表2-13、図表2-14**のとおり、Tier 1 自己資本比率および自己資本比率ともに2017年から堅調に上昇している。上場銀行においては自己資本比率を、主に事業構造の最適化を積極化すること、加重平均リスク資産を説明可能な範囲にコントロールすること、および利益の計上をベースとした外部からの資本により改善している。加えて、IPOや普通株式の発行、優先株式や劣後債などの発行を国内外の市場にて実施することで効率的に資本を増強させ、自己資本比率を上昇させている。長期的な観点では、すべての銀行は経営戦略を変革し、「キャピタルライト及びアセットライト」志向のビジネスモデルを推進し、資本の消費を抑えたより高い利益の達成、すなわちリスクが低く効率的な業務方法の確立を図っている。2019年12月時点の中国上場銀行の一覧は付録２を参照。

　中国の銀行は供給側の構造改革のサポートをし続け、伝統的な産業のアップ

図表2-13 上場銀行の Tier 1 自己資本比率の推移

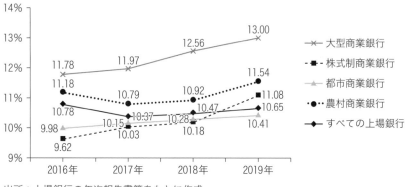

出所：上場銀行の年次報告書等をもとに作成

図表2-14 上場銀行の自己資本比率の推移

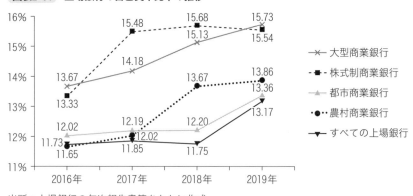

出所：上場銀行の年次報告書等をもとに作成

グレードと新しい産業の成長を促進している。また、グリーンファイナンスといった新しいモデルのビジネスの展開も図っている。加えて、北京－天津－河北一体化発展プロジェクト、雄安新区、長江デルタ経済圏、広州－香港－マカオのグレーターベイエリア構想、一帯一路などの国家的プロジェクトに貢献できるようビジネスを推進している。一方で、中国の銀行セクターはFintechに関して急速な発展を見せており、スマートな金融サービスの提供を行ってい

図表2-15　大型商業銀行の支店数と成長率の推移

出所：大型商業銀行の年次報告書等をもとに作成

る。銀行は、Fintechにおける新しい技術を積極的に採用し、ビジネスモデルの転換を強調し、新しい技術と銀行のビジネスの統合を積極的に進めている。近年、中国の銀行は拠点の最適化や改革を進めることにより、インターネット金融の影響を取り入れており、各拠点の機能は結果として改善され、オンラインとオフラインチャネルの間のシナジーが生み出されている。より多くの銀行が支店の変革の主要な道筋としてデジタル化への変革やアップグレードを果たすべく努力を行っているのである。このプロセスは、支店の取引志向から販売指向へのシフトを推し進め、サービス能力の向上や人材リソースの効率化の改善を促している。**図表2-15**は過去３年の大型商業銀行の支店数の推移であるが、店舗数が減少しており、オンライン化の傾向が顕著に表れている。

［２］外資系銀行の進出状況

外資系銀行は、すでに独資での現地法人設立を承認されており、2007年に外資系銀行としてはじめて現地法人が設立されて以降、中国におけるプレゼンスを構築するためにさまざまな努力を払ってきた。その結果、銀保監会が公表した数値によれば、2019年10月末で中国で41の外商独資銀行、114の支店が設立されている。この他、151の代表所が設立されている。

一方、**図表2-16**のとおり、国内銀行の総資産に占める外資銀行の総資産の割合は2010年から2019年まで２％を下回り、純利益については１％前後であった。

図表2-16　外資銀行の総資産および純利益のシェア

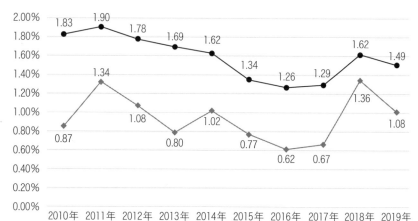

出所：銀保監会のホームページをもとに作成

［3］銀行業における今後の発展の方向性

　2020年は第13次五ヵ年計画の終わりの年であり、第14次五ヵ年計画の始まりの年でもある一つの区切りの年であった。そんな中、世界を襲ったCOVID-19は、中国国内の経済への影響に留まらず、大きな衝撃を与えた。COVID-19の背景の下で各国が競って打ち出した大規模な刺激政策や経済の再開計画は国際経済貿易の構造を変えるほどに、世界経済にさらに多くの不確実性とリスクをもたらしている。さらに中国国内の生産回復と経済社会の発展に新たな困難とチャレンジをもたらした。

　COVID-19は短期の経済成長に深刻な衝撃を与え、企業経営が試練に直面し、銀行のリスク管理能力が試されている。金利市場化が進んでいる中で、同業、業種間の競争が激化し、銀行は実体経済にを支えるべく、利ザヤ低下の圧力が強まっているので、経営競争環境が一段と厳しくなるであろう。さらに、金融監督は日増しに厳しくなり、金融秩序はより規範化される半面、コンプラ

イアンスコストの向上も否めない側面がある。

　その一方、長江デルタ一体化発展、グレーターベイエリア建設、上海国際金融センター建設などの国家戦略の実施は、銀行業に大いに発展の機会をもたらした。また、テクノロジー進化の下で、新型インフラ、先進的な製造業、テクノロジーイノベーションなどの分野に巨大な金融サービス需要が含まれているため、銀行に新たな成長の可能性をもたらした。ポストCOVID-19の時代においては、銀行業にとって挑戦と機会となるが、将来の国家戦略に合わせて量より質で、積極的にトランスフォーメーションが求められる時代となるであろう。

3　証券業の概況および今後の発展の方向性

[1]　中国証券業の概況

　2019年12月末、中国における証券会社は133社であり、中国証券会社の総資産は合計7.26兆人民元（2018年末比13.77％増）、純資産は2.02兆人民元（2018年末比6.87％増）である。中国証券会社規模の推移は**図表2-17**及び**図表2-18**のとおりである。総資産は2008年から年ごとに増減はあるものの増加基調であり、2015年には2008年の5倍強となる6.42兆人民元に達した。要因としては、中国経済成長に伴い各証券会社の規模が拡大したことと、各証券会社がレバレッジ比率〔（総資産－取引決済資金）÷純資産〕を上昇させたことによる。ただし、2016年からは中国A株の市況が低迷したこととレバレッジ比率を下落させたため、総資産も減少している。なお、2018年に届け出（注冊）制度への進化等のIPO緩和政策等により、中国A株の市況が好調していた。

　中国証券業協会に開示されたデータによると、2019年に総資産規模および純利益がトップ10に入った証券会社およびその割合は**図表2-19**のとおりである。総資産規模および純利益がトップ10に入った証券会社は、ほぼA株上場またはH株上場の会社である。2019年12月末時点の中国証券業協会が公表している98社の中国証券会社一覧は付録3を参照。

図表2-17 中国証券会社規模の推移

年	総資産	純資産	取引決済資金	レバレッジ
2008	1.20	0.36	0.69	1.41
2009	2.03	0.48	1.39	1.33
2010	1.97	0.57	1.23	1.30
2011	1.57	0.63	0.68	1.41
2012	1.72	0.69	0.60	1.61
2013	2.08	0.75	0.56	2.02
2014	4.09	0.92	1.20	3.14
2015	6.42	1.45	2.06	3.01
2016	5.79	1.64	1.44	2.65
2017	6.14	1.85	1.05	2.75
2018	6.26	1.89	0.93	2.82
2019	7.26	2.02	1.30	2.95

出所：中国証券業協会のホームページ、Wind をもとに作成

図表2-18 中国証券会社総資産の推移

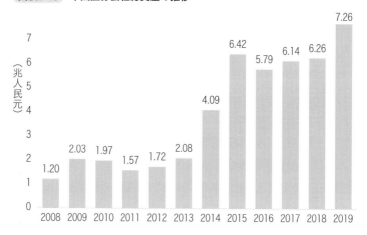

出所：中国証券業協会のホームページ、Wind をもとに作成

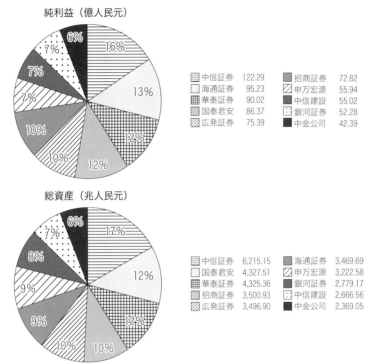

図表2-19　総資産規模および純利益がトップ10に入った証券会社およびその割合（2019年末現在）

出所：中国証券業協会のホームページをもとに作成

　収益の状況としては、2020年 9 月末で、135の証券会社の営業収益は3,423億人民元（年間4,565億人民元と見込）と前年度比27% 増加、親会社の普通株主に帰属する当期純利益は1,326億人民元（年間1,769億人民元と見込）と前年度比44% 増加であった。これは主に新規 IPO 数が増加したため、ブローカー業務が好調であった。**図表2-20**が示すとおり、2020年 9 月末では、ブローカー業務が自己トレーディング取引業務を上回り、証券会社の最大の収益源となっている。

図表2-20　上場会社の収入状況

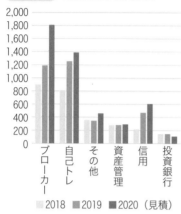

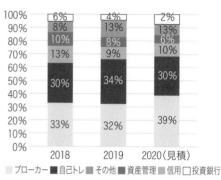

出所：中国証券業協会のホームページをもとに作成

[2] 証券業における外資系証券会社の進出状況

2017年時点では外資系証券会社であるHSBCが51％保有し支配権を有している証券会社が1社あったが、これは中国と香港が結んだ経済緊密化協定（CEPA）による優遇制度を利用したものであり、CEPAによると香港の金融機関に対して上海、広東省、深センに合弁証券会社を設立した場合には最大51％まで出資することが特例として認められているものであった。2018年以降、新たな改革開放政策の下で日系企業含めた外資系証券会社が中国内資企業と合弁証券会社を設立する動きが出ている。具体的に2018年11月、スイス金融大手UBSが出資している合弁会社「瑞銀証券」についてUBSの出資比率を51％に引き上げることが証監会により認められた。また、2019年3月に野村ホールディングス、JPモルガンチェースによる合弁会社の設立が証監会により認可された。いずれも出資比率は51％となっている。2020年12月9日の証券時報により、ゴールドマンは100％出資で合弁相手と合意した。今後、さらなる外国勢の投資銀行が中国で証券会社を設立する見込みである。**図表2-21**は2020年9月時点での合弁証券会社一覧となっている。

図表2-21　合弁会社リスト（2020年9月時点）（単位：億人民元）

番号	合弁証券	外国株主	登録資本金	外資持分率	批准日付
1	中国国際金融股份有限公司	Tencent Mobility Limited Des Voeux Investment Company Limited Mingly Corporation その他	43.69	43.58%	1995年5月
2	中銀国際証券有限責任公司	BOC International Holdings	25	37.14%	2002年1月
3	光大証券股份有限公司	China Everbright Ltd	46.11	21.30%	1996年5月
4	高盛高華証券有限公司	Goldman Sachs Asia Limited	10.94	51.00%	2004年11月
5	瑞銀証券有限責任公司	UBS AG	14.9	51.00%	2006年12月
6	瑞信方正証券有限責任公司	Credit Suisse AG	10.89	51.00%	2008年6月
7	中徳証券有限責任公司	Deutsche Bank AG	10	33.30%	2008年12月
8	モルガン・スタンレー華鑫証券有限責任公司	Morgan Stanley Asia Limited	10.2	49.00%	2010年12月
9	申港証券株式有限公司	Mason Group Holdings Limited 民衆証券有限公司 JT CAPITAL MANAGEMENT LIMITED	43.15	34.85%	2016年3月
10	華菁証券有限公司	万誠証券有限公司	14.048	48.83%	2016年5月
11	匯豊前海証券有限責任公司	The Hongkong and Shanghai Banking Corporation Limited	18	51.00%	2017年6月
12	東アジア前海証券有限責任公司	The Bank of East Asia, Limited	15	49.00%	2017年6月
13	野村東方国際証券有限公司	野村ホールディングス株式会社	20	51.00%	2019年3月
14	JPモルガン証券（中国）有限公司	J.P. Morgan International Finance Limited	8	51.00%	2019年3月
15	金圓統一証券有限公司	President Securities Corporation	5.88	49.00%	2020年2月

出所：証監会ホームページをもとに作成

［3］証券業における開放の動き

〈開放の概要〉

　証監会は、「市場参入を大幅に緩和し、サービス業の対外開放を拡大する」という政府の意思決定と要求を実行するため、2018年4月28日に「外商投資証券公司管理弁法」（以下「管理弁法」という）を公表した。これは、銀監会（現：銀保監会）が、2018年2月に公布した「銀監会が改訂する『銀監会外資銀行行政許可事項実施弁法』の決定」に続くものであり、中国金融業監督管理機構によって公布された第二の施策であって、中国金融市場のさらなる拡大を反映している。証監会は、引き続き海外金融機関の中国市場への積極的な参入意思を

支持すると表明した。なお、本管理弁法は正式に発効されたため、中国財政部の証券業における外資投資比率制限の緩和に関するコミットメントが実現され、単一または複数の外国投資者が、直接または間接的な証券会社への投資比率を51％に、2020年4月1日から持分率の制限が撤廃された。

〈新旧政策比較分析〉

管理弁法は従来の外資系証券会社に対する監督規定である外資参加証券会社設立規則を基礎として改訂された。証券業の対外開放政策の連続性、漸進性、将来性を維持し、合弁証券会社設立条件を最適化し、合弁証券会社の業務範囲を順次拡大するという原則が反映されている。

当該改訂は、外資参加証券会社設立規則の4つの規定を削除、1つの規定を追加し、重要な7つの規定を改正し、17つの規定の文言を変更した。最終的に管理弁法は26条の規定から構成される。証監会の説明書面によると、大きく以下の5つの改訂がある。

- 外資企業が支配権を持つ合弁証券会社を許可し、外資企業が参加権から支配権を得ることの法的根拠を提供
- 合弁証券会社の業務範囲を順次開放
- 外資の上場証券会社に関する持分規程の整備
- 国内株主の実際支配者の身分変更による中国内資証券会社の性質変更につながる関連政策を明確化
- 外国株主の条件を明記

〈政策比較と解説〉

以下では、上述の分析で挙げた5つの政策の主な改訂について、1つずつ取り上げて説明を行う。

- 外資企業が支配権を持つ合弁証券会社を許可し、外資企業が参加権から支配権を得ることの法的根拠を提供

　管理弁法のこの点に関する改訂は、主に以下の通りである。

・外資参加証券会社設立規則第8条の「外資は中国内資証券会社との合弁によって証券会社を設立しなければならない」という制限を撤廃した。

・外資参加証券会社設立規則第10条における外国株主の持分比率規制を削除した。当該削除が今回の改訂のキーポイントであり、外資が合弁会社の支配権を得ることを許可している。

● 合弁証券会社の業務範囲を順次開放

　管理弁法第4条は新しい合弁証券会社に対し、自身の状況に応じて、証券法第125条、第127条と証券会社業務範囲審査実施暫定規定第7条、第8条に基づき、原則として4つの業務を申請できることに加え、1年後に業務の追加を申請でき、都度2つの業務の追加申請が可能であることを定めた。現在の証券法に規定される業務の種類と業務ごとに定めた登録資本金に関する要求は**図表2-22**の通りである。

図表2-22　ライセンスの一覧および登録資本金の要求

業務種類	登録資本金要求
（一）証券ブローカー	5千万人民元以上
（二）証券投資助言	5千万人民元以上
（三）証券取引又は投資活動に関連する財務助言	5千万人民元以上
（四）証券の引受と売出業務	1億人民元以上
（五）自己トレーディング業務	1億人民元以上
（六）証券資産管理	1億人民元以上
（七）その他証券関連業務	1億人民元以上

※上記(四)から(七)のうち2つ以上の業務を行う場合、登録資本金は最低5億人民元とする。証券会社の登録資本金は実際払込資本である
出所：諸規定をもとに作成

　証券会社の業務範囲の順次開放は、持分制限の緩和とともに管理弁法の重要な改訂事項である。管理弁法では合弁証券会社の業務範囲制限が各部分から削除された。

　同時に、証券業務ライセンスを無秩序に申請可能となることを防ぐため、証監会は管理弁法に関連要求を追加した。具体的には管理弁法第５条第２項で、外商投資証券会社の当初の業務範囲は、支配株主、筆頭株主の証券業務の経営経験と整合させることを要求している。

● 外資の上場証券会社に関する持分規程の整備

　管理弁法第７条において、複数の外国投資家（直接保有および間接支配を含む）の上場している中国内資証券会社に対する持分比率合計を中国の証券業対外開放のコミットメントを超えない範囲まで引き上げ、外資が合計で所有している非上場証券会社の持分比率の上限と一致させた。

　以上から、外国投資家は保有可能な証券会社の持分比率は**図表2-23**のように変更される。

図表2-23　　出資比率の変更

			2018年4月28日以前	2018年4月29日から2020年11月30日まで	2020年12月1日以降
出資比率要求	非上場証券会社		49％を超えてはならない	51％	100％
	上場証券会社	単一の外国投資家	20％を超えてはならない		
		複数の外国投資家	25％を超えてはならない		

出所：外資参加証券会社設立規則、管理弁法をもとに作成

●国内株主の実際支配者の身分変更による中国内資証券会社の性質変更につ
　ながる関連政策を明確化

　「一部の中国内資証券会社株主の実際支配者の身分変更（中国籍から外国
籍）により、外国投資家が中国内資証券会社の持分を間接的に所有すること
になる。」といった実務における新たな状況に関して、今回の改訂では、上
述のシナリオを外商投資証券会社の範囲に組み入れ、関連規制要求を明確化
し、当該外国投資家は期限内に外国株主の条件を満たさなければならないと
された。

　管理弁法第14条において、中国内資証券会社が外商投資証券会社への変更
を申請する場合の要求を明確にしている。

　同時に、中国内資証券会社の支配株主、実際支配者が外国投資家に変更さ
れることにより、中国内資証券会社が外商投資証券会社への変更を申請する
にあたり、必要な書類が管理弁法第15条にて明確化されている。

●外国株主の条件を明記

　本改訂は「優良な外国株主を引き入れ、外国の先進的なマネジメント経験
を取り入れること」を目的として、外国株主の条件を明記している。1つ目
は、外国株主を「少なくとも1つは金融機関である」から「すべて金融機関
であるべき」に変えた点である。

　2つ目は、「外資参加証券会社設立規則」における外国投資家の資格要件
の「良好なレピュテーションと経営成績を備えていること」が以下の点で細
分化されたことである。

　　・直近3年の業務規模、収入、利益が国際的にトップレベルにあること
　　・直近3年の長期信用レベルが高水準に保たれていること
　　・重大な法令違反の嫌疑で関連当局による調査を受けていないこと

　同時に、上述の状況を担保するために、証券会社株主を外国投資家へ変更
する際に、証監会に提出する申請文書が追加された。上述の改訂は、外国株
主が豊富な金融活動の経験を持つ優良な会社であることを要求することが重
要な点である。

［4］証券業の発展と課題

　管理弁法は中国証券業の開放が歴史上新しい段階に入り、グローバルの金融業にポジティブな影響を与えると考えられる。現在の中国証券業における合弁証券会社の状況を見ると、全体として業務規模が小さく、収益力と市場影響力は外資証券会社の国際的なレピュテーションや実力と大きな差がある。管理弁法は、上述した通り既存の外資証券会社の業務範囲と規模を拡大し、機会を提供した。同時に、中国市場に未参入の外資証券会社に豊富な発展機会をもたらす市場環境を提供した。管理弁法は、中国市場における外資証券会社に以下のような発展の機会をもたらすと考えられる。

　●持分比率の全面開放

　　これまで「CEPA補充協議十」条例のもと、香港資本またはマカオ資本の証券会社は合弁証券会社の持分比率を最高51％まで保有できた。管理弁法は外国株主の地域性に制限を設けず、2020年12月1日以降は全面的に外資が合弁会社の持分を最大100％まで保有できるように緩和された。外資証券会社が中国市場において発展の戦略方針を積極的に策定することは有益である。中国の資本市場は開放が続いており、MSCIも2018年に新興市場指数にA株を組み入れた。外資証券会社の反応状況を考慮すると、中国市場参入の興味は日増しに高まっている。外資持分保有比率の制限が緩和されれば、外資の発言権は質的に向上し、合弁証券会社のさらなる発展に新しい機会がもたらされると考えられる。

　●業務範囲の全面開放

　　管理弁法は持分比率制限以外にも、業務範囲の制限を緩和している。元々の合弁証券会社の業務範囲の制限を撤廃し、合弁証券会社が内資と同等の待遇を受けることができ、原則として証券法第125条のすべての業務を段階的に申請することができる。合弁証券会社は株式、債券の引受と売出業務のみでなく、設立当初の支配株主の証券業務に基づき、証監会に投資銀行業務以外の業務を申請することができる。これは外資証券会社がブローカー業務、投資助言業務、自己トレーディング業務を行う機会があることを意味してい

る。この他、大型外資金融機関は金融グループとしてさらに発展し、中国市場全体の発展ニーズに応じて柔軟に証券業務を行い、他の中国業務と協働することが可能となる。

● 中国の合弁会社株主資格の全面開放

外資証券会社の中国の合弁会社株主は、証券会社、自由貿易圏内に限定されず、この規制緩和によって外資証券会社は中国市場のパートナーを柔軟に選択することができる。合弁会社は直接的な業務競争関係が存在せず、互いのリソースを補完し、自身の発展ニーズに基づき合弁株主を選択できる。

同時に、持分比率、業務範囲、合弁会社株主の開放に伴い、外資証券会社は中国市場の巨大な発展の機会と多くの課題に直面すると考えられる。

● さまざまな法律環境とコンプライアンスリスク管理要求への対応

中国市場の法律条件とコンプライアンスリスク管理要求は海外市場と明確な違いがある。外資証券会社は中国業務の開拓の過程で、コンプライアンスとリスク管理の分野で課題に直面すると考えられる。「管理弁法」は外資株主の参入条件の調整と細分化を進めた。外商投資証券会社の外国株主への要求は証券業務の継続した5年以上の経営という経験と所属国において直近3年で重大処罰を受けていないことである。外国株主の年間業務規模、収入、利益等に関して新しい厳格な要求がある。監督の立場からみれば、参入する外国株主が豊富な金融活動の経験を備える優良企業であり、「優良な外国株主を参入させ、海外の先進的なマネジメント経験を取り込む」という目的を実現させるためである。外国株主が市場に参入した後、証監会は引き続き監督制度を整備し、中国内資外資ともに一致した原則に基づいて厳格な監督を実施すると考えられる。

● 関連システムの対応と移転

中国の外資証券会社は各種業務の展開と同時に、中国の情報セキュリティと秘密保持に関する監督要求に対応する必要があるため、関連システムの一部を中国国内に移転させることが必要である可能性がある。同時に、中国国内業務は取引の量とスピードにおいて、外資証券会社の既存システムに新たな課題を生む可能性がある。

●事業開発と企業文化のニーズを満たす人員のリクルートと育成

　持分比率の上昇と業務範囲の拡大に伴い、外資証券会社は母国企業の文化と言語を熟知し、中国証券業に精通している人材をいかに中国のチャネルを用いて獲得するかを考えなければならない。中長期的には、事業開発と企業文化の発展に合わせた人材育成システムの構築が新しい課題となる。今回の管理弁法の公布は、外資への証券業界の開放が加速され、多くの国際化の発展経験が引き入れられ、一定の業界内の競争も促進される。

 保険業の概況および今後の発展の方向性

［1］中国保険業の概況

　●生命保険の概況

　　中国の生命保険は、中国銀行保険監督管理委員会によると、**図表2-24**のとおり、2019年末の生命保険料収入が3兆995億人民元と米国に次いで世界2位の規模を誇っている。また、生命保険業は順調にここ数年成長しており、過去の生命保険料収入は以下の通りである。

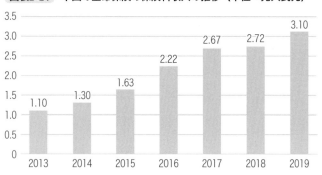

図表2-24　中国の生命保険の保険料収入の推移（単位：兆人民元）

出所：銀保監会のホームページをもとに作成

　保険商品の状況について、以前は**図表2-25**が示すとおり、伝統的保険商品と配当付保険が生命保険市場の太宗を占めている。

　中国の生命保険会社について、2019年末で90社設立されており、**図表2-26**のとおり、中国人寿が国有企業の幅広い販路を有する強みを生かして保険料収入の18.34％を占め最大のシェアを誇っている。平安人寿がシェア2位であり民間企業としては最大のシェアを占めている。平安人寿はAIやビッグデータに

図表2-25　生命保険商品の状況

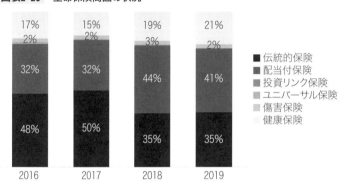

出所：銀保監会及び中国証券業協会のホームページをもとに作成

図表2-26　収入額トップ10の生命保険会社

ランキング	会社名	2019市場シェア
1	中国人寿保険	18.34％
2	中国平安人寿保険	15.94％
3	中国太平洋人寿保険	6.85％
4	華夏人寿保険	5.90％
5	中国太平人寿保険	4.53％
6	新華人寿保険	4.46％
7	泰康人寿保険	4.22％
8	中国人民人寿保険	3.17％
9	前海人寿保険	2.47％
10	中郵人寿保険	2.18％

出所：銀保監会をもとに作成

積極的に投資するなど、最先端なサービスを顧客に提供することで成長を続けている。なお、2019年の市場シェアは、大手4社で47％を占めており、損保業界に比して緩やかであるが寡占の状態である（2019年12月時点の中国生命保険会社一覧は付録4を参照）。

　主な販路については、**図表2-27**の通り、個人代理人チャネルと銀行販売チャネルの合計で8割強を占めており、この2つが主要な販売チャネルである。会社の直販は主にグループ間取引にて利用され、2019年には保険料の8％を占めている。オンライン販売は既に定着を見せており、多くの会社がオンライン販売を開始している。

　外資系生命保険会社の進出状況について、外資系生命保険会社のシェアは2019年末時点で前年同期比0.98％増の7.17％となった。それに、保険収入が前年同期比29.86％増であり、中国内資系の12.17％を超えた。また、外資生命保険会社が集中している地域保険の市場上では、外資の市場シェアが高い。北京、上海などの外資生命保険会社の市場シェアは20％を超え、それぞれ20.4％、21.59％に達し、それぞれ2.1％、1.8％伸びた。なお、日系の保険会社は、3社が中国の保険会社と合弁会社を設立、または中国の保険会社へ出資している。

図表2-27　生命保険の主な販売経路

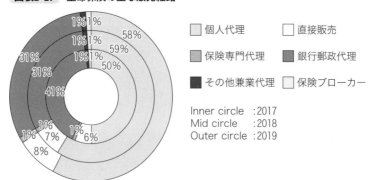

〈損害保険の概況〉

　中国の損害保険はアジアで最大の市場であり、世界でも米国に次ぐ２番目に大きい市場である。また、成長率も高く、**図表2-28**のとおり、2013年から2019年までの損害保険の保険料総額の年平均成長率は11.2％であり、2019年には１兆1,649億人民元に達した。直近の傾向として AI や IoT やビッグデータが使用され、販売や払戻等に活用されている。中国の百度、アリババ、テンセントといった主要インターネット企業が損害保険の販売や契約業務に進出する動きをみせている。

　保険商品の特徴としては、**図表2-29**の通り、自動車保険が最も大きく、保険料収入の約65％超を占めている。農業保険は主に政府のサポートにより堅調な成長を見せており、2019年に前年比で15％の成長を見せた。

図表2-28　中国の損害保険の保険料収入の推移（単位：兆人民元）

出所：保険業協会のデータをもとに作成

損害保険会社のプレイヤーとしては、2019年12月末現在で88社の企業が設立されているが、非常に寡占化が進んでいる市場であり、**図表2-30**の通り、上位３社（中国人民財産保険、中国平安財産保険、中国太平洋財産保険）で総保険料収

図表2-29 損害保険商品の状況

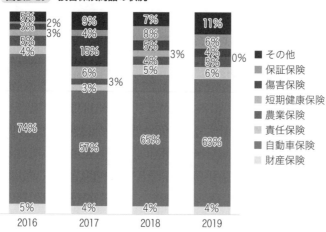

出所：保険業協会のデータをもとに作成

図表2-30 収入額トップ10の損害保険会社

ランキング	会社名	2019市場シェア
1	中国人民財産保険	37.06%
2	中国平安財産保険	23.26%
3	中国太平洋財産保険	11.54%
4	中国人寿財産保険	6.62%
5	大地財産保険	4.18%
6	中国連合財産保険	4.16%
7	陽光財産保険	3.42%
8	太平洋財産保険	2.33%
9	天安財産保険	1.34%
10	華安財産保険	1.24%

出所：保険業協会のデータをもとに作成

図表2-31　外資保険会社の保険収入の保険業全体に占める割合

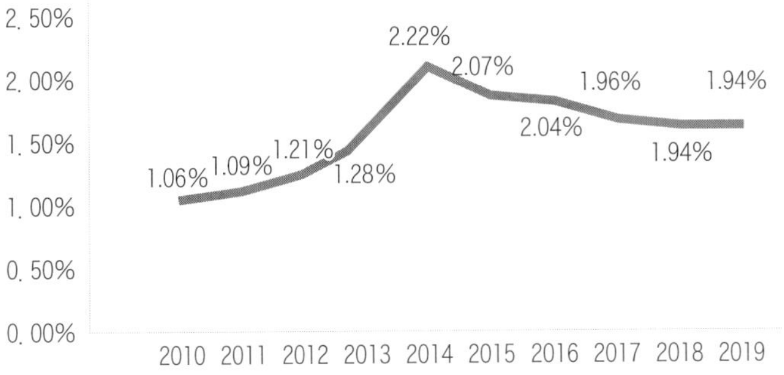

出所：銀保監会のホームページをもとに作成

入の約64％のシェアを占めている。当該上位３社はいずれも中国損保市場の開拓者として初期から成長を続け、圧倒的な資金力と地方にまで広がる支店網を有している。

　2019年の外資損害保険会社の保険料収入は前年同期比10.89％増の252.61億元となり、市場シェアの1.94％を占めていた。また、**図表2-31**のように外資損害保険会社の保険業全体の市場シェアも低い水準である。

［2］保険業における開放の動き

　2018年４月10日に開かれたボーアオ・アジアフォーラムの開会式において、習主席は、中国の金融市場参入を大幅に緩和すると発表した。当該発表に呼応する形で、銀保監会は、2018年４月27日に「銀保監会による銀行業及び保険業の対外開放措置の加速的な実施」および同通達と整合する「外資系保険ブローカー企業の経営範囲開放に係る通達」を公表した。具体的な施策は**図表2-32**の通りである。

　上記の「開放措置」に伴う一連の政策の公表は、ボーアオ・アジアフォーラムによる新しい動向に呼応するものであり、また、同時に習主席の「すでに宣言した重大な金融開放措置を迅速に実現させることを担保するために、成果及

図表2-32　銀保監会が公表した政策および規制緩和内容

項目	政　策	緩和内容
1	銀行監会による銀行業及び保険業の対外開放措置の加速的な実施	・外資生命保険会社の外資持分比率を即時51%まで緩和し、3年後には当該制限を撤廃する（※） ・中国全土で外資保険会社設立に必要な2年間の代表所設立の期間要件を2018年末に撤廃している
2	外資系保険ブローカー企業の経営範囲開放に係る通達	銀保監会から保険ブローカー業務の許可を取得した外資保険ブローカー会社は、中国国内で以下の保険ブローカー業務を実施できる。 (1) 被保険者に対する保険プランの策定、保険者の選択、保険手続の取扱い (2) 被保険者又は受益者の保険金請求の協力 (3) 再保険ブローカー業務 (4) 委託人への防災、損失回避あるいはリスク評価、リスク管理に関するコンサルティング業務 (5) 銀保監会が認可したその他業務

※2019年7月、証券会社と生命保険会社の外資持株比率の撤廃が2020年に前倒し、2020年当局の最新公告により、生命保険会社への持分率の制限が2020年1月1日に撤廃され、証券会社への持分率の制限が2020年4月1日から撤廃された。

び早期の恩恵を世界中の企業及び市民へ開放するために中国は努力する」という号令にも呼応するものである。

　従来は、生命保険会社の外資による出資は支配権を取得できなかったことから、外資系生命保険会社が中国で支配権を取得して事業を転換できることは中国の生命保険事業のさらなる国際化が進む重大な転換点となると考えられる。今後、外資系生命保険会社による巨大な中国マーケットの取込みを狙った中国への投資が増加することが見込まれる。中国への進出に際しては、合弁相手を見つけて新規設立の外資系保険会社を設立する方法がまず考えられる。この場合には、自らと合弁相手とのシナジーを上手く活用し、かつ、それぞれの既存事業にコンフリクトを与えないような合弁相手を選定することが重要と考えられる。一方で、新規にライセンスを取得して新規設立を行うことは当局の承認までに時間がかかることから、低収益でエグジットを考えている株主から株式

を買収する方法も効率的な方法として考えられる。

　保険ブローカー業に関して、従来までは外資系保険ブローカー企業が中小型の営利保険の仲介業務および個人保険の仲介業務に従事することは禁止されていたが、今回の緩和措置により、同業務への従事が可能となった。

　以上は、銀保監会が金融セクターの開放措置のさらなる発展と実現を図り公表したものである。中国では当局の姿勢によりライセンスの承認の実現可能性やスピードが変わってくるため、当該「開放措置」の公表は、外資系生命保険会社および外資系保険ブローカー企業の対外開放を進める当局の姿勢を表したものであり、外資系保険会社のビジネス展開余地が広がっていくものと考えられる。

［３］中国の保険業の発展の見通し

〈世界の保険市場の成長ドライバーとしての役割〉

　世界的な保険市場は停滞を見せる中、中国は過去10年間で保険セクター全体の成長ドライバーとしての役割を果たし、その間、世界で７番目に大きな市場から２番目に大きな市場となった。また、強い経済成長と銀行の窓販による成長、消費者自体の成長、商品デザインのイノベーション等により、他国と比して劇的な成長を遂げた。収益に関するチャレンジや、顧客の公平な取扱いに関する問題、新しい市場参加者との競争といった課題はありつつも、この先も強い成長を続けていくものと考えられる。

〈異なるセクター間の融合による機会の創出と競争の激化〉

　保険業界におけるセクター間の融合が中国では進んでいる。保険会社は、保険のバリューチェーンの上流および下流を拡大し、ITを利用したプレイヤーが保険業界への進出を目指している。

　健康保険会社であるSunshine Insurance Groupは病院を設立し、New-China Lifeは病院チェーンを買収した。Taikang Lifeなどの年金にフォーカスしている保険会社は、老人ホームなどの不動産業界に進出を果たしている。この目的は、収益の源泉を多様化することや顧客により付加価値の高い業務を提供することにより、利益率の向上を目指しているものである。

　同時に、ITやeコマース企業は、積極的にプラットフォームを作って顧客に保険とテクノロジーを融合した保険商品を提供している。例えば、アリババのプラットフォームを利用した相互保険は、アリババが提供している一定以上の信用スコアを上回ると参加でき、参加時には保険金を一切支払う必要がなく、後に支払った保険金額の合計を参加人数で負担するという新しい保険商品である。これらの新しい商品の登場により、保険商品のあり方が変わるとともに、保険の販売経路も大きく変わる可能性がある。

〈IT技術に導かれる顧客サービスの向上〉

　中国の保険技術は既に進んだIT技術により世界でも有数であるが、差別化を行うサービスの種類は保険会社により異なる。例えば、平安保険は、AIや統計的な分析を使って顧客サービスを提供している。具体的には、ビッグデータおよびAIを用いて保険会社は被保険者のリスクとレーティングを予測・計算を行うモデルを構築している。これらの技術は契約や支払業務に使用され、特に自動車保険などの大きな業務で使用されている。最も進んでいる保険会社では、被保険者からの支払業務に関してマニュアル作業を一切通さずに手続を完了している例もある。

　今後、テクノロジーを使ったサービスを展開できるか否かが保険会社の将来を左右し、セクターでの立ち位置を決める可能性がある。大規模な保険会社はデジタルへの転換により既に市場シェアを獲得している一方で、中小の保険会社はデジタルへの転換に関して出遅れている感がある。中小の保険会社にとって、最新のIT技術を利用して契約、支払業務、顧客サービスを実施することは比較的難しいように考えられる。このような会社は、イノベーティブな「InsurTech」企業と提携してデジタルへの転換を進めていくことが重要であると考えられる。

〈規制により商品や販路が左右される生保業界〉

　この10年間の生保会社の成長のほとんどは、銀行窓販チャネルを通じた投資連動型の商品によりもたらされ、保険購入者は保険商品ではなく理財商品として購入を行っていた。しかしながら、終身保険や養老保険といった保障志向な

商品への関心度が増し、規制当局が保険会社に伝統的な商品へ注力するように指導を行うようになった。したがって、保険会社は今後、商品や販売チャネル、管理体制などを転換する必要があると考えられる。

　伝統的な生命保険商品の販売においては、個人代理人の役割が重要であるが、個人代理人チャネルは高コストであるため、デジタルを使用したチャネルが今後成長を続ける可能性が高い。この環境下では、特に中小の保険会社が保険を販売するためにデジタルに着目する動きを見せ、アリババやテンセントなどのIT企業の新しいプラットフォームを利用する可能性が高いと考えられる。

〈保険料負担可能性と成長性の向上を迫る政策の損保業界〉

　急速な高齢化により、社会保障が政府にとっての重要な課題になり、損保企業は、社会保障制度の補完としての商品を提供する余地が大きくなることが見込まれる。個人の観点では、医療費の高騰により、健康が非常に重要な問題となると予想される。営業上の観点では、コンプライアンスの観点から保険の購入が強制化される例があり、政策が保険の売上の成長ドライバーとなると考えられる。

　将来的に大きく成長する分野としては、労働者災害補償と損害賠償保険であり、中央政府により強制加入される動きが見られる。また、サイバー保険の分野も高いニーズがある。

〈外資系保険会社からの投資による成長の拡大〉

　すでに述べた通り、保険規制当局は、外資系保険会社の議決権制限を緩和した。外資系保険会社は現在のところ中国国内市場に大きな影響力を有していないものの、将来の投資により、外資系保険会社の商品やノウハウが中国にもたらされて、市場に大きな影響をもたらす可能性がある。

　加えて、自ら設立すること、そして規制当局の新しいライセンス付与の承認までに時間を要することから、エグジットを狙っている株主からの株式買取りが、中国保険市場の進出の効率的な方法であると考えられる。

5 資産管理業の概況および今後の発展の方向性

　中国における資産管理というと、理財商品、私募エクイティファンド、ミューチュアルファンド等が挙げられる。理財商品は、中国独自の資産管理商品であり規制の動きがむしろ強まっているため、これから外資系金融機関が入り込む余地は少ないと考えられる。私募エクイティファンドも興味深い分野であるが割愛し、中国のミューチュアルファンドを中心に、その概況と規制環境の方向性について概説したい。

[1] 中国資産管理業の概況
〈中国のアセットマネジメント市場の特徴〉

　中国は、アジア太平洋地域で最も急成長するアセットマネジメントの市場である。中国証券投資基金業協会によると、中国のミューチュアルファンドの運用資産残高（AUM）は、**図表2-33**のように過去８年間の26％の年間平均成長率により、2020年12月末までに20.16兆人民元に達した。なお、ここでのミューチュアルファンドとは、株式、混合型、債券といった金融商品に投資している単位型および追加型のファンド、マネー・マーケット・ファンド（MMF）、Qualified Domestic Investor Institution（QDII）を含んでいる。

　ミューチュアルファンドの成長の最も大きい要因としては、2013年以降に急速に成長した個人投資家によるオンライン取引での MMF の購入である。MMF とは、投資対象を国債などの国内外の公社債や譲渡性預金（CD）、コマーシャル・ペーパーなどの短期金融資産とするミューチュアルファンドであり、安全性の高い金融商品である。中国では、Alipay や WeChat 等の Fintech プラットホームにおいて比較的簡単に購入・売却が可能であり、個人は主に生活費の余資を MMF で運用している。利回りは2020年末時点で２〜３％程度で、銀行預金のリターンより高く、個人を中心に主要な投資先として広まったものである。**図表2-34**のとおり、MMF の成長は目覚ましく、2013年から2020年の年平均成長率は52％であり、2013年の0.75兆人民元であった残高が

2020年末には8.05兆人民元となった。その結果、MMF の残高は中国全体の
ミューチュアルマーケットの40％を占めている。

　なお、**図表2-35**のとおり、MMF 市場から見れば、Alipay の MMF を運用し
ている天弘基金（Tianhong Asset Management Co.,Ltd.）は2020年末で１兆
2,858億人民元もの AUM を運用し、MMF 市場シェアの約16％を占めている。
また、MMF トップ10の AUM で市場シェアの約51％を占めており、中国の資
金がトッププレイヤーに集中しているといえる。

図表2-33　直近のファンドの AUM の推移（単位：兆人民元）

出所：中国証券投資基金業協会のホームページをもとに作成

図表2-34　直近の MMF の AUM の推移（単位：兆人民元）

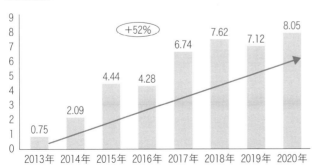

出所：中国証券投資基金業協会のホームページをもとに作成

図表2-35 2020年12月31日現在の MMF トップ10の AUM
（単位：兆人民元）

ランキング	会社名	2020年末	市場シェア
1	天弘基金	12,858.30	16%
2	易方達基金	4,198.96	5%
3	南方基金	3,559.41	4%
4	嘉実基金	3,255.09	4%
5	博時基金	3,213.64	4%
6	建信基金	3,047.11	4%
7	匯添富基金	2,778.20	3%
8	工銀瑞信基金	2,670.67	3%
9	華夏基金	2,654.38	3%
10	広発基金	2,576.49	3%

［2］資産管理業における開放の動き

　他の金融セクターと同様に、資産管理業でも外資への開放が進んでいる。中国の資産管理市場の迅速な成長は、自国の資産管理機関規模の拡大を支えるだけではなく、海外の投資機関が中国に進出することにもつながる。ここではまず、外資系金融機関が中国国内の資産管理市場に進出しているさまざまなルートと現状について整理し、過去の政策との比較から、以下の投資ルートを紹介する。

- クロスボーダー投資業務
- 中国大陸・香港ストック・ボンドコネクトおよびファンド相互承認
- 公募ファンド業務
- 私募証券投資ファンド業務

〈クロスボーダー投資業務〉

　現在、クロスボーダー投資で、適格海外投資家は QFII、RQFII、QFLP 等のスキームで中国国内への投資が可能であり、QDII、QDLP、QDIE 等のスキームで海外への投資を実現できる。クロスボーダー投資業務の解釈および主要な適用地域の詳細は、**図表2-36**のようになっている。

　中国の QFII と QDII 基金の発展はそれぞれ2002年と2006年より始まった。当制度は、中国の資本項目がまだ十分に開放されていない状況で外資を誘致

図表2-36　クロスボーダー投資業務の種類および主要な適用地域

名　称	説　明	国内適用地域
QFII (Qualified Foreign Institutional Investors)	適格海外機関投資家。証監会の認定を受け、中国証券市場に投資し中国国家外貨管理局から投資限度額の認可を取得した海外のファンド管理機関、保険会社、証券会社及び他の資産管理機関を指す。	全国
RQFII (RMB Qualified Foreign Institutional Investors)	人民元適格海外機関投資家。証監会の認定を受け、かつ中国国家外貨管理局から投資限度額の認可を取得したオフショアで調達した人民元で本土の株式・債券へ投資を行う海外法人を指す。	全国
QFLP (Qualified Foreign Limited Partner)	適格海外リミテッド・パートナー、外資系株式投資企業ともいう。海外企業又は個人が設立し、未公開の方式で海外の投資家から資金を募集し、未公開株に投資する企業を指す。	北京,上海,深セン,天津,重慶,青島等
QDII (Qualified Domestic Institutional Investor)	適格国内機関投資家。証監会の認定を受け、中華人民共和国国内で調達した資金の一部又は全部を資産グループの方式で海外の証券へ投資を行う国内のファンド管理会社と証券会社などの証券経営機関を指す。	全国
QDLP (Qualified Domestic Limited Partner)	適格国内リミテッド・パートナー。一定の条件を満たした国内の個人又は機関投資家が海外投資ファンド企業を設立でき、海外投資ファンド企業の主要業務として自社のファンドで海外の流通市場に投資することを指す。	上海,青島等
QDIE (Qualified Domestic Investment Enterprise)	適格国内投資企業。「適格国内投資家の海外投資の試行を展開する暫定的方法」の規定に該当し、深セン適格国内投資家の海外投資試行業務の合同会議に認定された海外投資ファンド管理企業が承認した国内の個人又は機関投資家を指す。	深セン

し、資本市場を開放する過渡的な制度である。

　2010年より、上海、深センなどの都市の関連部署にQFLP、RQFII、QDLP、QDIEなどの新たな制度の導入が許可された。QFII、QDIIとは、主に投資主体資格と投資範囲といった点で相違がある。

　2020年９月25日に証監会が「QFIIとRQFIIについての証券先物投資管理弁法」を公布しており、2020年11月１日に正式に有効となった。これにより、QFIIとRQFIIを合わせて一回で申請することができ、別々に申請する必要がなくなり、申請者の経営年数と資産規模の要求が撤廃され、枠も正式に撤廃された。

　中国資本市場のさらなる対外開放に伴い、クロスボーダー投資業務はQFII、QDIIの制限付きの開放から、QFLP、RQFII、QDLP、QDIEなどの新

たな制度にわたり、投資主体資格と投資範囲の面において絶えず改善し、中国の資本項目のさらなる開放に伴い、今後のクロスボーダー投資業務は一層の発展が見込まれている。

〈中国大陸・香港ストック・ボンドコネクトおよびファンド相互承認〉

　2014年4月10日、李克強国務院総理がボーアオ・アジアフォーラムで新たなハイレベル対外開放を推進するという基調演説を発表してから、中国大陸と香港金融市場の相互コネクトスキームは急速な発展を遂げた。

- 上海・香港ストックコネクトは2014年4月10日に証監会に許可され、相互コネクトスキームの試行が展開し、2014年11月17日に正式に開始された。
- 2015年5月22日、証監会と香港証券監督管理委員会は「中国大陸・香港ファンド相互承認協定に係る監督管理協力覚書」に署名し、「香港相互承認ファンド暫定管理規定」を公表した。2015年7月1日から施行となった。「中国本土と香港のクロスボーダー証券投資ファンドの発行・販売に関する資金管理ガイドライン」により、すべての香港ファンドが中国本土で発行募集により調達する資金純額及びすべての中国本土ファンドが香港で発行募集により調達する資金純額について、いずれも上限が3,000億人民元（約439億米ドル）とされた。
- 2016年12月5日、証監会と香港証券監督管理委員会は公告を発表し、深セン・香港ストックコネクトが正式に開通した。
- 2017年7月2日、中国人民銀行と香港金融管理局は公告を発表し、中国大陸・香港ボンドコネクトの展開を許可した。このうち、香港から中国本土への「北向通」（ノースバウンド）は2017年7月3日から展開となった。
- 2018年ボーアオ・アジアフォーラムで公表した金融セクターにおけるトップ12の開放措置のうち、中国大陸・香港株市場相互コネクトスキームのさらなる改善のために、5月1日からコネクティビティの日次限度額を4倍までに拡大、すなわち、上海ストックコネクトと深センストックコネクトの毎日限度額を130億人民元から520億人民元に引き上げ、香港ストックコネクトの毎日限度額を105億人民元から420億人民元（約61億米ドル）に調整した。

- 同時に、上海証券取引所とロンドン証券取引所の株式市場の相互コネクト、すなわち「上海・ロンドンストックコネクト」の準備を順調に展開した。そして2019年６月に運用が開始された。

　中国大陸・香港ストック・ボンドコネクトおよびファンド相互承認スキームは徐々に浸透し、中国大陸と香港資本市場のさらなる相互コネクトが進んでいる。同時に、上海・ロンドンストックコネクトの開始も、中国大陸とグローバル資本市場との相互コネクトのさらなる推進が期待される。

〈公募ファンド業務〉

　2001年末に「海外機構の資本参入、発起ファンド管理会社暫定規定（意見募集）」が公布され、合弁ファンド会社の設立は正式に開始された。2002年に「外国資本参入ファンド管理会社の設立規則」が公布され、ファンド業の対外開放が正式に開始された。その後、合資ファンド会社は雨後の筍のごとく設立された。ボーアオ・アジアフォーラムで発表された中国の金融市場の開放スケジュールは、中国の公募ファンド業界の対外開放が新たな段階に入ったことを示している。2020年９月末現在131社のファンド会社において、外資系ファンドは44を占めている（2020年12月時点の国内資外資合併ファンド会社一覧は付録６を参照）。現在、ファンド管理会社の株式持分比率の規定については、**図表2-37**のように推移している。

図表2-37　ファンド管理会社の株式持分比率規定の変更

	2018.6.30 以前	2018.7.1〜2020.3.31	2020.4.1 以降
ファンド管理会社	持分比率は49％を超えてはならない。	持分比率制限は51％に緩和される。	持分比率の制限が撤廃される。

　中華人民共和国国家発展改革委員会および中華人民共和国商務部が2018年６月28日に共同で発表した「外資系投資許可特別管理措置（ネガティブリスト（2018年版））」によると、証券投資ファンド管理会社の外資系の持分比率合計が51％を超えてはいけないとされている。2019年11月11日、証監会が2020年４月１日からファンド管理会社への外資持分率の制限が撤廃されることを公表し

た。

　他の金融業界セクターに比して、外資金融機関の中国公募ファンドセクターの中での業績は既に優れており、合資ファンド管理会社の業績は既に金融開放分野の先頭に立っているといえる。外資の出資比率規制の開放後、外資金融機関はより成熟した市場から投資ノウハウと理念をもたらすことが期待され、このことも中国の公募ファンド市場により多くの活力とチャンスをもたらすことが期待されている。一方、海外のアセットマネジメント業の大手が中国マーケットの成長性を見込んで、今回の規制緩和を契機と見て、積極的に進出される動きが明白になりつつある。既に、JP Morgan や Fidelity、Blackrock が中国においてマジョリティを保有する公募ファンドの立ち上げを申請しており、近い将来さらなる海外からこの業界に対する進出が見込まれる。

〈私募証券投資ファンド（Private Fund Management（"PFM"））業務〉

　2016年 6 月30日、証監会の同意を経て、中国証券投資基金業協会が「私募ファンド登録届出関連問題の解答（十）（以下「問答十」という）」を発表した。問答十では、海外の金融機関が中国国内で外国独資機構（WFOE）」を設立することによって、私募証券投資ファンド管理（PFM）業務を展開できることが明らかになった。このことも、中国の証券投資私募業界における対外開放にとって非常に重要なベンチマークである。問答十公表後、条件に合致したWFOE は、中国国内で PFM 業務を展開できる。

　中国内資私募証券投資ファンド管理人と同様に、中国基金業協会に登録されたWFOE は、中国国内で PFM 業務を展開することができる。現行の法律法規および中国基金業協会の自律規則の規定に基づいて、この業務の資金の募集、管理人資格等の面での主な条件の要約は**図表2-38**の通りである。

　2020年12月末までに**図表2-39**の通り、32の PFM WFOE が中国証券投資基金業協会に登録されている。

　外資 PFM 業務の展開は、海外投資機関の先進的な投資理念、手段、ノウハウが国内資本市場に徐々に導入されることを示し、中国資本市場に新たな活力がもたらされることを意味している。

図表2-38　PFM 業務を展開するための主な条件の概要

(一)	ファンド募集方式は非公開募集
(二)	ファンドの募集対象は200人以上の適格投資者を超えない
(三)	WFOE は中国基金業協会に登録しなければならない
(四)	WFOE の海外株主は、所在国又は地域金融規制当局の承認又は許可の金融機関であり、また、海外株主の所在国又は地域の証券監視機構は、証監会又は証監会が承認したその他の機構と証券の監督管理協力覚書を締結している
(五)	WFOE とその海外株主は直近 3 年間、監督機関や司法機関による重大な処罰を受けていない
(六)	WFOE は、国内で証券及び先物取引に従事し、独立して投資決定を行うべきであり、国外機構又は国外のシステムを通じて取引命令を下してはならない。中国証監会の別段の定めがある場合を除く

出所：私募投資ファンド管理暫定弁法、中華人民共和国証券投資ファンド法、私募投資ファンド運営管理業者登録及びファンド届出弁法、問答十をもとに作成

図表2-39　PFM WFOE の一覧（2020年12月末現在）

2017年（10社）	2018年（6社）	2019年（7社）	2020年（9社）
Fidelity International	AZ Investment	AB（Shanghai）Investment	Russell Investments
UBS Asset Management	Bridgewater Associates	Allianz Global Investors	Income Partners
Fullerton Fund Management	Winton Investment Management	D.E.Shaw	Williamoneil
Man Group	APS Asset Management	Nomura Investment	Power Pacific Investment
Value Partners	Eastspring Investments	Baring Private Equity Partners	Metori Capital Management
Invesco	Mirae Asset	Two Sigma	Baillie Gifford
Neuberger Berman			iFAST Investment
Aberdeen Standard Investments		BEA Union Investment	Hanwha
Blackrock			Cephei Capital
Schroders			

出所：中国証券投資基金業協会のホームページをもとに作成

　海外資金の国内市場への投資意欲が著しく高まり、私募証券投資ファンドにおける海外資金の出資額は急速に増加していた。2019年末に、海外直接投資家、QFII、RQFII などの海外資金を含む私募証券投資ファンドへの出資額は508.44億人民元となり、2018年比247.18億人民元増え、94.61％増加した。自主発行の私募証券投資ファンドの出資額は0.38％を占めており、2018年末比0.17％増加した。

［3］今後の発展の見通し

　中国の資産管理業は、21世紀初期より外資への開放が開始されて以来、急速な発展を遂げた。ボーアオ・アジアフォーラムで公布された中国金融市場の開放スケジュールにより、中国資産管理業が新たなフェーズに入ったことが明確化された。グローバルの金融業に対して、重要かつポジティブな影響があると考えられる。

　外資系金融機関にとって、中国市場進出時の主なチャンスには以下のような点があると考えている。

●急速に成長する市場

　中国の資産管理業は速いスピードで成長している。例えば、中国の資産管理業界で最初に発展した市場公募ファンドは、過去6年間の年平均成長率が23％に達している。同様に、中国の金融市場の整備・イノベーションの断続的な推進に伴い、中国資産管理業のその他の分野も急速な成長が見込まれている。これにより、外資系金融機関において中国市場での十分な成長の土台の獲得が期待され、中国市場におけるより広い事業展開が期待される。

●持分比率の全面的な開放

　従来、「外国資本参入ファンド管理会社の設立規則」の要求により制限され、外資金融機関は市場公募ファンド会社の支配権を保有できなかった。一部の外資金融機関は支配権を獲得できず合資企業での発言権を確保できないことを理由として、戦略的配置の考慮から投資のエグジットを選択した。

　2018年6月30日より、上述の通り外国資本の持分制限はすでに過去のものとなった。持分比率を全面的に開放することは中国市場のグローバルにおけるプレゼンスが高まることを意味している。外国資本の持分比率に対する制限が解除された場合、外国資本の発言権が質的に高まり、合資産管理会社のさらなる発展に新たな機会をもたらすと期待される。

●投資ルートのさらなる多様化

　当初、外資系金融機関は主に QFII、QDII などのような制限付きの制度および市場公募ファンド企業の非支配投資により中国金融市場への参入を実現

した。近年来、中国の資本市場の断続的な開放が進み、2018年 A 株は既に
MSCI 新興市場インデックスに組み入れられた。なお、2019年６月に A 株
は GEIS（FTSE Global Equity Index Series）に組み入れられた。また、
QFLP、RQFII、QDLP、QDIE などの制度の拡充および2016年からの証券投
資民間ファンド業界の開放に伴い、海外投資機関の中国市場での業務範囲は
徐々に完備され、中国市場での発展により多様化の選択肢を提供している。

● **投資化選好の理性化および海外資産へのニーズの高まり**

　中国資産管理業界は20年余りの発展を経た現在、中国国民１人当たりの可
処分所得の増加および分散投資割合の上昇につれて、中国市場は海外資産の
配分に対するニーズが高まっている。当該期間において、投資家の投資理念
は非理性的な投資からリスクと収益とのマッチングや中長期的な収益の重視
などといった理性的な投資へと変化している。これは海外の投資機関にとっ
てよい兆候である。投資家の理念が理性的になっていくことは資産管理業界
を原点に戻らせ、長期的・健全・持続可能な発展が可能となることが期待される。

　また、外資系金融機関は中国市場において発展のチャンスに巡り会ってい
ると同時に、以下の課題に直面している。

● **現地企業との競争**

　外資系金融機関が中国市場へ進出する際に直面する最大の課題は、現地企
業との競争が避けられない点である。現地の資産管理企業は、中国の資産管
理市場において20年余りの歴史を有し、資金調達ルートや本土市場の運営、
業界における影響力といった分野で優位性を有している。外資系機関は中国
市場の新規参入者として、いかに長所を伸ばし、短所を補いながら強みを生
かすのかという点がひとつの課題となりうる。

● **中国本土の法的環境およびコンプライアンス・リスクコントロールの要請**
　への対応

　中国市場の法的条件およびコンプライアンス・リスクコントロールの要請
が国外市場とは明らかな違いがあるため、外資系金融機関は中国国内で業務
を開拓していく中で、コンプライアンスおよびリスクの管理に関する問題に

直面する。例えば、2018年4月27日に中国人民銀行および銀保監会、証監会、国家外国為替管理局は、「金融機関資産管理業務の規範化に関する指導意見」を共同発表した。このうち、資産管理の新規則の中で、適格投資家の基準を定め、資産管理商品のポートフォリオ管理や外部委託、資産管理商品の分類、純資産管理、インベストメントコンサルティングサービスの提供などといった要請は、いずれも海外の投資機関の中国で展開している関連業務に関わっている。監督機関は関連する監督制度をいっそう整備し、内・外資を一致させる原則に基づき、厳格な監督を実施していくと予想される。

●関連ITシステムの本土化に向けた調整

　現在、中国の資産管理業界は整っているITシステムおよび接続環境を有しているが、海外の投資機関が海外で使用しているITシステムは中国のITシステムと直接的に接続できないことが多い。海外投資家にとって、いかに海外のITシステムを中国に移し、それを中国のビジネス環境に適応させるかという点は、大きなチャレンジになる。加えて、インターネットを巡るセキュリティ問題に対する注目がますます高まっているため、ITシステムをどのように改善し、それを中国のインターネット安全法の規定を満たすようにしていくかという点も大きな課題になるだろう。

●現地のビジネス発展のニーズに即し、外資系企業文化に適した従業員の募集と育成

　支配比率の引上げおよび業務範囲の拡大につれて、海外の投資機関は中国における適切な労働市場を通じて、外資系の企業文化および言語を熟知し、中国の資産管理業務に精通している人材をいかに確保するかという点を考える必要がある。中長期的な視点からは、中国でのビジネス発展および企業文化の発展に適する人材育成システムの構築も新たなチャレンジになるといえるだろう。

　資産管理業界への対外開放措置が加速するにつれて、ますます多くの海外の投資機関が中国市場に進出することが予想される。これにより中国市場でのグローバル化が進むと同時に、業界における競争は厳しくなるであろう。中国市場において外資系金融機関にさらなる大きな舞台が提供されると期待される。

第3章

グレーター・チャイナにおける金融資本市場の進出・事業展開・撤退の実務

第 1 節

株式市場と IPO

1 グローバルの証券取引所の状況

　2019年及び2020年の上半期のグローバルの証券取引所のIPOに関するデータを見ると、**図表3-1**のように資金調達額、件数ともに上海市場の伸びが顕著である。

　図表3-2は2019年のIPO資金調達額トップ5の企業を示している。トップ5のうち、上位3社は上海市場および香港市場に上場している。

図表3-1　**2019年および2020年上半期の IPO の資金調達額および件数**

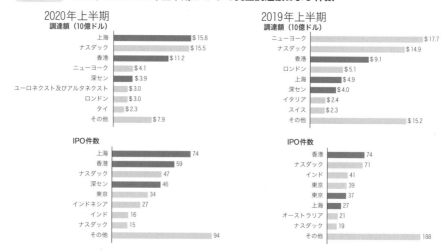

出所：Dealogic、EY
※上場企業の所在地（国）に関係なく、上場した市場を基礎として集計している。

図表3-2　2019年の IPO 資金調達額トップ5の企業

順位	企業名	国	産　業	取引所	資金調達額 （百万米ドル）
1	京沪高速鉄路 (Beijing Shanghai High Speed Railway co.Ltd)	中国	鉄道	上海	4,402
2	京东商城（JD.com Inc)	中国	テクノロジー	香港	3,878
3	網易 (Net Ease Inc)	中国	テクノロジー	香港	3,130
4	JDE ピーツ BV	オランダ	コンシューマー	オランダ	2,856
5	チャイナ・パシフィック・イン シュアランス（グループ） Co. Ltd	中国	金融	ロンドン	2,319

出所：Dealogic, EY.
※2019年1月から2019年6月17日までの実績と予測される6月末までのデータの合計

2　香港証券取引所の状況

　香港証券取引所における IPO の資金調達額は、2015年以降、2017年および2020年を除き、世界第1位の規模となっている。**図表3-3**は、過去8年間の香

図表3-3　香港証券取引所における IPO の資金調達額および件数

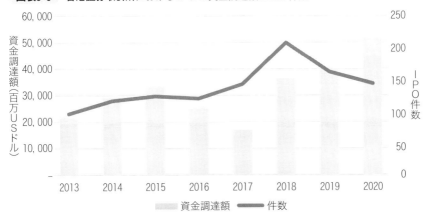

出所：Hong Kong Exchange のホームページ

港証券取引所における IPO の資金調達額および件数である。中国経済の急成長を背景に、中国関連企業の大型 IPO が年々増加していること、また、前述の通り2018年に香港証券取引所の上場規則が改正されたことにより、2018年から2020年にかけて、アリババ等の中国 IT 関連企業の重複上場が行われたことが増加の主な要因である。

図表3-4　産業別 IPO 資金調達額と IPO 件数

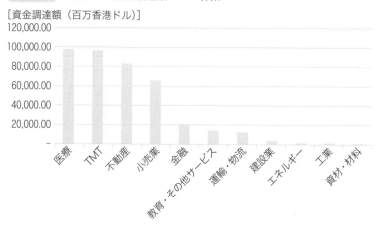

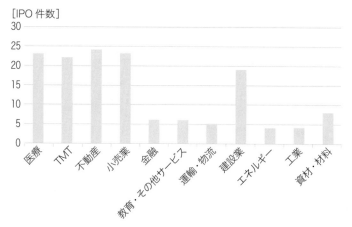

出所：Hong Kong Exchange のホームページ

　また、2020年12月末時点の産業別IPO資金調達額、件数は**図表3-4**の通りである。Healthcare、TMT（Technology, Media and Telecom）が資金調達額はそれぞれ1位および2位であった。

3　香港証券取引所の特徴と上場要件

[1] 特徴

　上述したように、香港証券取引所はIPOの規模が最大である。この節では外国企業による上場の機会がある香港証券取引所に焦点を当て、香港証券取引所の特徴と上場要件、上場のメリット、デメリット、上場プロセスについて述べていきたい。

　ここでは香港証券取引所の特徴と、実際に香港証券取引所に上場する際の基本的な要件を記載していく。

　まず、香港証券取引所にはメインボードとGEM（Growth Enterprise Market）という2種類の市場がある。メインボードは大型の優良企業向けの市場であり、GEMは新興企業向けの市場となっている。このため、メインボードの方が上場要件は比較的厳しくなっている。

　また、上場形態であるが、メインボードはプライマリー上場とセカンダリー上場を選択することができる。プライマリー上場は、原則として香港の条例や規則に遵守するという特徴があり、セカンダリー上場は、既に他の取引所で上場している会社が香港証券取引所にも上場する形態である。一方で、GEMはプライマリー上場のみ認められている。

　図表3-5は、2020年12月末現在のメインボードとGEMの状況である。留意すべきは、株式の発行方式である。日本の上場会社は、社債、株式等の振替に関する法律により、株券を発行することができず、株式は電子化されている。香港証券取引所の上場企業は、株主からの要請がある場合、株券を発行する必要がある。したがって、香港預託証券（HDR：Hong Kong Depositary Receipt）を用いる必要がある。よって、日本で上場する前に香港証券取引所で原株方式

図表3-5 メインボードと GEM（2020年12月末現在）

	メインボード		GEM
対象	大型の優良企業向けの市場		新興企業向けの市場
企業数	2,170社		368社
時価総額	47,392,196百万香港ドル		130,822百万香港ドル
上場形態	プライマリー上場、セカンダリー上場		プライマリー上場
開示	年度、半期（四半期は任意）		年度、半期、四半期
株式の発行方式	プライマリー上場：原株方式、HDR 方式	セカンダリー上場：HDR 方式	原株方式

出所：Hong Kong Exchange のホームページ

により上場した後、すでに株券を発行していることから、実務上、日本で上場することは難しいと考えられる。

［2］上場要件

　企業は、企業規模や利益の状況に応じて、メインボードと GEM を選択することができる。メインボードを選択する場合、上場の財務数値要件である、利益基準、時価総額／売上高／キャッシュ・フロー基準、時価総額／売上高基準のいずれか1つを満たす必要がある。**図表3-6**はメインボードと GEM での上場要件である。

図表3-6 香港証券取引所の上場要件（2020年12月末現在）

主要条件	メインボード			GEM
	利益基準	時価総額／売上高／キャッシュ・フロー基準	時価総額／売上高基準	
上場会社の登記所（受入可能な管轄国）	香港、中国本土、バミューダ、ケイマン諸島、その他香港と同水準の株主保護を提供できる国			
事業継続年数	3事業年度			2事業年度

主要条件	メインボード			GEM
	利益基準	時価総額／売上高／キャッシュ・フロー基準	時価総額／売上高基準	
利益	直近3事業年度の利益の合計額が5,000万香港ドル（直近の事業年度が2,000万香港ドル以上、直近2事業年度の合計が3,000万香港ドル以上）	具体的な規定なし	具体的な規定なし	具体的な規定なし
売上高	具体的な規定なし	直近の事業年度の売上高が5億香港ドル以上		具体的な規定なし
キャッシュ・フロー	具体的な規定なし	直近3事業年度の営業キャッシュ・フローの合計額が1億香港ドル以上	具体的な規定なし	直近2事業年度の営業キャッシュ・フロー（ただし、運営資金の変動及び税金の支払を除く）の合計額が3,000万香港ドル以上
時価総額	上場時の時価総額が5億香港ドル以上	上場時の時価総額が20億香港ドル以上	上場時の時価総額が40億香港ドル以上	上場時の時価総額が1.5億香港ドル以上
経営陣と支配株主	●直近3事業年度の経営陣に変更がない ●直近の事業年度の支配株主に変更がない			●直近2事業年度の経営陣に変更がない ●直近の事業年度の支配株主に変更がない
流通株の時価総額	1.25億香港ドル以上			4,500万香港ドル以上
浮動株式数	基本的には株式総数の25％以上だが、時価総額が100億香港ドルを超える場合、15％以上から25％未満で許容される			
株主数と持株割合	300名以上			100名以上
	上場時に上位3名の株主の保有する浮動株式数が全体の浮動株式数の過半数を超えてはならない			

出所：香港証券取引所のホームページの Listing Rules をもとに作成

［3］バイオテック企業、議決権種類株式（WVR：Weighted voting rights）、セカンダリー上場について新制度の追加

　香港証券取引所の上場要件について、上記で概要を述べたが、2018年4月30日にメインボードの上場規則に3つの制度が追加された。具体的に、**図表3-7**で述べた財務数値要件を満たさないバイオテック企業の上場を容認すること、WVRを採用するニューエコノミー企業の上場を容認すること、およびセカンダリー上場の要件緩和である。その中で、WVRの新制度について詳細に見ていきたい。

　近年、ニューエコノミー企業によるIPOが注目されているが、香港証券取引所は他の証券取引所と比較して、ニューエコノミー企業の割合が低くなっている。その理由の1つとしては、従来まで種類株式による上場を認めていなかったことが挙げられる。特に、WVRの新制度追加の契機にあるのは、2014年に中国電子商取引大手のアリババ集団がニューヨーク上場したことにある。

　当初アリババ集団は香港証券取引所での上場を検討していたが、当時の香港証券取引所では種類株式を採用しての上場ができなかったため、同社は最終的に香港証券取引所ではなく、ニューヨーク証券取引所で上場した。香港証券取引所はアリババ集団のような成長力のある企業を誘致するため、今回の新制度の採用に至った。WVR構造を持つ企業は当該新制度により香港証券取引所で上場できるようになったが、メインボードの上場要件に加え、企業、受益者ともに**図表3-7**の条件を満たす必要がある。

　また、WVRに関して**図表3-8**が示すように株主保護が図られている。株主保護を図る理由として、仮に下記のような制限がないとWVR株主のみで会社の重要事項を決めることができ、普通株主の意見が反映されなくなってしまうためである。

図表3-7　申請企業、受益者の要件

対象	条件	内容
申請企業	イノベーション産業	成功がイノベーションに起因すること
	申請できる対象	新規の申請者限定である
	高い市場価値が必要	時価総額400億香港ドル以上又は 時価総額100億香港ドルかつ直近の事業年度の売上高が10億香港ドル以上
受益者	取締役限定	上場時及び上場後も継続して取締役であり、高いパフォーマンスを発揮する
	持株量	WVRの受益者は、上場時点で、申請企業の総発行株式資本の経済的利益の10%以上を所有しなければならない。
	移転禁止	株式又は議決権が移転された場合、権利は消滅する。

出所：香港証券取引所のホームページのListing Rules（Chapter 8A）をもとに作成

図表3-8　WVRに関する保護制度

No	項目	内容
1	議決権の上限	●非WVR株主は議決権の10%以上を所有しなければならない ●WVRの議決権は普通株主の10倍を超えてはならない ●上場後にWVR比率を高めてはならない
2	重要議事は「一株一票」にて決議	●定款の変更 ●任意の種類株式に付随する権利の変更 ●独立非業務執行取締役の選任及び解任 ●監査人の選任及び解任 ●自発的な清算
3	コーポレートガバナンスの強化	●WVRの保護制度に関して、コーポレートガバナンス委員会はレビュー、モニタリング、報告を行う ●企業はコンプライアンスアドバイザーを任命し、コンプライアンスアドバイザーは、WVRの保護制度及び関連規則の遵守状況に対して助言を提供する
4	情報公開の強化	●定期的な財務報告を含む上場申請書類の最初のページに「会社はWVRを採用している」旨を記載する ●株式名の末尾に「W」をつける
5	定款への記載	●WVRの保護制度は定款に組み入れなければならない

出所：香港証券取引所のホームページのListing Rules（Chapter 8A）をもとに作成

4 上場するメリットとデメリット

　これまで、香港証券取引所の状況、特徴や上場要件について述べてきた。実務では、企業は上場によりもたらされる便益や機会、また課題や義務を把握したうえで上場することを決める必要がある。このため、ここでは、上場する際の一般的なメリットとデメリットに加え、香港証券取引所で上場するメリットを述べていく。**図表3-9**は一般的な上場のメリットとデメリットを表にしたものである。

　続いて香港証券取引所でIPOをするメリットであるが、上記で述べたとおり、IPO資金調達額と件数は世界トップレベルであり、世界中の機関投資家がアクセスする市場であるため、資金調達を行いやすいという特徴がある。ま

図表3-9　上場のメリットとデメリット

上場の便益と機会 （メリット）	上場により生じる一般的な課題や義務 （デメリット）
新しい資金提供機会 ●企業の未来の発展及び利益のためにステークホルダーが資金を提供し、企業が業務を拡大する。	●上場コストは低くなく、一般的にその他融資方法に比して高い（例えば、銀行借入や私募債の発行）。 ●上場準備過程のマネジメントに大量の時間と労力が割かれる。 ●資本市場の動向や上場スケジュールは不確実性がある。
株式価値の反映 ●市場を通じることにより、株式価値を反映させることができる。	●経常的な支出項目が増加する。例えば、情報公開資料作成や株主総会の招集、上場企業へ要求される会計原則、アニュアルレポート、インテリムレポートへの対応や、厳格な情報公開要求遵守対応など。
市場からの資金収集の容易化 ●新株発行により、企業のビジネスの発展及びM&Aを実施できる。 ●企業の上場後、増資等を通じて再度資本市場から資金を集めることができる。	●増資の実施に際して、株式の希薄化を主張する既存株主が存在する可能性がある。

上場の便益と機会 （メリット）	上場により生じる一般的な課題や義務 （デメリット）
ブランド価値や知名度の上昇 ●上場することは、企業が利益、資産価値、コーポレートガバナンス、会計基準及びレポーティングの透明度が一定の水準に達していることを示すことができる。 ●サプライヤーとの間でより有利な条件での取引が可能となり、新規顧客やパートナー企業の開拓活動が容易となる。 ●銀行との取引において優遇され、有利な条件での借入が可能となる。	●株主は継続的な企業の利益及び分配の増加を期待している。このことが、企業及びマネジメントに対する大きなプレッシャーとなる。
従業員福利と企業の業績のよりよい結び付き ●上場企業の従業員は非上場企業の従業員に比べて誇りを持って働くことができる。 ●株式を利用したインセンティブ・プランにより、優秀な従業員を引き寄せることができる。	●従業員の期待がマネジメントの業績向上のプレッシャーとなりうる。 ●一般的に優秀な非業務執行取締役をリクルートするのは難しい。

た、中国香港での知名度の向上につながる。日本企業では2012年にサービス業のダイナムジャパンホールディングス、2014年に小売業のファーストリテイリング、2015年にはサービス業のニクラ・ジー・シーホールディングスが香港証券取引所で上場を果たしている。基本的にメインボードで上場しており、ファーストリテイリングはセカンダリー上場である。

5　上場プロセス

　上場の際には**図表3-10**が示すように弁護士、会計士、スポンサーなどの専門家が関与する。それぞれの役割は以下のようになっている。

図表3-10　上場の際の専門家の役割

専門家	役　　割
弁護士 （弁護士事務所）	・法務デュー・デリジェンスの実施 ・目論見書作成のサポートなど
会計士 （会計事務所）	・財務諸表の開示、財務デュー・デリジェンス監査の実施 ・目論見書作成のサポートなど
スポンサー （主幹事証券会社）	・申請文書の作成準備 ・デュー・デリジェンスの実施 ・上場申請企業と香港証券取引所とのミーティングへの同伴など

出所：香港証券取引所のホームページをもとに作成

図表3-11　上場までのプロセス（メインボード）

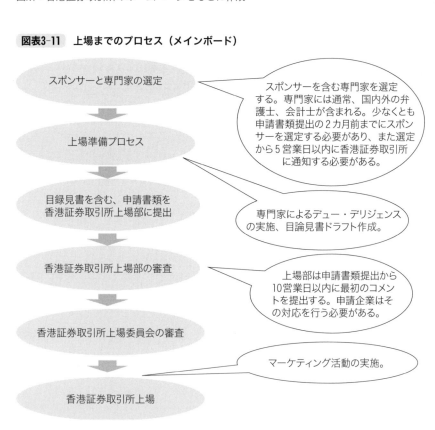

出所：香港証券取引所のホームページ（LISTING GETTING STARTED）をもとに作成

　また、**図表3-11**は企業が香港証券取引所に上場するまでのプロセスである。
　上場する際、通常事前準備で１年から１年半、書類提出から実際に上場するまでに約半年の時間を要する。事前準備の段階で目論見書のドラフトを作成するが、仮に完成度が高いものでない場合、審査段階で変更が必要になり、かなりの時間を要してしまう可能性があるため、ドラフトの段階で完成度の高い目論見書を作成する必要がある。また、仮に IFRS または香港財務報告基準で財務諸表を作成していない会社の場合、IFRS または香港財務報告基準で財務諸表を作成し監査法人の監査を受ける必要があるため、相当な時間がかかる点も留意する必要がある。上場規則により、目論見書に添付の財務情報は、目論見書発行から６カ月以内のものであることに留意しなければならない。

6　中国証券市場の状況

　香港証券取引所の状況について述べたが、中国本土には上海証券取引所と深セン証券取引所がある。上海証券取引所はメインボードと創業板、深セン証券取引所にはメインボード、中小企業ボード、創業板の３つの市場がある。
　上海証券取引所と深セン証券取引所の特徴の１つとして外国企業による上場はできないという特徴がある。

図表3-12　改正証券法のハイライト

登録制度を全面的に推進	コンプライアンス違反のコスト増加	投資家保護の強化
情報開示の強化	取引システムの改善と上場・上場廃止規制の最適化	証券会社における取締役等特定の役の資格認定の取消し等、関連する行政の許可政策の削除
仲介者の法的責任の定義	規制の強化とリスク管理	健全な重層的資本市場システムの構築

2020年３月　改正証券法施行

2020年４月　全国人民代表大会が創業板の登録制システム改革・試行実施計画を審議・承認

2020年６月　中国証券管理監督委員会は創業板に登録制を導入するための基準を公開

　中国の証券市場における大きなトピックとして、2020年3月1日に施行された改正証券法があげられる。証券法が1999年に施行されて以降、最も大きな改訂である。主な改訂の内容は下記の通りである。

　改正証券法は、創業版に登録制を導入することによって、市場を後押しし、活性化することが期待されている。改正証券法の直近の流れは下記の通り。

- 2020年3月1日、新証券法が施行され、登録制を全面的に推進することを発表
- 2020年4月27日、中国証券管理監督委員会と深セン証券取引所は、それぞれ「創業版改革に関する公開草案」を公表
- 2020年5月、政府の作業報告書にて「創業版上での登録制システムの改革と試行」が公表
- 2020年6月12日、中国証券管理監督委員会は、創業版における登録制IPOシステムに関する施策を公表（試行）。深セン証券取引所は、創業版における登録制IPOシステムの改革・試行に向けたルールと関連する取り決めを公表
- 2020年6月15日〜29日の間、深セン証券取引所は中国証券管理監督委員会から創業版へのIPO申請を承認することを引き継いだ。2020年6月30日以降、深セン証券取引所はIPOの申請を受理。

　上述の通り、改正証券法においては、創業版の改革が掲げられており、そこでは、情報開示を核とした登録制IPOシステムにより、透明性と信頼性を向上させ、投資家に価値判断の権限を与え、市場に選択権を与えることが期待されている。具体的には、下記の3つの主要な計画が掲げられている。

1．創業版の改革の推進と資本市場システムの構築
2．登録制システムの整備等の基本方針の推進
3．漸進的な改革と株式改革の全体計画の立案

その他の創業版のハイライトとして、以下の5つの項目があげられる。

1．創業版の開発方向性のさらなる明確化と、ネガティブリストの作成
2．IPOの審査・登録手続の明確化およびマイクロファイナンスの基準の設定

3．特別持株会社とレッドチップ企業の認定を受けた企業により、創業板へ
　上場できることの担保

4．上場廃止基準の最適化

5．改革後の新規上場会社については、デビュー後5取引日は価格の上限・
　下限を設けず、その後の1日の上限・下限を20％とする（全上場会社に適
　用）

2020年3月、中国証券管理監督委員会は「科学技術イノベーションの属性評
価ガイドライン（試行実施用）」を公表し、具体的な評価指標の体系を示し、創
業板市場の位置づけを定め、コア技術を持つ企業の株式公開を支援するよう呼
びかけている。

以下の3つの定期的な指標を満たしている企業が対象となる。

1．過去3年間の研究開発投資が営業利益の5％以上を占めるか、または過
　去3年間の研究開発投資の総額が6,000万元以上であること

2．過去3年間の営業利益の複利成長率が20％に達しているか、または直近
　1年間の営業利益の金額が3億元に達していること

3．本業として収益を上げることができる特許を5件以上保有していること

また、3つの指標を満たしていないが、以下の例外的な状況のいずれかに該
当する企業も併せて対象となる。

1．コア技術が国際的に主導的な地位にあると関係当局に認められている
　か、国家戦略上重要な意味を持つものであること

2．本業およびコア技術に関連する「国家基幹科学技術特別事業」を、発行
　者が単独で責任を持って、または率先して実施していること

3．コア技術を形成し、本業として収益を上げている50件以上の特許（防衛
　特許を含む）を保有していること

4．主参加者としての発行者または主参加者としての発行者の中核技術者
　が、国家レベルの科学技術賞を取得し、関連する技術を企業の本業に応用
　した場合

5．発行者がコア技術を活用して開発した主要な製品（サービス）は、国が
　奨励・支援・推進している基幹機器・製品・部品・材料に属し、輸入され
　た基幹機器・製品に代わるものであること

7　今後の展望

改正証券法では、各証券取引所や各国務院が認可した各株式市場等を多層的
な資本市場として発展させる必要性が明確にされている。今後は、各証券取引
所や各国務院における各証券取引所プラットフォームが、各々の特性を生かし
ながら、各株式市場が発展していくことが期待される。

また、中国の GDP 成長率の見込みは楽観的であり、2021年の A 株市場は引
き続き活発的であると思われる。中国国内と国際の相互促進による双循環の新
しい発展スキームは、中国の経済成長の重要な原動力となっている。

さらに、「第14次五カ年計画」に基づく融資政策も、資本市場と IPO 活動に
役立っている。一方、A 株の上場廃止メカニズムのさらなる強化に伴い、上場
会社の全体的な品質の向上は A 株のエコシステム全体を改善できると思われ
る。

中国はコロナウイルスへの迅速な対応による経済状況の回復は、人民元の継
続的な上昇を後押しし、中国における資産収益率の向上及び外資による資本投
入を引き付けていくものと期待される。

第2節
海外投資家の中国株式、債券への投資

1　QFII制度の概要

　中国金融監督管理機構は、2002年と2011年に、適格海外機関投資家（QFII）制度と人民元適格海外機関投資家（RQFII）制度を試験的に実施した。QFIIは、証監会により中国証券市場に投資することを認可され、国家外貨管理局から投資限度額の認可を得た海外機関投資家を指す。一方RQFIIは、証監会により認可され、国家外貨管理局が認可した投資限度額を取得し、海外からの人民元資金をもとに国内証券投資を行う海外機関投資家を指す。

　中国がまだ完全に資本項目を開放していない背景の下で、QFIIとRQFIIの2つの制度は、海外の長期資金を中国の資本市場に投資し、中国資本市場の健全な発展を促進するために積極的な役割を果たしている。そして、その規模は急速に発展しており、関連する国と地域の数は増え続けている。2019年1月、国家外貨管理局は、QFIIの投資限度額を1,500億米ドルから3,000億米ドルに引き上げ、RQFIIの投資限度額を1.94兆人民元に拡大すると発表した。**図表3-13**はQFIIの投資限度額の推移を示している。その後、国家外貨管理局は2019年9月には投資限度額を撤廃することを発表しており、今後のさらなる拡大が見込まれる。

　国家外貨管理局の開示情報によると、2020年5月までにQFIIは295社に達し、その合計投資額は1,162億米ドルに達している。また、RQFIIは230社に達し、その合計投資額は7,229億人民元に達している。

図表3-13 QFII の投資限度額

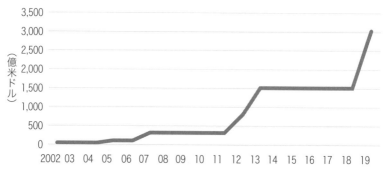

出所：国家外貨管理局のホームページをもとに作成（2019年9月に投資限度額は撤廃）

2 QFII と RQFII の新規則

　中国の金融市場をさらに開放する新たな取組みとして、2019年1月31日、証監会は、「適格海外機関投資家国内証券投資管理弁法」（以下「管理弁法」という）と「人民元適格海外機関投資家国内証券投資試行弁法」（以下「実施規定」という）を改訂、統合し、関連規則を一般に公表して、意見を募集した。

　資本市場の高水準のさらなる対外開放を実施し、より多くの海外長期資金を流入させるため、証監会は「適格海外機関投資家国内証券投資管理弁法」及びその関連規則（以下「QFII 管理規則同関連規則」という）と「人民元適格海外機関投資家国内証券投資試行弁法」及びその関連規則（以下「RQFII 実施規定同関連規則」という）を修正、整合させ、「適格外国機関投資家及び人民元適格外国機関投資家国内証券・先物投資管理規則」（以下「新管理規則」という）及び「新管理規則の実施における関連問題についての規定」（以下「新実施規定」という）を公表し意見の募集を行った。意見募集後、2020年11月1日に新管理規則及び新実施規定を施行している。また、これらの施行に伴い、QFII 管理規則、RQFII 実施規定、QFII 管理規則同関連規則、RQFII 実施規定同関連規則、は廃止されることになる。

　主な改正内容は以下の通りである。

① 　QFII と RQFII の２つの制度の統合

② 　参入条件の緩和

③ 　投資範囲の拡大

④ 　カストディアン管理の最適化

⑤ 　継続管理の強化

　上記の項目について説明していきたい。

［１］ ２つの制度の統合

　QFII 管理規則同関連規則および RQFII 実施規定同関連規則は、業務の性質が近いが、２つの規定によって管理が行われていたため、海外機関投資家が２つの業務を実施する際にそれぞれ申請をする必要があり、海外機関投資家の負担が増え、制度の普及にも不利であった。今回の制度の統合によって、海外機関投資家は１度適格機関投資家の資格を申請するだけで、外貨または海外の人民元を使って投資を行うことができるため、適格機関投資家の負担が軽減され、海外資金の中国市場への流入が容易になる。

［２］ 参入条件の緩和

　QFII 管理規則同関連規則は、RQFII 実施規定同関連規則と比較して、海外機関投資家に高い参入条件を設定したが、国内資本市場が継続的に開放されるにつれて、高い条件は金融市場の開放路線に整合しなくなった。今回の改正では、参入条件を統一しているだけでなく、QFII や RQFII に対して機関投資家の経営年数要件や資産規模要件などの定量的な要求事項を除外した。その一方で、財務の安定性、良好な信用状況、証券先物の投資経験、ガバナンス構造、有効かつ完備された内部統制およびコンプライアンス制度、直近３年あるいは設立以来当局による重大な処罰がない等、RQFII 実施規定同関連規則に要求されるコンプライアンス条件は引き続き要求事項とされている。

　また、今回の新管理規定では、投資家の申請書類の要件を簡略化し、QFII

管理規則同関連規則制度の規定に従って、承認までの期間を統一し、証監会および国家外貨管理局の承認までの期間は20営業日以内にされている。

［3］投資範囲の拡大と投資枠の撤廃

　これまでの2つの原管理弁法の中で投資できる従来の商品を除き、今回の新実施規則では、QFIIの中国国内での投資範囲が拡大された。また、国家外貨管理局は2019年9月には投資限度額も撤廃している。

　新規則による投資範囲の拡大はさまざまな海外投資家の多様な要求を満たし、国内資本市場に海外資金を呼び込むことができる。新規則の中で機関投資家は全国の中小企業の株式譲渡システム（新三板）で上場株を取引することができ、新三板の上場企業が海外投資家の投資対象に入り、中小企業の資金需要を満たす機会を提供することができる。また、QFIIが始まった2002年以来、投資および限度額が緩和されてきたが、2019年より撤廃されたことにより拡大する資金需要に応えることができる。

　銀行間債券市場について、新規則は、投資範囲が「中国人民銀行によりQFIIが銀行間債券市場で取引が許可された商品を含む」ことを明確にした。

　現在明らかになった投資商品は、債券のほかに、債券レポが新たに追加され、これはQFIIの資金利用率を向上させ、債券の流通性を強化し、債券取引市場での各方面の資金ニーズを満たすことができる。

　ファンド商品について、新規則は私募投資ファンドを投資範囲に組み入れた。これは多くの私募ファンド管理人、特に外商独資私募証券基金管理人（WFOE PFM）にとってよい知らせである。私募投資ファンドは、海外のネットワークを通じて、優良な海外投資機関を引き寄せ、投資資金の多元化を実現することができる。注意すべきなのは、新規則はファンド投資の原資産に対して明確な要件を設定しており、原資産は必ずQFIIの投資範囲に合致する必要があり、ファンドの抜け道を利用した規制回避リスクを避けなければならない。

　また、新規則は、QFIIが金融先物、商品先物、オプション、信用取引などの商品に投資できることを規定しており、QFIIに多様なヘッジおよび金融商

品、そして多様化された利便性のある投資戦略を提供することができる。

　このため、今回の制度改革は、投資範囲、リスクヘッジ、流動性管理など多方面から QFII に相当程度の利便性を提供しており、「規範的で、透明性のある資本市場を構築し、高水準の対外開放を実施する」という趣旨を示している。これにより QFII の国内資本市場に対するさらなる投資意欲の向上が見込まれる。

［4］カストディアン管理の最適化

　今回の新規則では、QFII のカストディアン資格審査において承認制が届出管理制に変更されたことを明らかにしており、これまでの国務院発［2014］50 号の通達と一致させ、政策間の手続を統一し、政策を簡素化し権限を委譲している。

　同時に、新規則はカストディアンの委託利用をさらに最適化しており、QFII は複数のカストディアンを利用でき、その場合、1 つの主要なカストディアンを指定し、主要なカストディアンは複数のカストディアンに対して統一的に管理することを要求している。

　今回のカストディアンの数の制限の撤廃は、カストディアン市場の健全な競争を促進するとともに、主要なカストディアンが他のカストディアンを管理するモデルも QFII の管理とリスクコントロールを容易にし、権限を過度に集中させないようにすることができる。カストディアン市場の完備を通じて、海外機関投資家をさらに中国市場に誘致する効果を図っている。

［5］継続管理の強化

　継続管理の強化の観点から、今回の新管理規定および新実施規定は、以下の 3 つの内容を強調している。

- まず、口座管理を完備すること、分析メカニズムを健全に監視することである。新規則は QFII が管理している顧客資金のために開設した口座は QFII の自己資金から独立させ、資産の所有権の帰属を明確化した。次に、

違法行為に対する監視を強化し、市場参加者の責任を明確にした。新規則はQFIIのコンプライアンス要求を明確にしただけでなく、カストディアン、証券会社、先物会社が継続的に監視し、監督管理部門に違法行為を報告する。同時に、証券先物取引所、証券登記決済機構、証券先物市場は監視機構を監視してQFIIの国内の投資活動に対して監視分析と自律管理を行う。新規則はさらに各機関の間で情報共有と協力メカニズムを確立するよう要求している。

● クロスボーダー情報開示および透明性のある監督要件を強化した。QFIIが定期的に要求事項を報告することを明確にしており、それはカストディアンを通じて定期的に海外で行われる国内証券先物取引関連のヘッジポジション情報を報告することが含まれる。透明性のある監督要件を強化し、QFIIを通じて国内資本市場に投資する海外投資家は、証監会の持分比率制限、情報開示義務等に関する規制を遵守する。また、所有している国内上場株と海外上場する外国株の利益を合算し、共有保有者情報を開示しなければならない。

● 違法行為の罰則を強化する。QFIIとカストディアンの違法行為について精緻化し、適切な規制措置と行政処罰を明確にした。

③ QFII制度とその他の制度の比較

[1] ストックコネクト

　今までQFIIの現状や最新状況について記載してきた。現在、海外投資家が中国の株式市場や債券市場にアクセスする方法として、QFII、RQFII以外にもストックコネクトや銀行間債券市場（CIBM）へのダイレクトアクセス、ボンドコネクト、中国・香港ファンド相互承認制度（Mainland-Hong Kong Mutual Recognition of Funds: MRF）が挙げられる。

　まず、株式市場にアクセスする方法としてQFII、RQFIIとストックコネクトが挙げられる。2014年に開始された上海香港ストックコネクトとは香港の投

資家が香港の証券会社を通じて中国株式市場に投資できる制度（北向き）であり、中国の投資家が中国の証券会社を通じて香港株式市場に投資できる制度（南向き）である。つまり、海外投資家は香港を通じて中国証券市場に投資できるようになったのである。また、2016年に深セン香港ストックコネクトが開始されている。深セン香港ストックコネクトのもとでは個人投資家も香港を通じて中国株式市場にアクセスできるようになり、認可を必要としないことから、QFII、RQFII に比べ海外投資家が中国株式市場に参入することが容易となった。

　なお、北向きの投資である香港から上海株への売買は沪港通、香港から深セン株への売買は深港通と呼ばれる。

　上述の中国国内市場での株式の相互取引開始の他に、2019年には上海・ロンドンストックコネクトが開始された。これにより、上海証券取引所とロンドン証券取引所の間で一部制限はあるものの相互の上場企業の国際間取引が可能になった。

［2］CIBM へのダイレクトアクセス

　債券市場については、QFII、RQFII 以外に CIBM へのダイレクトアクセス、ボンドコネクトを用いて参入することができる。CIBM へのダイレクトアクセスは2016年に開始され、海外機関投資家が中国の銀行間債券市場に直接アクセスして債券投資ができる制度である。投資家は海外機関投資家に限定されるが、認可を必要としないため、海外機関投資家が債券市場に参入しやすい状況になっている。

［3］ボンドコネクト

　ボンドコネクトは2017年に開始され、海外機関投資家は香港を通じ、中国銀行間債券市場に参入することができる制度である。ボンドコネクトでは CIBM へのダイレクトアクセスと同様に投資家は海外機関投資家に限定されるが、認可を必要としないため、海外機関投資家が債券市場に参入しやすい状況になっ

ている。CIBMへのダイレクトアクセスとボンドコネクトの違いであるが、取引対象についてはCIBMダイレクトアクセスの方が範囲は広い一方、ボンドコネクトは中国本土で口座の開設をする必要がなく、参入手続がさらに簡素化されているのが特徴である。

　また、2019年にはストックコネクトを開始した英国との間でボンドコネクト開始に向けた計画を推進することで合意しておりストックコネクト同様、債券市場においても国際間の取引の拡大が期待される。

［4］中国・香港ファンド相互承認制度（MRF）

　2015年7月に運用が開始された中国・香港ファンド相互承認制度（MRF）により、海外の資産運用会社は、香港籍の適格ファンドを中国投資家に直接販売することが可能となり、中国の資産運用会社は、中国籍の適格ファンドを香港を介して海外投資家へ直接販売することが可能となった。MRFの適用を受けるためには、資産運用会社およびファンド両方の要件を満たす必要がある。主な要件として、資産運用会社は、香港または中国で登録および経営されており、香港証券先物取引委員会（SFC）または中国証券監督管理委員会（CSRC）から認可されている必要がある。また、ファンドは、SFCまたはCSRCに登録されている公募証券投資ファンドであり、設立・認可後1年以上経過しており、ファンド規模が2億人民元以上であること等が要件として定められている。

　各制度をまとめると**図表3-14**のようになる。

図表3-14　各制度の比較

	QFII、RQFII	ストックコネクト（沪港通）	ストックコネクト（深港通）	CIBM	ボンドコネクト
投資家	証監会により中国証券市場に投資することを認可され、国家外貨管理局から投資限度額の認可を得た海外機関投資家（管理弁法第2条）	・海外個人投資家 ・海外機関投資家	・海外個人投資家 ・海外機関投資家	商業銀行、保険会社、証券会社、基金管理会社、その他資産管理機構等の海外機関投資家（中国人民銀行公告[2016]3号第1条）	商業銀行、保険会社、証券会社、基金管理会社、その他資産管理機構等の海外機関投資家（中国人民銀行上海本部公告[2017]1号第3条）（中国人民銀行公告[2016]3号第1条）
投資対象	・証券取引所の株式、預託証券、債券、債券レポ、資産担保証券 ・全国の中小企業の株式譲渡システム（新三板）の株 ・中国人民銀行か認めた銀行間債券市場の商品 ・公募証券投資ファンド ・金融先物商品契約 ・商品先物契約 ・オプション ・デリバティブ商品 ・その他証監会が認めた金融商品（実施規定第6条）	・上証180指数の構成銘柄 ・上証380指数の構成銘柄 ・A株・H株同時上場のA株（上証発[2018]73号第16条）	・時価総額60億元以上の深証成分指数の構成銘柄 ・時価総額60億元以上深証中創新指数の構成銘柄 ・A株・H株同時上場のA株（深証発[2018]422号第16条）	銀行間債券市場での中国人民銀行が認めた取引（中国人民銀行公告[2016]3号第4条）	スポット取引（中滙交発[2017]223号3.1)
投資枠	有（個社ごと）（管理弁法第2条）	有（1日当たり520億元）（ストックコネクトの1日限度額を拡大することに同意する公告について）	有（1日当たり520億元）（ストックコネクトの1日限度額を拡大することに同意する公告について）	無	無
認可・届出	証監会と国家外貨管理局から認可が必要（管理弁法第2条）	届出	届出	決済代理人と契約を結び、中国人民銀行上海本部に届出を行う。（中国人民銀行公告[2016]3号第5条、第6条）	外貨取引センター、国内債券保管機関、銀行間債券市場決済代理人を通じて人民銀行上海本部へ届出を行う。（中国人民銀行本部公告[2017]1号第4条）

出所：上記記載の規定をもとに作成

4 QFII 制度を含む外国投資家に係る税制度

[1] QFII、RQFII

　QFII 制度を含む外国投資家に係る税制度について、QFII に係る税制度について見ていきたい。2014年11月に財政部、国家税務総局、証監会が共同で「財税［2014］79号」の通達（以下「財税［2014］79号通達」という）を公布した。内容は2014年11月17日以降に取得したキャピタル・ゲインに関して企業所得税を一時的に免除するという内容であった。一方で、2014年11月17日より前のものについては課税対象となる。また、キャピタル・ゲインの増値税について、QFII については財政部、国家税務総局より「財税［2014］36号」の通達（以下「財税［2014］36号通達」という）、RQFII については「財税［2016］70号」の通達（以下「財税［2016］70号通達」という）が公布されており、ともに免除される旨が規定されている。配当金、利息については、国家税務総局より「国税函［2009］47号」の通達（以下「国税函［2009］47号通達」という）が公布されており、企業所得税10％が課税される。RQFII についての記載はないが、当該国税函［2009］47号通達が実務的に適用されている。増値税については技術的に課税できない。

[2] ストックコネクト

　次にストックコネクトであるが、2014年11月に財政部、国家税務総局、証監会により「財税［2014］81号」の通達（以下「財税［2014］81号通達」という）が公布され、上海香港ストックコネクトが開始され、香港から中国本土への投資については個人および企業はキャピタル・ゲインの企業所得税、増値税が一時的に免除されている。配当および利息は企業所得税が10％課税される。増値税については課税されない。また、深セン香港ストックコネクトにおいても財政部、国家税務総局、証監会により「財税［2016］127号」の通達（以下「財税［2016］127号通達」という）が公布されている。その内容は上海香港ストックコネクトと同様となっている。

[3] CIBMダイレクトアクセス、ボンドコネクト

　最後に債券市場について見ていきたい。中国国内における債券市場の対外開放を一層推進するため、財政部および国家税務総局は、2018年11月7日付で国内債券市場へ投資する海外機関に対する租税優遇策について規定した「財税［2018］108号」の通達（以下「財税［2018］108号通達」という）を公布した。当該通達によれば、2018年11月7日から2021年11月6日までの間、海外機関が国内債券市場への投資により取得した債券利息収入に対しては、企業所得税および増値税を暫定的に徴収しないとしている。また、キャピタル・ゲインに関しては、明示はされていないものの技術的に課税できない。以上の内容をまとめると**図表3-15**のようになる。

図表3-15　各市場における課税関係

市場	シナリオ	投資家	各制度の比		配当／利息	
			企業所得税	増値税	企業所得税	増値税
株式市場	ストックコネクト以外	QFII、RQFII	2014年11月17日以降一時免除、時期は設定されていない。2014年11月17日以前のものは課税対象。（財税［2014］79号通達）	免除（QFII: 財税［2016］36号通達）（RQFII: 財税［2016］70号通達）	10%（企業所得税法）（国税函［2009］47号通達）	技術的に課税できない。（財税［2016］36号通達）
	ストックコネクト（香港→中国本土）	QFII、RQFII	2014年11月17日以降一時免除、時期は設定されていない。2014年11月17日以前のものは課税対象。（財税［2014］79号通達）	免除（QFII: 財税［2016］36号通達）（RQFII: 財税［2016］70号通達）	10%（企業所得税法）（国税函［2009］47号通達）	技術的に課税できない。（財税［2016］36号通達）
		・個人・法人	一時的に免除、時期は設定されていない。（財税［2014］81号通達）（財税［2016］127号通達）	一時的に免除、時期は設定されていない。（財税［2014］81号通達）（財税［2016］127号通達）	10%（企業所得税法）（財税［2014］81号通達）（財税［2016］127号通達）	技術的に課税できない。（財税［2016］36号通達）

市場	シナリオ	投資家	各制度の比		配当／利息	
			企業所得税	増値税	企業所得税	増値税
債券市場	ボンドコネクトとCIBM	銀行間債券市場で投資できる投資家	明示されていないが技術的に課税できない。	明示されていないが技術的に課税できない。	2018年11月7日から2021年11月6日の間一時的に免除、遡及的に課税することは明示されていない。（財税［2018］108号通達）	2018年11月7日から2021年11月6日の間一時的に免除、遡及的に課税することは明示されていない。（財税［2018］108号通達）

出所：上記記載の規定をもとに作成

5 **将来の展望**

　これまで海外投資家が中国金融市場にアクセスする方法、税制度について述べてきた。以前に比べ海外投資家は中国金融市場にアクセスすることが多岐に渡っており、かなり容易になっていることがわかった。ポストコロナの時代では、中国の資本市場のプレゼンスが上がりつつある勢いがあるので、日本を含めて諸外国の投資家にとってポジティブインパクトとなるであろう。2019年9月には日系金融機関が事業債の幹事資格である一般事業債引受資格を取得し、2020年6月に中国銀行間債券市場における決済代理人資格を取得するなど日本国内金融機関の中国債券市場への進出が目覚ましい。

　そして、上海・ロンドンストックコネクトが開始され海外の証券市場において中国の上場企業株式の取引も可能になった。ETF市場においても間接的ではあるが海外投資家への投資機会が開放されつつある。今後、中国の資本市場のさらなる開放が当分続く傾向となっているので、目を離せない状況である。

第 3 節

資産証券化（ABS）と中国版 REITs

①　資産証券化の背景と現状

　資産証券化は、1970年代のアメリカの住宅ローンの証券化が起源である。そして、すぐに他の原資産に広く使われ、その後、各国で普及してイノベーションをもたらした。資産証券化を通じて、発行企業は資金調達手段を増やすことができ、財務構造を改善することができる。また、投資家は投資範囲を拡大することができる。よって、資産証券化は金融市場の発展に積極的な役割を果たすことができる。

　中国の資産証券化は始まって間もないが、金利改革、人民元の国際化などの金融改革の中で、注目の領域となっている。中国の資産証券化は、2005年に政府の支持を得て発展し、その後、アメリカのサブプライム問題によって停滞したが、2012年に再開された。以下は、資産証券化の発展経緯を示している。

- 2005年からスタートし、2009年に一時停滞した。
- 2012年に中国人民銀行、銀監会（現：銀保監会）、財政部が共同で「貸出資産証券化の試行をさらに拡大することに関連する事項の通達」（以下「銀発［2012］127号」という）を公布し、貸出資産証券化（貸出 ABS: Asset Backed Securities）を再開した。
- 2013年7月2日、国務院は、「経済構造の調整、転換及びアップグレードを支援する金融に関する指導的意見」（以下「国弁発［2013］67号」という）を発行し、貸出資産証券化の発展を進めた。証監会も「証券会社の資産証券化業務に係る業務管理規定」（以下「証監会公告［2013］16号」という）を発行し、企業資産証券化（企業 ABS）の発展を進めた。

- 2014年以降、証券化業務は徐々に発展してきており、原資産の種類は非常に豊富になり、市場規模は著しく発展した。貸出 ABS や企業 ABS は従来の認可制から届出制へ変更され、企業 ABS はネガティブリスト方式により管理されたことが市場規模拡大の要因である。
- 2020年4月に「インフラ分野における不動産投資信託（REIT）に関するパイロット業務の推進に関する通知」を発表し、中国で初めて公募 REIT 業務が開始された。

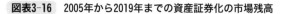

図表3-16 2005年から2019年までの資産証券化の市場残高

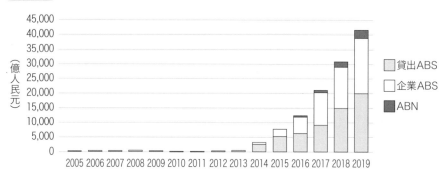

出所：中央国債登記決済有限公司の2019年資産証券化発展レポート

図表3-17 2005年から2019年までの資産証券化の発行量

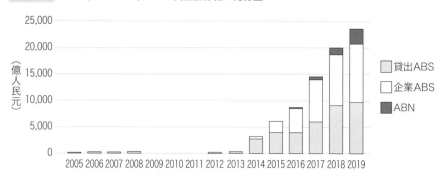

出所：中央国債登記決済有限公司の2019年資産証券化発展レポート

　図表3-16は2005年から2019年までの市場残高を表している。**図表3-17**は2005年から2019年の発行量を表している。2014年以降、市場残高、発行量が急激に増加していることが見てとれる。ABN（Asset Backed Medium-term Notes）は資産担保手形を意味する。

2　中国の資産証券化の特徴

　現在、中国の資産証券化は次のように分類される。

　まず、貸出資産証券化である。2005年の試行後に、複数の貸出資産証券を発行したが、サブプライム問題により一時停止した。2012年5月に再開し、2019年、市場残高は約2兆127億人民元で全体の約48％を占め、発行量は約9,634億人民元で全体の約41％を占める。

　次に、企業資産証券化である。2005年から開始し、その後一時発行を停止したが、2013年3月15日に再開した。近年は急速に発展しており、2016年には貸出資産証券化の発行量を超えている。2019年、市場残高は約1兆7,801億人民元で全体の約42％を占め、発行量は約1兆917億人民元で全体の約47％を占める。

　最後に、資産担保手形である。中国銀行間市場取引商協会は、2012年8月に「銀行間債券市場における非金融企業資産担保手形のガイドライン」（以下「中国銀行間市場取引商協会公告［2012］14号」という）を正式に発表し、資産担保手形の発売を開始したが、規模は比較的小さい。2019年、市場残高は約4,032億人民元で全体の約10％を占め、発行量は約2,887億人民元で全体の約12％を占める。3種類の資産証券化の特徴は**図表3-18**の通りとなっている。

図表3-18　資産証券化の特徴

	貸出資産証券化 （貸出 ABS）	企業資産証券化 （企業 ABS）	資産担保手形 （ABN）
監督当局	銀保監会、中国人民銀行	証監会	中国銀行間市場取引商協会
オリジネーター	銀行、金融資産管理会社、自動車ローン会社などを中心とした金融機関	証監会が認める企業	非金融企業
受託機関	特別目的信託	資産担保特別計画	N/A
原資産	銀行などの金融機関の貸出債権や自動車ローン、住宅ローンなど	主に財産権（売掛債権、リース債権、貸出債権、信託受益権など）、動産及び不動産の収益権（基礎施設、商業物業など）、並びに証監会が認める他の財産又は財産権	企業売掛債権、リース債権、信託受益権、基礎施設、商業物業等不動産財産又は関連財産権など
譲渡・取引所	銀行間債券市場	主に上海証券取引所、深セン証券取引所	銀行間債券市場
主な規定	・金融機関貸出資産証券化試行管理弁法（銀監会令[2005]第3号） ・金融機関貸出資産証券化試行管理弁法の公告（中国人民銀行、銀監会公告[2005]第7号） ・貸出資産証券化の試行をさらに拡大することに関連する事項の通達（銀発[2012]127号）	証券会社及び基金管理公司子会社資産証券化業務管理規定	銀行間債券市場における非金融資産担保手形のガイドライン（中国銀行間市場取引商協会公告[2012]14号）

出所：上記規定をもとに作成

　貸出 ABS と企業 ABS の原資産の内訳は、以下の**図表3-19**と**図表3-20**のようになっている。

　RMBS とは、Residential Mortgage Backed Securities の略で、個人の住宅ローン担保証券であり、その割合は全体の過半数を超えている。次に、個人の自動車ローン、信用カードローン、そして法人向けのローン担保証券である CLO（Collateral Loan Obligation の略）と続く。RMBS は前年比較で12％減

図表3-19　2019年発行の貸出 ABS の原資産内訳

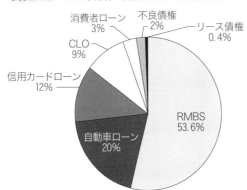

出所：中央国債登記決済有限公司の2019年資産証券化レポートをもとに作成

図表3-20　2019年発行の企業 ABS の原資産内訳

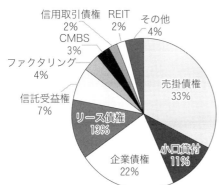

出所：中央国債登記決済有限公司の2019年資産証券化レポートをもとに作成

で、発行額は約5,162億人民元となった。RMBSの発行額が大半を占める要因としてはオリジネーター（原資産保有者）の立場からは、個人住宅ローンの需要が高く、貸付額の不足と資本金規制があり、投資家の立場からは一般的にリスクが低いと考えられているためである。また、自動車ローンは前年比較62%増で発行額は約1,965億人民元となった。また、信用カードローンも49%増の約1,171億人民元となっている。一方、CLOは前年比較で9%の減少となった。

　企業ABSは貸出ABSに比べ、原資産の種類が豊富であることがわかる。そして、その中でも売掛債権と企業債権が全体の半分を占めている。CMBSはCommercial Mortgage Backed Securitiesの略で商業不動産担保証券のことである。

　続いて投資家の割合であるが、2019年末、中央国債登記決済有限公司に登録しているABSの投資家は**図表3-21**のようになっている。商業銀行が過半数を超え、次にファンドが約41%を占める。海外機関投資家は1%の割合となっている。海外の投資家が中国の資産証券化業務に参入するためには、QFII（適格海外機関投資家）資格の取得や、銀行間債券市場が開放されたことにより、商業銀行や保険会社、証券会社などであれば、中国人民銀行（PBOC）への届出により銀行間債券市場で投資ができる。

図表3-21　2019年の中央国債登記決済有限公司登録の投資家

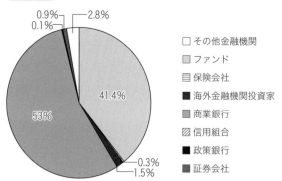

出所：中央国債登記決済有限公司の2019年債券市場統計分析レポートをもとに作成

3 資産証券化のプロセス

　ここまで中国の資産証券化業務が発展してきていること、また、その特徴について述べてきた。次に、実際に資産証券化の具体的な業務プロセス（貸出ABSと企業ABS）について述べていきたい。具体的なプロセスは下記の通りとなっている。

1．オリジネーター（原資産保有者）は、関連した原資産、例えば、貸出資産、売掛債権を、特別目的信託・資産担保特別計画に委託し、資産プールを形成する。

2．特別目的信託・資産担保特別計画は、投資家に資産担保証券ABSを発行し、信託財産によって生成された現金の限度内で、対応する税金、費用、資産担保証券の元本と収益を支払う。資産担保証券は、優先級証券と劣後級証券に分けられる。

3．特別目的信託・資産担保特別計画は、引受人に証券販売業務を委託し、引受人は証券販売業務を完了させる。

4．特別目的信託・資産担保特別計画、資産プールの日常回収管理業務をサービサーに委託する。

5．特別目的信託・資産担保特別計画は、信託口座の現金資産の保管業務をカストディアンに委託する。

6．特別目的信託・資産担保特別計画は登記信託と支払業務を中央国債登記決済有限公司に委託する。

そして会計事務所、法律事務所は専門知識や意見書を提供して証券化業務に関与することができる。また、格付機関は信用評価レポートを提供する。

　図表3-22は上記の資産証券化の業務プロセスを図表で示したものである。

図表3-22　資産証券化（貸出 ABS と企業 ABS）の業務プロセス

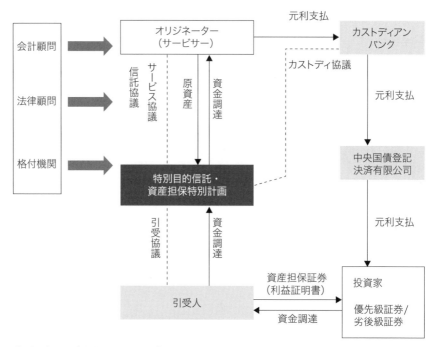

出所：中国工商銀行の発行説明書や金融機関貸出資産証券化試行管理弁法、金融機関貸出資
　　　産証券化試行管理弁法の公告をもとに作成

④　中国の資産証券化の意義とリスク

　続いて、資産証券化業務をする意義とリスクについて述べていきたい。

［1］意義

　まず、意義については以下の3つを記載する。

　第1に資産の流動性を高めることができる。オリジネーター（金融機関や資
産を保有する事業会社）の観点から、資産証券化はストックを活性化させる機
能を有している。資産証券化によって、オリジネーターが資金を補充し、別の

投資を行うことができるのである。例えば、企業は資産証券化を利用して、その資産の流動性を向上させる。つまり、流動性の悪い資産については、証券化処理を通じて、市場で取引できる証券に転化し、企業は多くの資金源を得ることができ、資金の回転を速めて、資産の流動性を高めることができる。企業は資産の流動性が低い場合、資産証券化により中央銀行の再貸付、再割引以外で流動性を高めることが可能になったのである。

　第2に低コストで資金を得ることができる。資産証券化はオリジネーターに対して、より効果的で低コストの資金調達ルートを提供する。資産証券化市場を通じた資金調達は、銀行やその他の資本市場を通じた資金調達コストより低くなっている。これは主に、資産証券化によって発行された証券は、他の長期信用ツールよりも高い信用格付を持っているためである。格付けが高いほど、投資家への利息は低くなり、それにより資金調達コストが低くなるのである。また、投資家は、資産担保証券によって構成された資産グループを購入し、倒産隔離を形成することができるため、オリジネーターの信用品質より、資産全体の信用品質が重要となる。

　第3にリスク資産を減らすことができる。資産証券化は、オリジネーターがリスク資産を財務諸表から取り除くこと、各種財務比率を改善し、資本の運用効率を高め、自己資本比率の要求を満たすのに役立つ。例えば、「バーゼル合意」と中国の「商業銀行法」は、安定して経営している商業銀行に対して、一定以上の自己資本比率を要求している。資産証券化を通じてリスク資産を売却することは、商業銀行が「バーゼル合意」の要求を満たす有効な手段となっている。資産証券化は、財務諸表から一部の資産を分離し、分母資産の額を減少させ、自己資本比率を向上させることにより、これらの要求を満たすことができるのである。

　上記で意義を述べたが、一方で、資産証券化によるさまざまなリスクを統制しないと、サブプライム問題のような悲劇になる可能性がある。資産証券化のリスクには以下のビジネスリスク、信用リスク、法律リスクがある。

［2］ビジネスリスク

　資産証券化において、上記で述べた通り、投資家は原資産の質を重視する。このため、投資家は良質な原資産に対して投資を行いたいと考えるが、オリジネーターにとって良質な原資産を売却するインセンティブは少ないといえる。よって、投資家とオリジネーターの間にはジレンマが生じてしまう可能性があるといえる。

［3］信用リスク

　続いて信用リスクについて、貸出資産証券化の場合、2つの格付会社から格付を得なければならないが、中国の格付会社は国際的な格付会社より信頼性が低いとされている。

［4］法律リスク

　最後に法律リスクである。企業資産証券化について包括的な法律がなく曖昧な部分が多い。具体的に、「証券会社及び基金管理公司子会社資産証券化業務管理規定」で規定はされているが、その上位の証券法との整合性が弱く、法的な効果が弱いとされている。

5　会計上と税務上の考慮事項

　続いて会計上と税務上の考慮事項について述べていきたい。

［1］会計上の考慮事項

　資産証券化ビジネスの会計処理は中国企業会計準則第23号「金融資産の移転」および中国版国際会計準則第9号「IFRS 9」にて定められている。オリジネーターの原資産に係る認識の中止は会計上重要な論点である一方、非常に複雑である。**図表3-23**は認識の中止に関する簡略化されたフローチャートとなる。

図表3-23　認識の中止に関するフローチャート

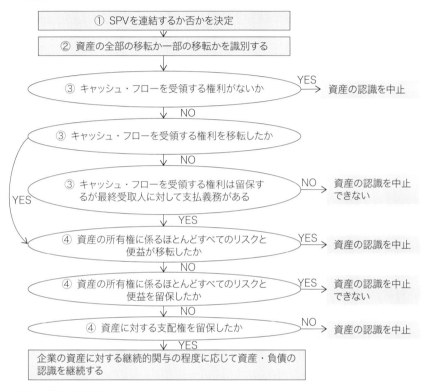

出所：企業会計準則をもとに作成

　図表3-23の①～④は以下の1～4にそれぞれ対応している。

1．SPV（特別目的事業体）を連結するかを判断する。

　　SPVを連結するか否かは、次の事項を考慮する必要がある。特定され
た経営業務のために、直接的あるいは間接的にSPVを設立し、業務が遂
行されている場合は子会社に該当しないと推定される。そうでない場合は
SPVに対して意思決定権を有しているか、SPVから経済的利益を獲得で
きるか、また、リスクを負担するかを考慮して、連結するか否かを判断す
る。

2．資産の全部の移転か一部の移転かを識別する。

一部移転には３種類の状況がある。

● 金融資産から生じたキャッシュ・フローにおける特定の識別可能な一部の移転

● 金融資産から生じたキャッシュ・フローの一定割合の移転

● 金融資産から生じたキャッシュ・フローにおける特定の識別可能な一部の一定割合の移転

3．資産の移転の状況を判断する。

資産の移転には２種類の状況があり、①キャッシュ・フローを受領する権利を移転すること、②資産を移転するが資産からキャッシュ・フローを受領する権利は留保し、受領したキャッシュ・フローを最終受取人に支払う義務がある状況である。②の状況の場合、以下の３つの条件を満たす必要がある。

● 当該金融資産から相応するキャッシュ・フローを受けた時点になって初めて、最終的な受取人に支払う義務が生じる。

● 譲渡契約では譲渡者による原資産の売却又は抵当が禁止されている。

● 譲渡者は受け取ったキャッシュ・フローを適時に最終的な受取人に支払う義務を有している。

4．リスクと便益の移転の程度を判断する。

リスクと便益の移転の程度により資産の認識を中止するか否かが決定する。以上をまとめると、**図表3-24**のようになる。

資産証券化に係る取引のストラクチャの設計において、信用格付のランクアップまたは流動性等のアレンジがよく見られている。実務においては、オリジネーターは劣後債を保有していること、償還または買戻し、サービス契約における具体的な条項があることに留意する必要がある。

図表3-24　資産の認識を中止するか否かの判断

シナリオ		結　果
金融資産の所有権に係るリスク及び利益をほとんど移転した場合		資産の認識を中止する。
金融資産の所有権に係るリスク及び利益をほとんど留保した場合		当該金融資産の認識を継続し、受け取った対価を負債として認識する。
金融資産の所有権に係るリスク及び利益を移転も留保もしていない場合	金融資産に対する支配権を放棄した場合	資産の認識を中止する。
	金融資産に対する支配権を放棄していない場合	企業の資産に対する継続的関与の程度に応じて資産・負債の認識を継続する。

出所：企業会計準則をもとに作成

［2］税務上の考慮事項

　資産証券化の発展を促進するために、2006年に財政部と国家税務総局は、「貸出資産証券化に係る税収政策の問題に関する通達」（以下「財税［2006］5号」という）を公布し、貸出資産証券化プロセスにおいて、原資産がオフバランスとなる前提での営業税、印紙税および企業所得税に関連する徴収政策を規定した。中国の税務の問題は複雑であるため、専門家や税務当局との積極的なコミュニケーションが必要不可欠である。

⑥　中国版 REITs の導入

［1］背景

　証券化の対象資産を不動産としたものは一般的に REIT（Real Estate Investment Trust）と呼ばれ、中国においてもインフラ資金に対して民間資金の活用の点から公募 REIT の実現に向けた動きが活発化している。

　2020年4月30日に証監会および国家発展改革委員会から「インフラ分野における不動産投資信託（REIT）に関するパイロット業務の推進に関する通知」（以下「通知」）が発出されたことを受けて、国家発展改革委員会は8月3日、「インフラ分野における不動産投資信託（REIT）のパイロットプロジェクトの

準備に関する国家発展改革委員会総局通知」を発表した。また、証監会は8月7日に「公募型インフラ証券投資ファンド（試行実施）に関するガイドライン」を発出している。

　これは、従来は地方政府が中心となって整備していたインフラを今後は民間の資金も活用し整備することにより社会のさらなる発展を企図している。

［2］基本原理

　本通知によれば、基本原則は、①国家政策と歩調を合わせ質の高い資産に焦点を当てること。②市場原則に則り公平性を確保すること。③運営能力向上のために革新と標準化を実現すること。④ルールに則り試験を着実に実施すること。⑤関連する当事者の責任の明確にすること。⑥リスクを効果的にコントロールする為に関連する政策を改善することの6つである。

　対象となる重点エリアは京津冀、長江経済ベルト、雄安新区、グレーターベイエリア、海南、長江デルタ等の地域である。重点分野は倉庫物流、有料道路等の交通施設、水道光熱等のライフライン、下水処理やごみ処理等である。そして、完成済のプロジェクトであること、経営モデル及び市場化運営能力が備わっていること、発起人及びインフラ運営企業には信用能力があり内部統制が整備されていること等が求められている。さらに発起人には取得資金の使途が国家の産業政策と合致する事が求められている。

［3］中国における公募REITの特徴

　中国で試行されている公募REITは、C-REITともよばれており資産担保型のモデルを採用しており、基本的には以下のようになっている。

　諸外国のREITが主に商業用不動産をターゲットにしている点を考慮すると、中国の公募REITは、倉庫や物流などのインフラ、有料道路や空港・港湾などの交通施設、水道・電気・ガス・熱などの自治体施設、工業団地、5Gやモノのインターネットに代表される新たなインフラプロジェクトなど、インフラからスタートするのが特徴といえる。ただし、今後の発展の状況に応じて、

図表3-25　中国における公募REITスキーム

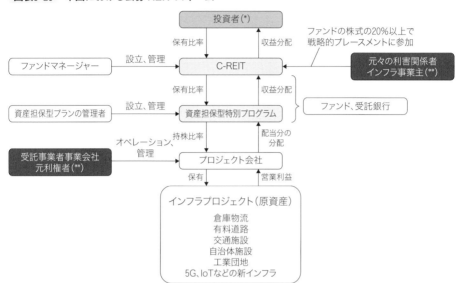

＊投資家には、プロの機関投資家のほか、一般投資家も含まれる
＊＊元々の利害関係者と受託者は、通常、同一事業体であるか、同一グループに属する関連会社であることが多い

すべての不動産業界に展開することが予想される。

　まず、インフラ建設は将来への投資を意味し、商業用不動産に比べて規模や複雑性も高く、より多くの設備投資を必要とするため、将来の経済発展を促進する役割も明確になっている。

　第二に、近年、中国のマクロ経済の下降圧力により、インフラ投資が弱いという問題が徐々に浮上してきており、都市化や新たなインフラがもたらすインフラ建設需要に対応することが困難になっている。一方、中国のインフラストックの規模は既に巨大であり、既存のストック資産を有効活用しながら、新規の必要なインフラ建設の資金調達を実施していくことが現実的な路線と考えられる。

　また、多くのインフラは商業用不動産よりもリターンが高い。中国ではインフラの多くが国有化されているため、運用の安定性が高く、良質な資産クラスとなっている。将来的には、インフラ投資における知見の蓄積とシステムの改

善を実施し、成熟した段階で徐々に原資産の範囲を商業用不動産を含めた不動産セクター全体に拡大していくというのが合理的な道筋と考えられる。

第三に、資産運用という観点からREIT商品が中国に対する投資範囲の拡大に寄与する。ABSよりさらに一歩進んだ資産流動化商品となる。

第四に、公募ファンドとなるため、投資家保護と資本市場の健全化のために、より厳格な投資ルール、基準、透明性の向上が求められる。

7 今後の課題と展望

先述したように、中国の資産証券化は制度の簡素化、原資産の種類の拡大などにより2014年から急速に規模の拡大を遂げている。しかし、プライマリー市場は拡大しているが、その一方でセカンダリー市場の流動性は依然として低い。中央国債登記決済有限公司の2019年の資産担保証券の回転率は貸出ABSを例にとると約24%と前年に比較して7%上昇しているものの、債券全体の回転率の約214%と比べると依然としてセカンダリー市場の流通性が低いことがわかる。流通性の低さは資産証券化市場のさらなる発展の制約になりうるため、透明性の高い情報開示、格付けの厳格化やプライス・メカニズムを明確にすることで、セカンダリー市場の流通性を高められるかが今後の課題となる。

今後の展望であるが、銀行間債券市場の開放やQFII制度により海外機関投資家は中国の資産証券化業務に参入可能となっており、PPPプロジェクトの証券化や、REITの証券化など、証券化モデルは多様化している。2020年4月から公募REITも開始され、コロナ禍のあと、各地でREITを立ち上げるブームとなっており、今後急速に拡大が見込まれる。

このように資産証券化は発展しているが、中央国債登記決済有限公司に登記されている債券の割合で、資産担保証券は全体割合はいまだ僅少である。これは資産証券化の市場規模の拡大の余地がまだまだあることを意味する。また、中央国債登記決済有限公司登録の海外投資家の割合も僅少であるものの、増加し続けており、海外投資家も中国での資産証券化、REIT業務に興味を持ち始

めていることがわかる。透明性の高い情報開示やプライス・メカニズムを明確にすることでセカンダリー市場の流通性を高め、法律を整備し、現状よりさらに参入しやすい市場にすることにより、日本企業も中国の資産証券化業務に参入する機会が増えていくと考えられる。

第4節

ESG グリーンファイナンス

1 ESG グリーンファイナンスおよびグリーンボンドの概要

昨今、ESG の要素である環境（Environment）、社会貢献（Social）、ガバナンス（Governance）の面を考慮して、株式や債券への投資判断を行う考え方（ESG Integration）が広がっている。

ESG に関する非財務情報が、長期的には会社のパフォーマンスに影響を及ぼすとの考え方に立つ ESG 投資が世界的に拡大している。欧州や米国、カナダを中心とした世界の ESG 関連の投資規模は20兆ドル（約2200兆円）を超えるといわれ、その影響は無視できないものになりつつある。

今回はその中で一つの要素を構成するグリーンファイナンスを取り上げる。

グリーンファイナンスは一般に資金調達を指す。なかでも債券であるグリーンボンドは近年注目を集めている。グリーンボンドの主な特徴として、①調達資金の使途がグリーンプロジェクトに限定、②調達資金が確実に追跡管理、③それらについて発行後のレポーティングを通じ透明性が確保されるといった点があげられる。

2 コロナの影響

世界の債券市場は全体的に成長している一方で、2020年上半期のグリーン債発行はコロナウイルスの影響を受けて、減速している。

政府はコロナウイルスの影響の緩和を優先し、回復への道筋をつけることを優先しているためと考えられる。一方で、グリーン債の市場では、非金融企業

図表3-26　グリーン債発行体別の比較

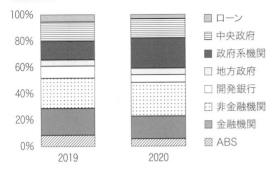

図表3-27　2018年から2020年上半期における月次のグリーン債の発行額推移

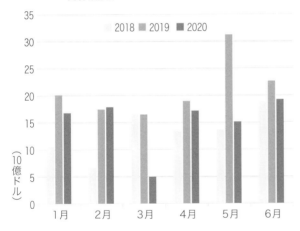

と政府系企業の両方が突出する状況となっており、後者は総量の４分の１近く（24％）を占める状況となっている（2019年上半期の15％から増加）。

中国においては、産業の高度化や公害防止の取り組みを支援するためにグリーンファイナンスの発展を推し進める中、グリーンボンド市場も急成長を遂げている。中国企業のコロナウイルスとの関係においても、2020年２月、華電国際電力株式会社（Huadian Power International Corp）がパンデミック対策のための電力供給システムを確保するため、COVID-19に対応した中国初のグ

リーンボンドを発行するなど取り組みは広範囲にわたる。

　3月と4月には、中国の電力・公益事業、建設、先端製造業などの多くの企業が合わせて18億元以上のグリーンボンドを発行しており、その資金は環境改善プロジェクトやパンデミック発生時および発生後の事業継続・復旧に充てられている。

　2019年の中国のグリーンボンド市場は、中国の債券市場全体に占める割合が0.6％にとどまっているものの、中国がグリーンファイナンスを発展させる道を選ぶ決意を固めており、今後の成長には大きな可能性が秘められている。

3　世界のグリーンボンド市場の現状

　2019年は2016年以来の全地域で発行額が増加した。なかでも欧州が最大の増加となっており、2018年と比較して57％を占める500億米ドル増加している。これにより、欧州の累計発行額は、それぞれ2位と3位の北米とアジア太平洋地域を上回る1,000億米ドルを超え、発行実績の増加を牽引している。

図表3-28　グリーンボンド発行体の地域別の発行実績

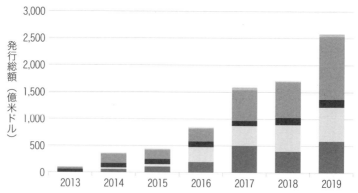

出所：気候債券イニシアティブ（CBI：Climate Bond Initiative）のホームページ及び環境省ホームページ

図表3-29　グリーンボンド調達資金の資金使途別の発行実績

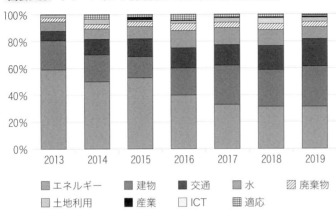

出所：気候債券イニシアティブ（CBI：Climate Bond Initiative）のホームページ及び環境省ホームページ

4　中国のグリーンボンドにおける規制

　続いて中国のグリーンボンド市場であるが、2015年に中国人民銀行の銀行間債券市場におけるグリーン債の発行に関する通知が発出されてから、規制要件はアップデートされ続けている。以下に、時系列での規制要件の変遷を示す。

- 2015年　中国人民銀行が銀行間債券市場におけるグリーン債の発行に関する通知を発出
- 2015年　中国金融銀行協会グリーンファイナンス委員会より「グリーンボンドによる支援対象事業のカタログ」(2015年版)(更新版)が発出
- 2015年　国の整備・改革委員会総合事務局が「グリーンボンド発行ガイドライン」の通知を発出
- 2016年　上海証券取引所が「グリーン社債パイロットプログラムの開始に関するお知らせ」を発表
- 2016年　深セン証券取引所が「グリーン社債パイロットプログラムの開始に関するお知らせ」を発表

- 2016年　中国証券インター OTC システム株式会社が「グリーン債パイロットプログラムの開始に関するお知らせ」を発表
- 2017年　中国証券監督管理委員会が「グリーン債の発展を支援する指導意見」を発表
- 2017年　全国金融市場機関投資家協会「非金融企業のグリーンデット金融商品に関するガイドライン」を公表
- 2017年　中国人民銀行と中国証券監督管理委員会が共同で「グリーン債の評価・認証の実施に関するガイドライン（中間）」を発行
- 2018年　中国人民銀行が、「グリーン金融債の監督管理の強化期間」を発表

また、2020年5月29日、中国人民銀行（PBOC）、国家発展改革委員会（NDRC）、中国証券監督管理委員会（CSRC）が共同で中国版のグリーンボンドガイドラインである Green Bonds Endorsed Project Catalogue（2020年版）のパブリックコンサルテーションを公表した。その中では、既存の方針や基準との統合およびプロジェクトの分類の調整（化石燃料は対象範囲から除外されることが提唱されている）並びにプロジェクトの範囲を広げ、国際基準との調和を図るといった点が掲げられている。

5　中国のグリーンボンド市場の現状

　現時点では、中国のガイドラインと国際資本市場協会のグリーンボンド原則や気候債券イニシアティブの気候債券基準との差異があるため、国際基準に照らした中国のグリーンボンド発行額は313億米ドルと米国に劣るものの、中国独自のガイドラインのみを満たした発行額も含めると558億米ドルとなり世界一の規模となっている。

　2019年のグリーンボンドの市場を見ると、オンショア市場は中国のグリーンボンドの主たる取引の場であり、香港取引所（HKEX）は中国のオフショア・グリーンボンドの最大の上場市場であり、オフショア・取引量の53%を占めている。シンガポールは中国のオフショア・取引の第2位の市場であり、ロンドン

図表3-30　2019年の世界のグリーンボンド発行額トップ15ヵ国のグリーンボンド発行額

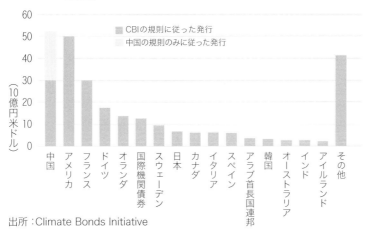

出所：Climate Bonds Initiative

図表3-31　2019年の中国のグリーンボンド市場別分類

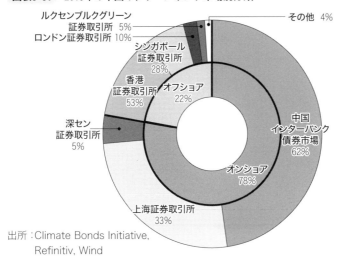

出所：Climate Bonds Initiative,
　　　Refinitiv, Wind

証券取引所は第３位となっている。

　また、2019年の中国におけるグリーンボンドを発行体別に分けたものは下記の通り。最も顕著なのは、非金融法人のグリーン債の発行量が前年比54％増と大幅に伸びており、2019年の発行量全体の37％を占めている。

図表3-32 発行体別のグリーンボンド発行額

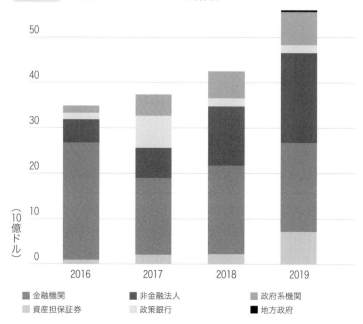

オンショアグリーンボンドのマチュリティ

　2019年末までに、中国国内のグリーンボンド市場の発行残高は1,400億米ド
ル（9,772億人民元）に達している。中国国内のグリーンボンドの合計1,240億米
ドル（8,655億人民元）相当が今後5年間で満期を迎え、発行残高の88％を占め
ている。これは、中国の債券のほとんどが中・短期債であることを反映してい
る。一方、満期のプロファイルは、グリーンボンドのリファイナンスのための
大きな機会を示唆している。

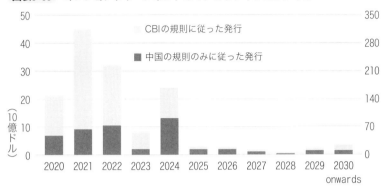

図表3-33　オンショアグリーンボンドのマチュリティプロファイル

6 **サステナビリティボンド**

　グリーンファイナンスがESGのEに注目したファイナンスであるのに対して、サステナビリティボンドはEおよびSに着目している。サステナビリティボンドが近年注目を集めつつある。グリーンファイナンスがESGのEに注目したファイナンスであるのに対して、サステナビリティボンドは環境的・社会的に持続可能な経済活動および経済成長を促進し、支援する観点からテーマとしてEおよびSに注目しており、ガバナンスの要素も踏まえるとESGの各要素に着目しているといえる。そのため、調達資金はグリーンプロジェクトおよびソーシャルプロジェクトの初期投資又はリファイナンスに充当される。サステナビリティボンドの発行額は年々増加しており、ESGへの関心の高まりとともに、グリーンボンドのみならず、サステナビリティボンドについても、今後の進展が期待される。

図表3-34　サステナビリティボンドの発行総額推移

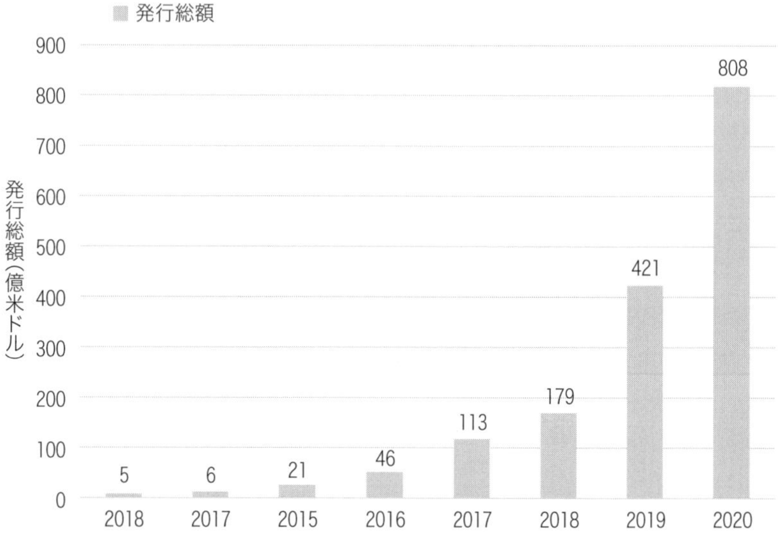

■ 発行総額

出所：環境省参照

7　今後の展望

　コロナ禍にあっても、多くの投資家、企業のESG（Environment Social Governance）への意識は高まっており、グリーンな社会の実現を目指す国々が大層を占めるようになっている。例えば、中国は2020年9月、習主席は第75回国連総会で、中国の二酸化炭素排出量が2030年までにピークに達し、2060年までにカーボンニュートラルを実現するよう努めていくことを発表している。これは中国が初めて公の場でカーボンニュートラル計画のスケジュールを発表したものであり、中国のグリーンファイナンスの発展に対する新たな目標と要求になると思われる。日本と中国双方の事例でいえば、三井住友銀行が三井化学と韓国の石油化学大手SKCの合弁会社である中国現地法人に対して、融資を行っている事例なども挙げられる。

　また、米国のバイデン政権下においても、気候変動問題は重要政策に据えら

れる見込みである。その他、日本、英国、EU においても気候変動問題は重要視されており、この流れはグローバルの潮流となっている。

　実際に大手資産運用会社であるブラックロックも ESG に強い関心を示し、その書簡の中で、重要性を強調するとともに、リスク管理の一環としても捉えている。

　さらに金融安定理事会により、気候関連の情報開示および金融機関の対応をどのように行うかを検討するため、設立された「気候関連財務情報開示タスクフォース（TCFD）」では、気候変動に関する財務情報開示を積極的に進めていくという趣旨に賛同する機関等を公表しているが、日本は340社と全体の1,741社に対して、約20％ほどを占めるに至っている。

　今後、グリーンファイナンスはより発展し、金融イノベーションを強化し、エネルギー構造の転換、グリーン建築、グリーン交通、製造業の脱炭素化・低炭素化などのグリーン産業およびグリーン技術への支援を強化し、重点業種や重点分野のグリーン改造をさらに推進していくと考えられている。

第5節
オフショア人民元債券
（パンダ債）

1 パンダ債の概要

　オフショア人民元建て債券（以下「パンダ債」という）とは外国企業が中国本土において人民元建てで発行する債券のことを指す。国際的な慣習から外国の発行体が現地の通貨建ての債券を発行する際に、当該債券の名前として発行国のマスコットを選択することが通例である。その慣習から、中国財政部は当該債券をパンダ債と名付けた。つまり、パンダ債は、日本のサムライ債や米国のヤンキー債と同種の債券である。

　パンダ債の意義は、１．クロスボーダーの人民元の使用を促進する、２．中国の債券マーケットの国際化を促進させる、３．現地企業より本社の方が格付けが高い場合、調達コストを下げることができる、また本土での調達であり為替リスクも抑えることができるという点が挙げられる。

　パンダ債は2005年に初めて国際金融公社（IFC）およびアジア開発銀行（ADB）により発行された。2014年にはドイツの自動車メーカーであるダイムラーが事業会社として初めてパンダ債を発行した。**図表3-35**は2020年３月現在銀行間債券市場でのパンダ債の発行情報である。

　日本企業については、2017年12月に日本と中国の監査法人を所管する日本金融庁と中国財政部が会計監査の情報交換の枠組みで合意したことによって、日本企業による中国国内でのパンダ債の発行が実質的に可能となった。そして、実際に**図表3-36**の通り、2018年に入り、みずほ銀行と三菱東京UFJ銀行（現：三菱UFJ銀行）がパンダ債を発行している。また、2020年６月には三井住友銀行が日本の金融機関としては２年ぶりにパンダ債を発行している。

図表3-35　2020年3月現在の発行企業の一覧（単位：10億人民元）

分　類	発行額	数　量	主な発行体
国際開発機関	10	7	ADB, IFC, NDB
外国政府系機関	20.9	10	Province of BC Canada, Republic of Poland, Hungary
金融機関	31.5	16	HSBC (HK), National Bank of Canada, Chong Hing Bank, Maybank
非金融機関	201.4	116	Daimler AG, Veolianvironment, Air Liquide
合　計	263.9	149	

出所：中国銀行間市場取引交易商協会（NAFMII）のホームページをもとに作成

図表3-36　日本企業によるパンダ債発行実績

発行体	発行金額	発行日	期　間	金　利
株式会社みずほ銀行	5億人民元	2018年1月16日	3年	5.3%
株式会社三菱東京UFJ銀行（現：株式会社三菱UFJ銀行）	10億人民元	2018年1月16日	3年	5.3%
株式会社三井住友銀行	10億人民元	2020年6月8日	3年	3.2%

出所：発行体のプレスリリースをもとに作成

　また、2018年9月には中国人民銀行、財政部により「全国銀行間債券市場における海外機関の債券発行管理暫定規則」（中国人民銀行、財政部［2018］16号。以下「管理暫定規則」という）が公布された。当該規定の公布により銀行間債券市場での起債のルールがより明確になった。さらに、非金融機関を対象とした「海外非金融企業の債務ファイナンスツール業務ガイドライン（試行）（中国銀行間市場取引交易商協会公告［2019］1号。以下「ガイドライン」という）」が中国銀行間市場取引交易商協会（以下「NAFMII」という）より公布されている。加えて、2015年に証監会より「公司債券発行と取引管理弁法」（証監会令第113号）が公布されており、中国証券取引所においてもパンダ債が発行できる制度が整備されている。

2 パンダ債の現況

　パンダ債の現在の状況であるが、**図表3-37**は近年のパンダ債の発行金額の推移を示している。2016年に急激にパンダ債の発行額が増えていることがわかる。原因として2016年においては取引所での発行額が多く、また、その中でも私募での発行が多かったことが挙げられる。私募での発行は投資家と発行体が双方合意した条件で債券を発行でき、かつ、公募発行より手続が比較的簡単であるため発行しやすいという特徴がある。さらに、「全国範囲において全範囲クロスボーダー融資のマクロプルーデンス管理を実施することについての通達」（銀発［2016］132号）に基づき、不動産企業は中国国内でパンダ債を発行し、中国国内子会社のために使用した。2016年の中国国内の不動産市場のパフォーマンスがよく、これらの不動産企業の資金需要が増大し、取引所市場で発行されたパンダ債が大幅に増加した。2017年については不動産業の融資に関する監督規制が強まったことで、取引所発行のパンダ債が大幅に減少したため、全体のパンダ債の発行額が減少している。

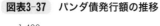

図表3-37　パンダ債発行額の推移

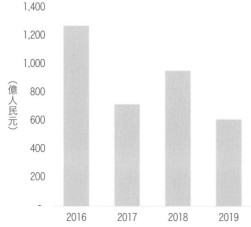

出所：中国人民銀行

3 パンダ債発行のプレイヤー

　ここでは主に発行体、投資家、法律顧問、会計事務所、引受幹事について述べていきたい。

［1］発行体

　まず、パンダ債の発行体であるが、管理暫定規則によると、外国政府系機関、国際開発機関、海外において合法的に登録された金融機関、非金融機関を指す。2019年の発行体の発行規模の割合であるが、**図表3-38**の通り、非金融機関が全体の約77.5％を占め、非金融機関と金融機関を合わせると全体の90％近くを占める。

図表3-38　2019年の発行主体の発行規模割合

国際開発機関 5%
政府機関 7.5%
金融機関 10%
非金融機関 77.5%

出所：中国人民銀行

［2］外国人投資家

　外国人投資家はグリーンボンド同様にQFIIやRQFII、ボンドコネクト、銀行間債券市場へのダイレクトアクセスのスキームを使うことでパンダ債に投資することが可能である。

[3] 法律顧問

　発行体がパンダ債を発行する際に、中国国内および発行体の所在国・地域の関連法律業務資格を保有する法律事務所等の法律顧問は法律意見書を発行しなければならない。

[4] 会計事務所

　日本企業の場合、上述したように2017年12月に日本金融庁と中国財政部が会計監査の情報交換の枠組みで合意している。したがって、発行体は日本の会計事務所によって監査された財務諸表を使用することができる。ただしその場合、日本会計基準や米国会計基準で作成された財務諸表と中国会計基準の差異について、中国の会計事務所による検証が必要となる。中文監査報告書の発行や会計基準間の差異分析には一定の時間がかかることから、早い段階からのコミュニケーションが必要となる。

[5] 引受幹事（銀行、証券会社）

　発行体と協議しながら発行条件を決定し、債券の引受け、投資家への販売を行う。債券発行に係る書類作成を含めた発行プロセス全体に関わるため、過去の他社事例での経験や監督当局との関係を有し、発行体がプロセス全体を通じてコミュニケーションを行う必要がある主要な関係者である。

　上記以外にも、格付機関やカストディアンバンクなどのパンダ債発行の関係者が存在する。

4　パンダ債の発行条件

　続いて、パンダ債を実際に発行するために満たすべき要件について述べていきたい。海外の金融機関が銀行間債券市場でパンダ債を発行するためには、中国人民銀行の認可が必要となる。一方で、外国政府系機関、国際開発機関及び海外の非金融機関がパンダ債を発行するためには、NAFMII に登録することが

必要となる。**図表3-39**は管理暫定規則、ガイドラインに基づき金融機関、非金融機関の認可／登録、要件、提出書類についてまとめたものである。**図表3-40**についてはNAFMIIへの登録プロセスを示している。

図表3-39　金融機関、非金融機関の要件、提出書類（公募の場合）

	金融機関	非金融機関
認可／登録	中国人民銀行の認可	NAFMIIへの登録
要　件	1)　払込資本が100億人民元あるいは相当額の外貨を下回らないこと 2)　良好なコーポレートガバナンス体制と健全なリスク体制であること 3)　財務状況が安定しており、信用状況が良好で、直近3年間黒字であること 4)　債券発行経験と良好な債務返済能力があること 5)　所在国あるいは地域の金融監督当局からの有効な監督管理を受けており、主要リスク管理指標が金融監督当局の規定を満たしていること	1)　協会規約に従う 2)　協会に加入する意向がある 3)　単位会員は法人資格（支店機構は法人の許可が必要）を有し、中国人民銀行（又は中国人民銀行の授権機関）の許可を得て銀行間債券市場に登録して関連業務に従事しなければならない 4)　個人会員は完全な民事行為能力を有し、銀行間債券市場の従業員又は関連分野の専門家学者である必要がある 5)　協会が要求するその他の条件
提出書類	1)　債券発行申請書 2)　発行体の意思決定者が発行を認めた決裁書又はその他証明書 3)　目論見書 4)　直近3年間の決算報告書及び監査報告書、最新の決算報告書（該当ある場合） 5)　所在国・地域の金融監督庁局が関連業務の実施を認めた証明書 6)　信用格付報告書及びそのモニタリングに関する説明（該当ある場合） 7)　保証契約書及び保証人の信用状況に関する説明（該当ある場合） 8)　中国国内及び発行体の所在国・地域の関連法律業務資格を保有する法律事務所等の法律顧問が発行した法律意見書	1)　登録レポート 2)　主幹事引受人からの推薦書 3)　目論見書 4)　直近3年間の監査済決算報告書、最新の決算報告書（該当ある場合） 5)　信用格付報告書及びそのモニタリングに関する説明（該当ある場合） 6)　中国国内及び発行体の所在国・地域の関連法律業務資格を保有する法律事務所等の法律顧問が発行した法律意見書 7)　海外の会計士からの同意書（適当な場合） 8)　引受契約書 9)　NAFMIIによって必要とされるその他の文書

※私募の場合、非金融機関の提出書類は決算報告書が直近2年間になり、信用格付報告書が提出書類に含まれていない。

出所：管理暫定規則、ガイドライン、「中国銀行間市場取引交易商協会定款」（改訂稿）の公布に関する公告をもとに作成

図表3-40 パンダ債発行のための NAFMII への登録プロセス（公募の場合）

1 **文書の提出**

登録文書を準備してNAFMIIに提出する。

2 **事前評価とフィードバック**

NAFMIIは登録文書を事前評価して、フィードバックを提出する。

3 **登録ミーティング**

NAFMIIはレビューに参加するための専門家を選定し、専門家は独立意見を発行して登録を行うか否かの決定を行う。

4 **通知の発行**

NAFMIIは登録決定後、登録受諾の通知を発行する。

5 **パンダ債の公募**

通知を受け取った後、発行体はパンダ債を公募することができる。

出所：ガイドライン、「非金融企業債務ファイナンスツール登録発行規則」、「非金融企業債務ファイナンスツール公開発行登録業務規程」をもとに作成

5 **パンダ債を発行するメリット**

　金融機関や非金融機関にとっては投資家が多様化し、パンダ債は中国本土での調達となるため、中国でのマーケティング活動や広報活動においてアドバンテージを得られる。また、現地法人での発行より本社の発行の方が格付が高い場合には、調達金利が下がり、調達コストを下げることができる。さらに、外貨を中国本土に送付して人民元に転換する必要がないため、為替リスクを抑えることができる。

⑥　パンダ債を発行する際の留意点

　パンダ債を発行する際の留意点であるが、金融機関、非金融機関はパンダ債を発行する際の決算報告書、目論見書に会計基準を記載しなければならない。その際、中国会計準則およびそれと同等の会計基準（IFRS）を採用しない場合は、①採用した会計基準と中国企業会計準則の重要な差異、②中国会計準則に基づいて調整した数値の差異情報、会計基準の差異による財務諸表のすべての重要項目への影響額に対する説明を記載しなければならない。このため、日本会計基準や米国会計基準を採用している日本企業は当該記載が必要となる。ただし、私募での発行の場合には特に管理暫定規則に明記されていないが、現行の実務上は①の情報のみで足りる。

　また、上述した通り、当該差異調整については、中国国内の証券先物業務資格を有する会計士事務所、すなわち中国国内の監査法人による検証が必要となる。そして、中国会計準則およびそれと同等の会計基準（IFRS）を採用しない場合には海外の会計事務所による監査が必要であるが、当該海外の会計事務所は中国財政部の監督管理を受け、財政部への届出が必要となる。

　また、発行文書については中国語でなければならない。このため、翻訳業務のコスト、時間、人員を確保する必要がある。

　発行体は原則的に管理暫定規則に従って所定の書類を作成することとなるが、詳細な点については必ずしも明確ではない点もあるため、主幹事、弁護士、会計事務所や所管当局といった関係者との密なコミュニケーションをとることにより、過去の事例や当局の要望を適時・適切に把握して、提出書類に反映することが効率的な準備のために重要である。

⑦　今後のパンダ債市場の展望

　2018年9月に管理暫定規則が公布されたことにより、従来よりも外国企業にとってパンダ債を発行する障壁は低くなってきている。

　また、外国企業が発行するグリーンボンドであるグリーンパンダボンドも香港の発行体により2018年に14億人民元、2019年に5億人民元発行されている。グリーンボンド市場、パンダ債市場ともに規模が拡大しているため、今後は香港の発行体以外の外国企業により発行される可能性もある。

　さらに、一帯一路に関しても2019年4月に2回目となる一帯一路国際協力サミットフォーラムが北京で開催された。このため、各国の関心は高く、中国の債券市場で「一帯一路」債を発行するケースも増えてくると考えられる。

　また、今般のコロナ禍による起債環境の悪化により2018年2019年と2年連続でパンダ債を発行していたフィリピンが発行を延期するなど不透明な要素もあるが、2020年6月にはアジアインフラ投資銀行（AIIB）が格付機関からの高い信用評価を背景にコロナ禍からの回復を目指した30億人民元のパンダ債を発行するなど、今後の拡大に期待を持たせる要素もある。

　日本企業にとっても、パンダ債の活用は、中国での事業戦略上、有益なツールの一つであると考えらえれる。

　パンダ債の発行を推進することは国の重要な戦略の1つである人民元の国際化に寄与するという大きな役割があり今後も注視が必要である。

第6節

中国サイバーセキュリティ法

　2017年5月に日本で改正個人情報保護法が施行され、また、欧州連合（EU）では18年5月に「GDPR（General Data Protection Regulation：一般データ保護規則）」が施行されており、IT化に伴う個人情報の保護は世界の潮流となっている。中国においても、16年11月に「中華人民共和国サイバーセキュリティ法（中華人民共和国網絡安全法、以下、サイバーセキュリティ法）」が公布され、17年6月から施行されている。同法は、中国におけるサイバーセキュリティおよび個人情報保護について、包括的に定めた初めての基本法である。その後、20年2月13日、中国人民銀行によって、「JR/T0171-2020個人金融情報保護技術規範」（以下「規範」という）が正式に発表されている。当該規範は、個人金融情報のライフサイクルにおける収集、送信、利用、保管などに関する保護対策について、具体的要件を定めたものである。

　ただ、基本法の施行後3年以上経った現在でも関連する細則が完全には整備されておらず、その適用方法等について不明確な部分があることから、まだ本格導入とは言えないが、今後の本格導入に伴い中国に進出している日系企業にも大きな影響を与えることが予想されるため関心の高い項目である。

　当節では、中国サイバーセキュリティ法の概況について解説をしていきたい。

1　サイバーセキュリティ法の適用対象

［1］ネットワーク運営者

　主な適用対象者は、ネットワーク運営者（中国国内においてネットワークを確立、運営、維持、使用する企業）である。ここでネットワークとは、コンピュー

タ、その他の情報端末、および関連機器により構成され、一定のルールに従って情報の収集・保存・伝送・交換・処理を行うシステムと定義されている。いわゆるIT企業だけでなく、自社のウェブサイトを開設している企業、社内で電子メールを使用している企業も含まれるため、結果として中国において事業活動を行うほぼすべての企業が適用対象となる。

［2］重要情報インフラ運営者

ネットワーク運営者のうち、重要情報インフラ運営者に該当する場合には、より厳格な義務が課せられている。ここで、重要情報インフラとは「公共通信、エネルギー、通信、金融、交通、公的事業等の重要産業の運営を支える情報システム／制御システムで、サイバー事故に遭遇した場合、国家安全、経済、科学技術、社会、文化、国防、環境、公共利益に重大な損害を与えるもの」と定義されている。具体的な対象範囲については、今後順次明確化されていくが、「重要情報インフラ安全保護条例（意見募集稿）」においては、以下の企業が例示されているため、該当する場合には注意が必要である。

- 政府機関およびエネルギー、金融、交通、水利、衛生医療、教育、社会保険、環境保護、公共事業等に関わる企業
- 電信ネットワーク、ラジオ・テレビネットワーク、インターネット等の情報ネットワークおよびクラウドコンピューティング、ビッグデータその他の大型公共情報ネットワークを提供する企業
- 国防、科学技術工業、大型設備、化学工業、食品・薬品等の業界・分野の科学研究生産企業
- ラジオ局、テレビ局、通信社等の新聞企業
- その他の重点企業

また、具体的な判定基準として、「重要な情報インフラ識別ガイドライン（試行版）」に従うと、下記の規定に満たす場合、重要なインフラ運営者として認定される。

図表3-41　重要な情報インフラ確定ガイドラインにおける具体的な判定基準

CIIType	事　例	標　準	サイバーセキュリティイベントの潜在的な影響度
ウェブサイト	政府、企業、公司などのウェブサイト	● 県以上（含む）の党政機関のウェブサイト ● 重要なニュースウェブサイト ● 1日当たりの訪問量が100万回超のウェブサイト ● 一旦サイバーセキュリティ事件が発生した場合、右に影響を与える可能性がある ● その他	● 100万人の仕事、生活に影響を与える ● 一つの地市級行政区の30％以上の人口の仕事、生活に影響を与える ● 100万人超の個人情報を漏洩する ● 大量の機構、企業のセンシティブ情報を漏洩する ● 大量の地理、人口、資源等の国家基礎データを漏洩する ● 政府のイメージ、社会秩序を著しく損ない、または国の安全を害する
プラットフォーム	オンラインサービス提供者、例えば、オンラインショッピング、オンライン決済、フォーラム、電子メール、地図などを含む。	● 登録ユーザー数が1,000万人を超える、あるいはアクティブユーザー（毎日少なくとも一回登録）数が100万人を超える ● 1日当たりの平均注文額または取引額は1,000万元を超える ● 一旦サイバーセキュリティ事件が発生する場合、右に影響を与える可能性がある ● その他	● 1,000万元以上の直接な経済損失をもたらす ● 1,000万人の仕事、生活に直接に影響を与える ● 100万人の個人情報を漏洩する ● 大量の地理、人口、資源等の国家基礎データを漏洩する ● 大量の機構、企業の機密・センシティブ情報を漏洩する ● 社会秩序を著しく損ない、又は国の安全を害する
生産業務	事務業務自動化あるいは業務システム、工業コントロールシステム、大型データセンター、クロードプラットフォームなどを含む。	● 地市級以上の政府機関は公衆サービスを提供する業務システム、または医療、安防、消防、緊急指揮、交通指揮などに関連する都市管理システムである ● 一旦サイバーセキュリティ事件が発生する場合、右に影響を与える可能性がある ● その他	● 一つの地市級行政区の30％以上の人口の仕事、生活に影響を与える ● 10万人の給水。給電、給ガス、食油、暖房、交通等に影響を与える ● 5人以上の死亡または50人以上の重傷者をもたらす ● 5,000万元以上の直接な経済損失をもたらす ● 100万人の個人情報を漏洩する ● 大量の機構、企業のセンシティブ情報を漏洩する ● 大量の地理、人口、資源等の国家基礎データを漏洩する ● 社会秩序を著しく損ない、または国の安全を害する

出所：重要な情報インフラ確定ガイドライン（施行版）

2 サイバーセキュリティ法における主な内容

　サイバーセキュリティ法（以下、法）は、7章79条が含まれているが、主な6つのポイントに総括することができる。なお、同法は既に施行されているが、関連する細則の多くは意見募集稿のまま最終化されてない状況である。意見募集中の細則においてより厳しい要求がなされている場合があり、特に、サイバーセキュリティ法上は重要情報インフラ運営者のみに義務付けられている項目について、細則ではその適用対象が拡大されている場合があるため、今後の細則の動向に注意が必要である。ここでは、6つのポイントについて概説していきたい。

［1］越境データの評価

　重要情報インフラ運営者が個人情報及び重要データを業務上の必要性により国外に提供する必要がある場合には、安全評価を行わなければならない（法37条）。なお、重要データの判断基準については、現時点で明確化されていない。

　また、ネットワーク運営者は、データ越境に際して安全評価を行わなければらない（細則：個人情報及び重要データの越境評価方法2条（意見徴集版））。

　関連する細則は以下の通りである。

- ●個人情報と重要なデータの越境セキュリティ評価弁法（意見募集稿）
- ●GB/T 情報セキュリティ技術──データの越境評価ガイドライン（意見募集稿）
- ●個人情報データの越境評価弁法（意見募集稿）

［2］データの中国国内保存

　重要情報インフラ運営者は、個人情報及び重要データを中国国内に保存する必要がある（法37条）。

　また、重要情報インフラ運営者以外であっても、データの中国国内保存に関する要求事項を満たす必要がある。

関連する細則は以下の通りである。

- ●重要な情報インフラセキュリティ保護条例（意見募集稿）
- ●重要な情報インフラ識別ガイドライン（試行版）
- ●個人情報と重要なデータの越境セキュリティ評価弁法（意見募集稿）
- ●GB/T 情報セキュリティ技術 ―― 重要な情報インフラサイバーセキュリティ保護基本要求（意見募集稿）

［3］サイバーセキュリティ安全等級保護

　全てのネットワーク運営者は、国の定めたサイバーセキュリティ安全等級保護制度に従って、ネットワークが妨害、破壊または無許可アクセスを受けないように保障し、ネットワークの漏洩、窃取または改ざんを防止しなければならない（法21条）。

　関連する細則は以下の通りである。

- ●GB/T22239-2019情報セキュリティ技術 ―― サイバーセキュリティ等級保護基本要求
- ●GB/T22240-2020情報セキュリティ技術 ―― サイバーセキュリティ等級保護識別ガイドライン
- ●GB/T28448-2019情報セキュリティ技術 ―― サイバーセキュリティ等級保護評価要求
- ●サイバーセキュリティ等級保護条例（意見徴集版）

［4］インターネット実名制

　ネットワーク運営者は、インターネット実名制を採用することが義務付けられている。すなわち、ユーザーにネットワークに関連するサービスを提供するにあたって、真実の身分情報の提供を要求しなければならない。なお、ユーザーが真実の身分情報を提供しない場合には、サービスの提供を行うことはできない（法24条）。

　関連する細則は以下の通りである。

- ●ネットワークアカウント名称管理規定
- ●ネットワーク情報サービス管理弁法
- ●非経営性ネットワーク情報サービス登録管理弁法

［5］個人情報およびコンプライアンス

　ネットワーク運営者は個人情報を収集あるいは利用する場合、合法性、正当性、必要性の原則に従い、収集あるいは利用の規則、目的、方式および範囲を公開し、収集された個人の同意を得なければならない（法41条）。

　関連する細則は以下の通りである。

- ●GB/T35273-2020情報セキュリティ技術——個人情報セキュリティ規範
- ●GB/T 情報セキュリティ技術——個人情報の標識化を除外するガイドライン（意見募集稿）
- ●GB/T 情報セキュリティ技術——個人情報セキュリティ影響評価ガイドライン（意見募集稿）

［6］違反した場合の法的責任

　インターネット安全法では、違反した場合の罰則についても定められている。企業が違反した場合、最も厳しい処罰では営業停止、ウェブサイトの閉鎖、関連の業務許可の取消しまたは営業許可の取消しなどであり、罰金最高額は100万人民元である。

3 等級保護2.0およびデータの越境に対する評価

　前項においてインターネット安全法における主な内容を紹介したが、本節では特に日系金融機関および他の日系重要情報インフラ運営者に影響の大きいと考えられる「等級保護2.0」および「データの越境に対する評価」について取り上げて詳細に解説していきたい。

[１] 等級保護2.0

①　等級保護2.0の概要

等級保護2.0は、法21条で定められたサイバーセキュリティ安全等級保護制度に基づき、関連細則において規定された制度である。制度趣旨としては、サイバーセキュリティ等級保護条例（意見徴集版）にて「サイバーセキュリティー等級保護業務を強化し、サイバーセキュリティー対策能力および水準を高め、ネットワーク空間における主権と国の安全、公共の利益を保護し、公民、法人およびその他の組織の合法的な権益を保護し、経済社会における情報化の健全な発展を推進するため、「中華人民共和国サイバーセキュリティ法」、「中華人民共和国国家機密保護法」等の法律に依拠し、この条例を定める。」とある。

従前、等級保護1.0が公表されていたが、等級保護2.0の公表により等級保護1.0に基づいて評価を行ったかどうかに関わらず、その影響に応じて適時に適切な評価を行い、等級保護2.0の考え方と要求に従って企業のセキュリティ能力の向上を行い、これを契機に全方位の能動的な防衛セキュリティメカニズムを構築すべきである。

なお、「ネットワークセキュリティ等級保護条例」は執筆時点で意見募集稿であるが、「サイバーセキュリティ法」の中でネットワークセキュリティ等級保護制度が確立されており、等級保護2.0についての要求事項を詳細に記載している「情報セキュリティテクノロジー　サイバーセキュリティ等級保護基本要求」は国家標準文書として公布され施行されている。したがって、企業は、等級保護2.0の要求に従って、等級保護の届出、評価、改善などを実施する必要がある。

適用範囲としては、同条例にて「中華人民共和国国内において、ネットワークを構築、運営、保守、利用し、サイバーセキュリティー等級保護業務および管理監督を実施する場合（但し、個人及び家庭内のものは除く）にこの条例を適用する。」と定められている。このことから、企業内のシステムのすべての等級保護対象を整理する必要があり、基礎情報ネットワーク、クラウドコンピューティング・プラットフォーム／システム、ビッグデータアプリケーショ

ン / プラットフォーム / リソース、Internet of Things（IoT）、工業制御シス
テム、モバイル・インターネット技術システムなどが含まれることに留意する
必要がある。なお、個人の身分証番号やパスポート番号等を含む個人センシ
ティブ情報を収集・保存し、漏洩事件が発生した場合に情報主体に重大な損害
を与えるシステムは一般的に等級保護の評価範囲となる。

② 等級保護2.0の等級付け

等級保護2.0の等級付けは、「情報セキュリティ技術‐サイバーセキュリティ
等級保護基本要求」（以下「基本要求」とする）において詳細に規定されてお
り、「侵害される情報主体」と「情報主体への侵害の程度」に従って、**図表
3-42**の通り5分類に区分されている。法人ビジネスを展開している日系金融機
関の場合には、通常、第二級へと分類されることが想定されている。

なお、"公民、法人及びその他の組織の合法的な権益に特に厳重な損害が生
じた場合には、対応するシステムの等級を第二級から第三級に調整する"とさ
れているほか、重要情報インフラストラクチャについては、「等級付けは、原
則、三級を下回らない」と規定されている。

図表3-42　等級保護2.0に基づく各システムの等級付け

侵害される情報主体	情報主体への侵害の程度		
	一般的な損害	厳重な損害	特に厳重な損害
個人、法人及びその他の組織の合法的な権益	第一級	第二級	第二級
社会秩序、公共的な利益	第二級	第三級	第四級
国家安全	第三級	第四級	第五級

出所：情報セキュリティ技術——サイバーセキュリティ等級保護基本要求

基本要求では上記等級ごとに基本的なセキュリティ保護能力が求められてお
り、その概要としては以下の通りである。なお、基本要求では、「汎用的なセ
キュリティ要求」、「クラウドコンピューティング・セキュリティ展開要求」、
「モバイルインターネット・ワークセキュリティ展開要求」、「IoT セキュリティ
展開要求」、「工業統制システムセキュリティ展開要求」の5つの観点から、ど

のようなセキュリティが求められるかが規定されている。

　具体的には、評価対象システムに対する以下のような項目が評価の対象となっている。

- ●セキュリティ管理センターの構築体制
- ●セキュリティ信頼の検証状況
- ●内外部からの侵入への防犯の強化状況
- ●マルコードや迷惑メール等に対する防犯の強化状況
- ●脆弱性やリスクに対する管理体制
- ●システム運用前の安全評価体制

③　等級保護2.0の等級評価のプロセス

　等級評価のプロセスについて、企業が主体的に等級評価を進めていく必要があり、二級以上のネットワーク運営者は、以下に従って等級評価プロセスを進める必要がある。なお、第三級以上のシステムでは、年1回以上の評価の実施が求められる。

1）　企業が等級判定の対象を確定する

2）　企業が一次的な等級評価を実施し等級を判定する

3）　当局指定の専門機関による評価が行われる（当該ステップの執行と当局指定の専門機関リストについて、地域ごとに要求と実際のプラクティスが異なり、詳細情報はローカルの公安部門のサイバーセキュリティ部門に確認する必要がある）。

4）　企業の主管部門による審査を受ける（例えば銀行業の場合は銀保監会である）

5）　公安部門が審査を行い、等級判定を確定させる

6）　上記プロセスに基づいて確定させた等級判定を基に、企業が等級判定届出表と等級判定届出報告を公安局に提出する。企業が内容を入力し、公安部門が承認を行う

[2] データの越境に対する評価

　サイバーセキュリティ法では、前項で解説した通り、重要情報インフラ運営者が個人情報及び重要データを業務上の必要性により国外に提供する必要がある場合には、安全評価を行わなければならない（法37条）とされている。現時点で重要データの判断基準については、現時点でまだ明確化されていない。一方で、ネットワーク運営者は、データ越境に際して安全評価を行わなければならないとされている。

　ここでは、データの越境に対する評価の詳細について解説していく。

① 　データの越境における個人情報と重要データ

　上記の通り、データの出境に係る評価は、主に個人データと重要なデータを対象としているため、その定義が重要となる。

　個人情報とは、「電子媒体またはその他の方法で記録された、単独、または他の情報と組み合わせた形で、特定の自然人の身元を識別できる若しくは特定の自然人の活動を反映する各種情報」（法76条）と定義される。中でも「漏洩、違法提供、または濫用された場合に、身元及び財産の安全を危険にさらす可能性があり、個人の名誉、身体的及び精神的健康への損害、差別的扱いにつながる可能性のある個人情報」についてはセンシティブ個人情報とされ（個人情報セキュリティ規範範3.2）、特に慎重な取り扱いが要求されている。具体的な例としては以下の**図表3-43**の通りであるが、例以外にも個人情報があることに留意が必要である。

図表3-43　**サイバーセキュリティ法上の個人情報の例**

個人の基本情報	個人のインターネット使用記録＊	個人が常に使用するデバイスに関する情報
個人の身元情報＊	個人の健康・勤務情報	その他の情報（結婚歴、宗教、性的指向、未公開の犯罪歴等）＊
児童情報＊	個人の通話情報	
個人の連絡先情報	個人財産情報＊	

＊ 当該データには個人のセンシティブ情報が含まれるとされる。

　一方、重要データについては、「データ越境セキュリティ評価指針（意見徴集案版）」のうち重要データの識別について、一部業界（分野）における重要データの例が**図表3-44**の通り列挙されている。一方で当該指針は執筆時点でいまだ意見徴集版であり、重要データの定義は確定していないことに留意が必要である。

図表3-44　重要データの例

電子商取引	プラットフォームにおける個人情報の登録、企業情報の登録、個人消費習慣、企業の業績データ、信用履歴、電子商取引に係る支払と資金調達情報、物流情報等
金融	市場リサーチ情報、技術プログラム、個人所得状況、個人投資意思情報、自然人・法人取引情報、個人信用情報等
化学工業	有害化学物質の生産・保管をしている企業、工場の平面図、化学品保管の建物の分布、倉庫面積等
通信	業界及び企業の運営状況、ユーザーのネットワーク行為習慣の分析、情報、業界・事業開発予測情報等
デジタル情報	未公表の企業の業務発展の意思決定、投資・融資の意思決定、及び企業価値、売上収益、利益、研究開発収入、研究開発スタッフの人数等
その他の情報	地理的位置、ID番号、携帯電話番号、法人コード、重要な情報インフラストラクチャのシステム設計、セキュリティ保護計画及び戦略計画等

②　データの越境に対する評価プロセスの紹介

　データの越境に対する評価は、主に《個人情報と重要データの越境セキュリティに係る評価方法（意見公募案）》と《情報セキュリティ技術データの越境セキュリティに係る評価指針（意見公募案）》に基づき行う必要がある。

　越境データに対する評価プロセスについて、**図表3-45**に示したように越境するデータを網羅的に把握して各データがどのような目的・内容・シナリオで越境するかについて整理し、規定に基づくデータの越境の可否を評価する。当該プロセスに基づき越境移転可能と評価されたデータにつき、越境が可能となる。

　次頁**図表3-45**のプロセスのうち、まずは越境する各データの越境状況を網羅的に識別かつ理解する必要があり、以下の観点から実施する。

　●データの使用目的

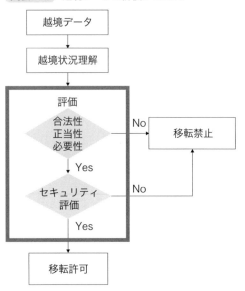

図表3-45　越境データの評価プロセス

出所：情報セキュリティ技術データの越境セキュリティ
　　　に係る評価指針（意見公募案）等をもとに作成

● データのタイプ（個人情報、個人センシティブ情報）およびデータ量

● データフロー／使用しているシステム

● 個人情報主体からの同意取得状況

　識別した各データの越境目的について、「合法性」、「正当性」および「必要性」の要求を同時に満たす必要がある。同時に満たせない場合には、データの越境が禁止される。それぞれについての要求は以下の通りである。なお、実務では、「合法性」および「必要性」については満たすものの、個人情報主体から同意を得ていないことにより「正当性」を満たさないケースが散見される。

● 合法性

　以下の要求を満たす必要がある。

✓　法律法規に明確に禁止されていない

✓　国家サイバー情報部門、公安部門、セキュリティ部門等に越境移転不能として認証されていない

● 正当性

以下の要求を満たす必要がある。

✓ 個人情報の主体の同意を得ている。ただし、公民の生命財産のセキュリティを脅かす緊急事態の場合を除く。

✓ 関連主管部門の規定に違反しない。

● 必要性

データの越境移転の必要性要求は、以下のいずれかを満たす必要がある。

✓ 契約書に定められて義務を履行するために必要なもの

✓ 同一の機構、組織内部に業務展開に必要なもの

✓ 政府部門が公務を履行するために必要なもの

✓ 政府と他の国と地域、国際組織が締結した協定を履行するために必要なもの

✓ その他ネットワーク空間の主権と国家セキュリティ、経済、社会公共利益と国民の合法的利益を保護するために必要なもの

図表3-46　セキュリティ評価の判定基準

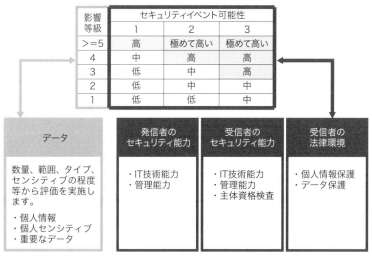

出所：情報セキュリティ技術データの越境セキュリティに係る評価指針（意見公募案）等をもとに作成

　次に、データの越境移転に関するセキュリティリスク評価が行われる。データ越境に係るセキュリティリスク評価は、「影響程度」および「セキュリティ事件リスク」の2つの観点から実施される。なお、「影響程度」は個人センシティブ情報の程度や重要データの有無により等級付けされる。また、「セキュリティ事件リスク」は、「発信者のセキュリティ能力」、「受信者のセキュリティ能力」および「受信者の法律環境」の状況を総合評価され、等級付けされる。2つの等級結果の組み合わせにより、評価結果が「高」または「極めて高い」と判定された場合、データの越境が禁止される。一方、評価結果が「中」又は「低」の場合、データの越境が許可される。

4　今後の展望

　サイバーセキュリティ法が施行されて以降も、本格的な導入に向け、道半ばの企業も見受けられる。一方で、データの越境制限や中国国内保存、個人情報保護に関する義務については、中国で事業を行う多くの外資系企業が大きな関心を寄せている。中国国外転送を前提としたデータが重要データに該当する場合は、越境にあたって、安全評価が求められ、その結果リスクが高いと判断された場合には、国外への持ち出しが禁止される。このようなケースでは、転送が禁止されたデータの内容について事業戦略に大きな影響を及ぼす可能性もある。また、事業において個人情報を取得している場合、個人情報取得に際して今後どのように対象者から同意を得ていくかは実務上の課題となる。そのため、まずは現状分析を行い、専門家の指導の下、現状とサイバーセキュリティ法とのギャップを洗い出すことによりリスクを把握するとともに、越境データ転送の安全性について自己評価をすることが望まれる。

　それに、2020年下半期に、「データ安全法」と「個人情報保護法」の意見徴集版も公布されており、中国の個人情報に関わっている企業について、特に留意を払う必要性がある。今後、それぞれの法案が確定した後に、サイバーセキュリティ法とセットとして総合的に考慮しなければならない。

第7節

香港における税制
法人税と最新の移転価格税制概要

1　香港の税制と税収

[1]　税源と税収

　香港は簡素で低税率という国際金融センターとして最適な税制度を備えており、企業や個人の資本を集めるうえでの重要な役割を果たしている。キャピタルゲイン非課税、相続税が無いという特徴も個人投資家や資産家にとって魅力的な特徴であり、消費税に相当する付加価値税、香港企業が配当を行う場合の源泉税、特定の物品税を除き関税も無い。

　税源は法人所得税（いわゆる法人税）と印紙税を大きな柱としているが、低税率が故に租税回避という視点で移転価格税制や外国子会社合算税制（CFC税制）、いわゆるタックスヘイブン税制についての論点には留意が必要である。

図表3-47　香港政府の直接税収入（10億香港ドル）

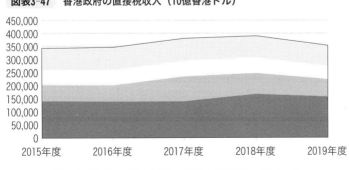

出所：香港政府統計局資料　表193

2019年においては15年ぶりに収支が赤字となり、2020年もCOVID-19による経済停滞とさまざまな助成金の支出負担により過去最大の財政赤字を記録することが見込まれており、財政準備金をいかに増やすかが目下の課題となっている。一方で2019年における年間収入5,673億香港ドルに対して１兆1,330億香港ドルの財政準備金がある。

［2］印紙税と給与所得税

　2番目の税収である印紙税は不動産の売買・賃貸、香港株式の売買が課税対象取引となる。不動産売買については対象となる不動産の取引金額、取得時期、保有期間、香港居住者が居住を目的として取得したものであるかなどに応じて細かく規定されている。不動産賃貸については、基本的に年間賃料に対し、賃貸期間に応じた0.25％～１％の税率を乗じて計算される。

　株式の譲渡については売買金額に対して0.2％（2021年４月より0.26％）が課税されるが、一定の要件を満たすグループ会社間での売買は申請により免税となる。

　給与所得税は給与総額から基礎控除や扶養控除などの所得控除を引いた後の課税標準に対して２～17％の累進税率と標準税率15％を乗じて計算した場合のいずれか低いほうが税額として計算される。詳説は後段❹［2］にて記載をする。

❷　事業所得税

［1］課税所得計算と税率
事業所得税

　香港で貿易、専門サービスまたは事業を行っている会社は、香港内で発生した収益または香港における事業活動に由来した収益が事業所得税の対象となる。ただし、香港で貿易、専門サービスまたは事業を行っていない外国企業が香港企業等から支払を受けた特定のロイヤルティは、香港の源泉徴収税の対象となる。

　香港では源泉地課税主義を採用しており、香港域外を利益の源泉とする所得は課税所得を構成しないが、利益や所得の源泉の判断は非常に複雑であり、不確実性を伴うことも多く、ケースバイケースの検討が必要となる。

　香港税務局（Inland Revenue Department、以下IRD）は、このような税務上の問題について確実性を得るために、一定の手数料やその他の手続を前提に、税務上の影響についての事前照会を受け付けている。

事業所得税の税率

　法人に適用される標準税率は16.5%、非法人の場合では15%であるが、2017年の法改正により、納税者が2段階の事業所得税率制度の対象となる場合、法人および非法人事業の利益のうち、最初の2百万香港ドルに対する税率が半分に引き下げられ（法人税率8.25%または非法人税率7.5%が適用）、残りの利益には通常税率で課税となった（法人税率16.5%または非法人の標準税率15%が適用）。ただし、それぞれの税務査定年度（year of assessment）において、関連当事者（connected entities）のうちの1社のみが当該軽減税率を適用できるという制限がある。一般的に、2つの事業体は、一方の事業体が他方の事業体を支配しているか、またはその両社とも第三者事業体の支配下にある場合、「関連当事者」とみなされる。「支配」とは、一般的に、ある事業体が他方の事業体の発行済株式、議決権、資本または利益の50%超を直接または間接に保有することを指すため、複数のグループ会社や支店が香港に所在する企業グループでは留意が必要となる。

［2］税務申告と納税

　香港では会計年度末は会社が任意に決定することができ、一定の理由があればその変更も可能である。事業所得税の税務申告の期限については通常の申告の場合は税務申告書発行日から1ヵ月以内となっている。しかし、一般には会計事務所を税務代理人（Tax representative）として選任し、一括での申告期間延長（Block Extension Scheme）を行うため、実務上の申告期限は会計年度末によって以下の3通りとなる。

会計年度末	延長後の申告期限
1月1日～3月31日	同年の11月中旬
4月1日～11月30日	翌年の6月末
12月1日～12月31日	翌年の8月中旬

　納税においては予定納税制度を採用しており、初回に75%、2回目に25%の支払を行う。期限に関しての明確な規則はなくIRDからの通知によることとなる。3月決算の例であれば、通常4月頃までにIRDから申告書が発行され、11月15日までに申告を行った場合、典型的には税額の確定通知がIRDより12月頃に発行され、初回の支払が翌2月、2回目が翌4月というパターンが考えられる。

［3］税務調査

　税務調査は文書のやりとりにより行われる。

　定期的な調査があるわけではなく、税務申告とともに提出した監査済み財務諸表や税金計算書においてIRDが個別に質問を会社と税務代理人に送付する。当該質問状には回答期限が定められており、会社は通常税務代理人を通じてIRDに対し期限の延長依頼や回答を行う。

3　移転価格税制

［1］導入経緯

　税源浸食と利益移転(Base Erosion and Profit Shifting、以下BEPS)とは、各国の租税ルールの隙間やミスマッチを利用し、税務上の所得を消滅させることにより、または経済活動がほとんど行われていない無税国や軽課税国に所得を移すことにより法人税の支払を発生させないタックス・プランニング戦略を指す。

　経済協力開発機構（以下、OECD）が2015年10月にBEPSの対策として15の行動計画を発表し、香港政府は2016年6月にBEPSパッケージの導入を公約した。2018年7月4日、内国歳入法（改正法案）（第6号）2017が立法議会の最終審議で可決された。これにより、一定の移転価格原則および移転価格文書化を

義務付ける要件が内国歳入法（Inland Revenue Ordinance、以下 IRO）に法制化され、OECD が定めた 4 つのミニマム・スタンダードを実行するという香港政府の方針が実施されることとなった。

　当該 IRO における移転価格制度は香港における PE（Permanent Entity）が対象となっており、現地法人のみならず支店であっても対象に含まれる点に留意が必要である。なお、支店の場合には本支店間での取引が独立企業間原則に基づき行われる必要がある。

［2］移転価格文書作成義務

　15の行動計画、4 つのミニマム・スタンダートに含まれる「行動13– 移転価格文書と国別報告書（Guidance on Transfer Pricing Documentation and Country-by-Country Reporting）」では、多国籍企業の国境をまたぐ事業活動、そこで発生する移転価格に係る情報を税務当局がより透明性をもって把握できるようマスターファイル、ローカルファイル、国別報告書からなる三層構造の文書の導入が提言され、IRO でも当該文書化が採用された。

①　マスターファイル

　多国籍企業グループの活動の全体像に関する情報を記載する文書であるため、最終親会社にて取りまとめて作成され、日系企業の場合は日本の本社で作成することが一般的である。現地事業体では現地のルールに従う必要があるため、日本で作成したものを香港用として英語または中国語にする必要がある。

②　ローカルファイル

　関連者間取引の独立企業間価格を算定するための詳細な情報を記載する文書であるため、各現地事業体で作成することとなる。関連者間取引に係る移転価格（実績）の妥当性を示す移転価格分析について、当事国の税務当局に対して具体的な情報を提供することが求められる。

③　国別報告書

　国別報告書（Country by Country Report、以下 CbCR）では多国籍企業グループの各国別の活動状況に関する情報が説明されるため、マスターファイル同様

に最終親会社で取りまとめて作成されることが一般的である。各国ごとの収入金額、税引前損益、納付税額、発生税額、資本金または出資金、利益剰余金、従業員数などについての情報の報告が求められる。日系企業においては、日本—香港での情報交換協定が締結されたため、香港において CbCR を IRD に提出する必要はなく、「通知義務」のみが課される。

　IRO での法制化により2018年 4 月 1 日以降に開始する事業年度から、香港の納税者はマスターファイルおよびローカルファイルの作成が求められることになったが、事業規模や関連者間取引の金額に基づいた一定の免除要件が設定されている。中国本土、あるいは日本との違いとして、香港ではマスターファイルとローカルファイルの作成免除要件が同じであるという特徴がある。

　具体的には、以下の免除基準のいずれかの要件を満たしている場合、納税者の関連者間取引に関してマスターファイルおよびローカルファイルの作成義務が免除される。

(a)　事業規模による免除要件

　以下の 3 項目のうちいずれか 2 つを満たす企業は、マスターファイルとローカルファイルおよび作成義務が免除される。

　総年間収入：400百万香港ドル以下

　総資産　　：300百万香港ドル以下

　従業員　　：100人以下

(b)　関連者間取引金額による免除要件

　該当する事業年度における各カテゴリーの関連者間取引の金額（香港の国内取引を除く）がそれぞれ以下の基準値を下回る企業は、該当する取引に関してローカルファイルの作成が免除される。

　有形資産（金融資産および無形資産を除く）の譲渡：220百万香港ドル未満

　金融資産に関連する取引：110百万香港ドル未満

　無形資産の譲渡：110百万香港ドル未満

　その他取引：44百万香港ドル未満

　　（例・サービス収入・ロイヤルティ収入等）

(c)　香港の国内取引に関する免除要件

　香港の国内における関連者間取引に関して、マスターファイルおよびローカルファイルの作成が免除される。

　上記の要件に従って納税者がローカルファイルの作成を完全に免除されている場合（つまり、すべてのカテゴリーの関連者間取引が所定の基準値を下回る場合）、マスターファイルを作成する義務も免除される。マスターファイルおよびローカルファイルに記載すべき情報は、改正法案第6号に規定されており、これらはOECDの要件と概ね一致している。作成期限は香港事業体の会計年度末から9か月以内、作成言語は英語または中国語である。当局への移転価格文書の提出は要求があれば対応する必要があるが、一義的な提出義務はなく、作成のうえ7年間の保存が必要となる。なお、これらの免除要件はあくまで移転価格文書の作成が免除されるのみであり、移転価格原則の遵守が免除されるものではなく、関連者間取引を実施する場合の適切な取引文書の作成が免除されるものではないことに留意されたい。

　実務上は2020年9月頃から2019年3月末を会計年度末（2019年12月末が最初の文書の作成期限）であった企業を対象に、IRDよりIR1475という新たなフォームの提出要求という形式によって移転価格文書の調査が行われている。IR1475はマスターファイルに関連する内容とローカルファイルに関連する内容で構成されている。

［3］国別報告書に関する通知義務

　国別報告書の提出義務基準として、OECDの提言どおり、年間連結グループ売上高750百万ユーロ（約68億香港ドル）以上の多国籍企業が対象となる。

　原則的には、国別報告書の提出義務は、多国籍グループの最終親会社（UPE）にある。しかし、改正法案第6号は、「二次的」および「代理」の提出制度の実施に関するOECDの勧告に引き続き従っている。また国別報告書に記載すべき情報はOECDの勧告する指針と一致している。

　国別報告書は、2018年1月1日以降に開始する会計年度から作成義務が発生

する国別報告書の対象となる多国籍グループの構成事業体である香港企業は、各事業年度末から3ヵ月以内にIRDに国別報告書の提出に関する通知を行う義務がある。

　日本の最終親会社をUPEとするいわゆる日系企業においては、日本と香港の当局間での情報交換協定が締結されたため、CbCRの提出義務はなく、3ヵ月以内の通知義務があるのみである。

　CbCRの通知はIRDのウェブサイトを通じて行われる。

 4　その他の税制

［1］源泉税

　香港法人が支払う配当金に関し、配当を受け取る株主の所在地が香港域内か香港域外かに関わらず源泉税は課されない。また、在外法人から受け取る配当金収入については非課税所得となる。

　しかしながら、香港法人が在外法人等に対して支払うロイヤリティについては源泉税の対象となり、税率は4.95%～16.5%である。

［2］給与所得税

　給与所得税は、一定の現物給与を含む香港を源泉とする給与所得に対して課税される。住宅手当として被雇用者に支給された金額については税務上の優遇措置があり、一般的に住宅手当以外の給与の10%がみなし家賃として給与所得に加算される。

　給与所得税の税額は、次の(a)または(b)のいずれか低い方となり、最大税率は15%である。また、日本の年金制度に相当するものとしてMPF(Mandatory Provident Fund)という社会保障があるが従業員負担は0～5％(最大1,500香港ドル)となっており、総じて社会保障・税金の負担が少ない。所得計算は以下の通り。

　(a)　所得控除後、人的所得控除前の課税対象所得に標準税率15%を乗じた金額

　(b)　所得控除および人的控除後の課税対象所得に以下の累進税率を乗じた金額

図表3-48　税率および各種所得控除

累進税率（香港ドル）	2021-22
50,000	2％
50,001～100,000	6％
100,001～150,000	10%
150,001～200,000	14%
200,001～	17%

人的所得控除	2021-22（香港ドル）
基礎控除（独身）	132,000
基礎控除（既婚）	264,000
扶養子女控除（1人当たり） 　第1子から第9子まで 　　●誕生年度 　　●翌年度以降	 240,000 120,000
扶養父母・祖父母控除（1人当たり） 　60歳以上 　　●同居の場合 　　●別居の場合 　55歳から59歳まで 　　●同居の場合 　　●別居の場合	 100,000 50,000 50,000 25,000
扶養兄弟姉妹控除（1人当たり）	37,500
寡婦（夫）控除	132,000
障害者控除	75,000
扶養障害者控除	75,000

自己学習費用及びその他の控除（限度額）	2020-21（香港ドル）
自己学習費用	100,000
高齢者在宅介護費用控除	100,000
住宅ローン控除	100,000
退職給付に対する強制積立	18,000
年金保険料およびMPFへの自発的な拠出金	60,000
任意保険制度での保険料	8,000
慈善寄付金	課税所得の35%まで

[3] 日本における外国税額合算税制

　先述の通り香港の事業所得税率は16.5%であるため、日本の外国子会社合算税制（JCFC）における税負担割合が低い地域（20%未満）に該当する。そのため、経済活動基準を満たすか否かにより「会社単位の合算課税」または「受動的所得の部分合算課税」となるが、いわゆる「受動的所得」については合算対象となることに留意が必要である。

　特に、通常時においては経済活動基準を満たし部分合算課税となっている場合においても、再編の過程において保有する株式等を処分した際に発生した株式売却益などの影響により、多額の受動的所得が発生する場合には「事実上のキャッシュボックス等」とみなされ、会社単位合算課税となってしまうなど、重大な影響を与える可能性がある。

　したがって、再編時においては税務上のベネフィット追求のみならず日本における税務リスク回避のためにも十分な事前の調査を実施することが推奨される。

5　今後の展望

　2021年2月に行われた2021-22年財政予算演説によると、当面の間は収支の赤字が継続するものの財政準備金を取り崩しながら対応していく方針が示された。一方で印紙税の増税（株取引の売手と買手それぞれ0.1%から0.13%）という即効性のある方法を示すとともに給与所得税や事業所得税を引き上げないという方針が示された。

　印紙税の増税は金融業界からは歓迎されないかもしれないが、世界の主要な金融センターである香港の特性を鑑みると痛みの少ない方策であると考えられる。

　一方でグレーター・ベイエリア構想（GBA）における香港の積極的な役割を強調し、IT、科学技術、知的財産、高度な金融サービスへの注力のみならず電子商取引が活況であることに伴う航空貨物サービスとしての香港国際空港の役割が高まることが示された。特に金融関連においてはオープンエンド型ファン

ドの香港での設立、香港への移転の支援策、富裕層のファミリーオフィスハブの魅力向上のための税制の見直しなどを通じ、香港におけるファンド産業やウェルスマネジメント事業の発展への注力を表明した。

　簡素で低負担な税制を維持しつつ引き続き金融業界への新たな支援策を打ち出されたことを踏まえると、金融業界にとって香港活用の新たな可能性が得られたといえる。

〈2021-22年度から2025-26年度の中期予測における仮定〉

- 予算期間の実質 GDP 成長率は2021年を3.5％〜5.5％、2022年〜2025年のトレンドを3.3％と見積り
- 投資利益率は、2021年を4.7％、その後を年間4.7％〜6.0％と見積り
- 2022-23年度以降の土地売却収入を GDP の3.6％と見積り
- 2025年3月31日時点の財政準備金の予測残高は、前回は9.371億香港ドルと見積もられたが、今回は7,562億香港ドルへと修正された（その年度の GDP の22.6％に相当）。また、2026年3月31日時点の財政準備金の予測残高は7,758億香港ドルと見積もられている（その年度の GDP の22.1％に相当）。

図表3-49　中期予測と財政準備金（10億香港ドル）

年度	2020-21 (改訂後)	2021-22	2022-23	2023-24	2024-25	2025-26
一般会計歳入	440.4	470.3	531.8	546.3	571.9	599.9
一般会計歳出	(721.2)	(611.9)	(572.0)	(586.9)	(603.3)	(622.3)
一般会計収支	(280.8)	(141.6)	(40.2)	(40.6)	(31.4)	(22.4)
資本会計歳入	103.1	120.8	143.8	142.1	146.6	160.3
資本会計歳出	(99.2)	(115.9)	(150.6)	(154.7)	(157.4)	(145.6)
政庁債返済前の資本剰余金	3.9	4.9	(6.8)	(12.6)	(10.8)	14.7
付加：グリーンボンド発行による正味収入	19.3	35.1	35.1	35.1	35.1	35.1
控除：グリーンボンドの返済					(7.8)	(7.8)
総合収支	(257.6)	(101.6)	(11.9)	(18.1)	(14.9)	19.6
3月31日時点の財政準備金	902.7	801.1	789.2	771.1	756.2	775.8

出所：Budget 2021-22

第8節

不良債権処理の実務

1 不良資産業界のマクロ環境分析

　既に第1章で触れた通り、中国マクロ経済において GDP 成長率は低下傾向を示していた。その中で、特に2008年における世界的な金融危機後に中国が推進した4兆元（約62兆円）にも及ぶ経済刺激プランは、消費を刺激して経済成長を促進して2010年の GDP 成長率を10.6％に上昇させたが、一方で経済の各産業セクターのレバレッジ比率を高めた。そのうち、特筆すべきは非金融企業部門のレバレッジ比率であり、2018年に153.6％までに達し、先進国の平均87.4％をはるかに上回っている。2008年の金融危機以来、高騰するレバレッジにより、全体的な経済の不安定性が増している。居住者部門のレバレッジ比率（可処分所得に対する居住者債務の比率）は年々増加している。また、P2Pなど

図表3-50　2008-2018年中国の国内総生産（GDP）および成長率

出所：Wind

図表3-51　2009-2018年中国の主要部門のレバレッジ比率

- ─▲─ 政府部門の債務がGDPに占める割合（政府部門のレバレッジ比率）
- ─■─ 非金融企業部門の債務がGDPに占める割合（企業部門のレバレッジ比率）
- ─●─ 居住者部門の債務がGDPに占める割合（居住者部門のレバレッジ比率）

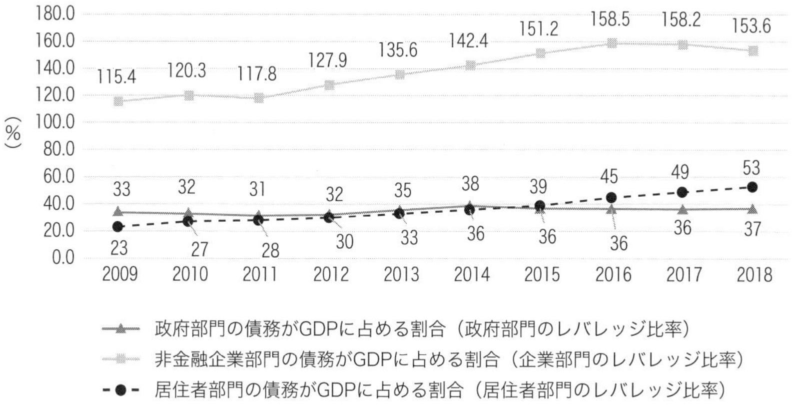

出所：2019年6月 CASS

図表3-52　2008-2018年の不良債権の規模および不良債権比率の推移

- ▢ 不良債権　─■─ 不良率

出所：CBIRC の公表データをもとに作成

の消費者ローン機関による経済合理性を欠くような事業運営等が不良債権残高を増加させる要因となっている。

　マクロ経済の下振れリスク、信用リスクが過年度に比べて上昇し、銀行業の不良債権残高も不良債権率が上昇傾向を示した。2018年以来のマクロ経済へ下振れ圧力が今後も続く見通しで、資本市場の変動が激しくなり、信用リスクが過年度に比べ増大した。2018年現在、中国の商業銀行の不良債権残高は約2兆

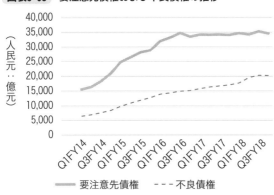

図表3-53 要注意先債権および不良債権の推移

凡例: ―― 要注意先債権　- - - 不良債権

出所：CBIRC の公表データをもとに作成

226億人民元（31兆円）、不良債権率は1.83% に達し、過去10年で最高値となった。

　2018年末の時点で、要注意先債権（中国の銀行貸付金の5等級分類は、正常先、関注（要注意先）、次級、可疑と損失）の残高は3.4兆人民元（53兆円）に達した。伸び率はやや減速したが、依然として高い水準にある。2015年、2016年に要注意先債権は、それぞれ16%、18% 伸びた。

　2018年末には、要注意先債権の伸び率は1.6%に低下したが、残高の水準は依然として高い水準にある。一部の不良債権が要注意先区分に隠れており、将来的に不良債権へ転換する可能性がある。

　デフォルト時代の到来および不良資産の規模が拡大しており、債券市場において、2014年に初めて実質的なデフォルトが発生して以来、デフォルトの頻発期に突入した。2019年6月末時点で、計315銘柄の債券がデフォルトとなり、デフォルト金額は約2,475億人民元（債券の発行金額ベース、3.8兆円）に達している。そのうち、2018年にはデフォルト数が最も多く、128銘柄の債券がデフォルトとなった。

　2018年において、債券の格下げ件数は急激に上昇し、274銘柄に達した。

　2013年以来、上海・深センの両市場でST 銘柄に指定された上場会社が年々

図表3-54　2014-2019年上半期　債券のデフォルト数および格下げ数

凡例：
　デフォルト債券の発行総額　　-■- 債券のデフォルト数
　-●- 格下げされた債券数

出所：Choice, 2019年6月30日

図表3-55　2010-2019年上半期　上海・深セン両市場のST銘柄数およびその割合

凡例：
　STの実施　　-■- ST会社数/両市場での上場会社数合計

出所：Choice, 2019年6月30日

増加し、ここ3年でST銘柄数が著しく増加している。なお、ST銘柄とは Special Treatment 銘柄の略であり、財務状況の悪化した場合およびその他異常が発生した上場会社に対して、投資リスクが高い銘柄として取引所により特別に指定された銘柄である。

　ST銘柄として指定された海潤や上普などの4社は、上場廃止となった。

　2019年6月30日現在、A株上場企業3,648社のうち、87.9％に相当する3,205

社の上場会社株式について、株主が株式権利の担保設定を行っている。そのうち、株式の担保設定の比率が50％を超える会社数は102社に及び、上場会社数の2.8％を占めている。

2　中国の不良資産を取り巻く資産管理業の概況

　中国の不良資産を取り巻く資産管理業の発展の歴史は、いまだ長いものではない。1999年に中国当局の政策により誕生し、その後、急速に発展した。ここではその発展の歴史を振り返るとともに、資産管理業のビジネスの概況について解説していきたい。

［1］資産管理会社（AMC）の4段階の発展の歴史

　中国の資産管理業は、資産管理会社（AMC）を中心に発展してきた。ここでは、どのように AMC が発展してきたのか、その歴史を振りかえりたい。

第1段階（政策により誕生）

　1999年、中国華融、中国長城、中国東方と中国信達は、中国工商銀行、中国農業銀行、中国銀行と中国建設銀行および国家開発銀行からの不良債権を取得し、管理・処分を行った。譲渡された不良資産は合計1.4兆人民元（22兆円）であった。

第2段階（商業化への転換）

　2004年6月、信達は額面資産の50％という価格で中国銀行、建設銀行の2,787億人民元（4.3兆円）の可疑類の不良資産パッケージを取得した。

　2005年6月、工商銀行は4,500億人民元（7兆円）の可疑類の貸付金を35個の資産パッケージに分割し、それぞれのパッケージ資産を入札方式にて売りに出した。そのうち、華融会社は226億人民元で、信達会社は580億人民元、長城会社は2,569億人民元、東方会社は1,212億人民元で取得した。工商銀行は2,460億人民元（3.8兆円）の損失類の貸付金処分を華融会社に委託した。

第3段階（商業化のさらなる発展）

中国信達は2010年に株式制への移管を完了し、2013年に香港証券取引所に上場した。その後、2015年に南洋商業銀行の100％の株式を取得し、率先して銀行、保険、信託、証券会社、基金、先物、およびリースという7つの金融ライセンスを全て取得した。

2007年と2008年、中国華融は相次いで華融証券と華融信託を設立するとともに、2012年に株式制への移管を成功させ、2015年に香港証券取引所に上場した。

第4段階（地方 AMC の誕生）

2012年から各省に1つの地方 AMC の設立が認められた。その後、2016年10月に、銀監会は「地方の資産管理会社（AMC）に関する政策の適切な見直しに関する通達」を公布し、地方 AMC に関する政策を見直して地方AMC に対する規制を緩和し、省ごとに1社の AMC の増設（2社まで）が認められた。

2018年末現在、銀保監会の承認を受け、不良資産業務を展開する地方AMC は53社となり、資産総額は5,000億人民元超（7.8兆円）、2018年において不良資産の買取ビジネス規模は4,000億人民元超（6.2兆円）に達した。

［2］不良資産の取引バリューチェーンの紹介

不良資産の取引はバリューチェーンが構築されており、金融機関や非金融企業において発生した不良資産を4大 AMC またはライセンス保有の地方 AMC に譲渡し、当該 AMC が回収を図るか、もしくはさらに債務再編や再譲渡により、不良資産を非ライセンス保有機関と言われる上場企業、個人投資家、海外投資家、ファンド等に譲渡を行う。この取引チェーンは、「4＋2＋N」（四大資産管理会社＋地方資産管理会社＋非ライセンス機関）と呼ばれ、この取引バリューチェーンの中では、弁護士、会計士、資産処分プラットフォーム、資産評価会社、証券取引所、情報プラットフォーム等がそれぞれの専門サービスを提供し、取引バリューチェーンを支えている。

図表3-56　不良資産の取引バリューチェーンの紹介

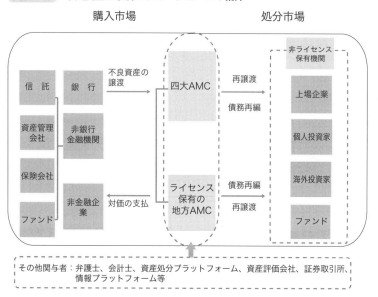

その他関与者：弁護士、会計士、資産処分プラットフォーム、資産評価会社、証券取引所、情報プラットフォーム等

［3］Fintech の不良資産ビジネスへの影響

　中国では第1章で解説した通り、Fintech の利用が中国の経済活動の中で非常に進んでおり、不良資産処分においても広く使用されている。ここでは Fintech 使用について解説を行っていきたい。

　不良資産処分は通常金額および数量が大きく、かつ特殊な取引であるため、処分方法が複雑で難易度が高い。したがって、従来型の処分（バルクセール、割引、訴訟）手段では大量な処分のニーズを満たすことは難しいことから、AI やオンラインプラットフォームなどの Fintech 手段が資産管理業界を高度化させる有効なツールとなっている。ここでは代表的な3つの例を紹介したい。

● **オンラインプラットフォームを利用したオークション方式**

　四大資産管理会社と地方資産管理会社は、アリババとオークション取引に関して提携し、オンラインプラットフォーム上でのオークションによる不良資産処分サービスを開始した。売却側が資産パッケージに関する情報をプラット

フォームに登録後、購入側が一定の保証金を納付しオークション取引への参加が可能となった。新たな不良資産処理方式により、不良資産処理手段が多様化した。

● **インターネット化および不良資産プラットフォーム**

　資産処分プラットフォームと情報仲介プラットフォームが設立され、専門的な取引スキームの設計や処分方法を検討できる全国的なオンラインプラットフォームが構築され、資産売却者、仲介専門サービス機関、購入側といったすべてのプレイヤーのスムーズなコミュニケーションが可能となり、取引効率の向上が図られている。

● **AI 資産価値分析**

　AI を利用して資産パッケージに内包されている個々の資産の価値分析を行うことにより、効率的なパッケージ資産のバリュエーションが可能となる。

3　中国の不良債権処理プロセスに関する規制および実務

[1] 不良債権処理プロセス

　続いて金融機関の不良債権を処理する際のプロセスについて述べていきたい。金融機関が不良債権処理する際にはさまざまな方法が考えられるが、ここでは財政部（MOF）や銀保監会により公表された「金融機関不良債権パッケージ譲渡管理方法の通達」（財金［2012］6号。以下「譲渡管理弁法」という。）に規定される方法を述べる。理由としては、相対取引等の譲渡管理弁法以外の方法で不良債権を処理する場合には、処理した際に発生する資産損失について、税務上の損金処理を税務当局により否認されるリスクがあるためである。譲渡管理弁法によると、譲渡プロセスは**図表3-57**の通りとなっている。

　不良債権の譲渡作業が完了後（不良債権の引渡しが完了後）、30営業日以内に、同級財政部署と銀保監会、または担当の銀監局に譲渡案と譲渡結果を報告する。さらに、金融機関は毎年2月20日前に同級財政部門と銀保監会または担当の銀行監督管理局に年度不良債権譲渡状況報告を提出する。そして、中国現

図表3-57　譲渡プロセス

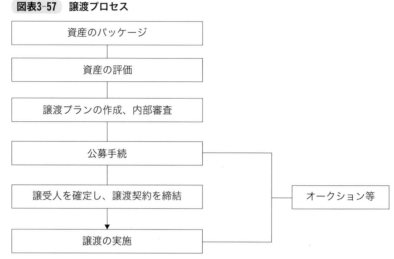

出所：譲渡管理弁法、「国家税務総局公告企業資産損失所得税税前控除管理弁法の公告」（国家税務総局公告［2011］25号）をもとに作成

地の海外企業が海外の親会社へ不良債権を処理することも考えられるが、国家発展改革委員会および国家外貨管理局等からの追加的な審査プロセスが必要で、審査書類に対する要求がさらに厳しくなり、また、潜在的に移転価格の問題があることから、実務的には行うことは難しくなっている。

［2］税務処理

　中国の不良債権処理に係る税務上の規定は、日本と比較してかなり複雑であり、また、不良債権処理により生じた損失に対する中国税務当局の姿勢は非常に厳しいため、不良債権処理方法を考えるにあたっては税務上の要求を十分に考慮する必要がある。

　不良債権の処理の際の税務処理は、「国家税務総局公告企業資産損失所得税税前控除管理弁法の公告」（以下「国家税務総局公告［2011］25号」という）の第47条の規定に基づいて行う。第47条の内容であるが、企業が異なる種類の資産をパッケージ化し、オークション、引合、競争的談判、入札等のマーケットア

図表3-58　処分方法、提出書類

処分方法、提出書類	内　　容
マーケットアプローチ	● オークション ● 引合 ● 競争的交渉 ● 入札等
必要な提出、保管書類	● 提出書類 　✓ 資産損失の税前控除及び納税調整明細表 ● 保管書類 　✓ 資産譲渡プラン 　✓ 各種資産評価のための根拠 　✓ 譲渡経緯説明書 　✓ 売買契約又は協議書 　✓ 取引及び入金証明書 　✓ 資産の税金計算の基礎となる根拠等 　　（税務上の帳簿価格の疎明資料等）

出所：国家税務総局公告［2018］15号、［2011］25号の第47条より作成

プローチにより譲渡した場合、処分された不良資産の譲渡価格と税務上の帳簿価格との差額を、税務申告で資産損失として損金算入することができるとされている。

　従来まで、国家税務総局公告［2011］25号の第47条に必要な提出資料が記載されており、資料の提出が求められたが、2018年に「企業所得税の資産損失に係る資料の保存に関する事項についての公告」（以下「国家税務総局公告［2018］15号」という）が公布されたことにより、第47条に記載の資料は企業が保存すればよく、提出する必要はなくなった。国家税務総局公告［2018］15号に記載されている「資産損失の税前控除及び納税調整明細表」の提出のみで足りる。**図表3-58**は、税法に規定されている処理方法および必要な書類一覧である。

　一方で、税務当局には資産損失の損金算入に対する事後検査権があり、仮に、損金算入申請した資産損失について不真実、非合理であると税務当局が認定した場合、関連法規に基づいて損金処理を否認するとの税務処理意見を税務当局が企業に提出し、相応額の税金および延滞税の支払を請求することができ

る。ここで注意が必要なことは、税務調査時に、企業が選択した不良債権処理方法が税務当局から税法の要求に従っていないと判断された場合、既に不良債権処理は完了していることから企業は何ら対策を講じることができないことである。したがって、将来的な資産損失の損金算入の否認リスクを低くするために、事前に税務当局との十分なコミュニケーションを行って税務当局の処理方法や申告書類に対する要求を十分に理解し、処理前にできる限りの準備を行うべきことに留意が必要である。

　税務当局が要求するマーケットアプローチの選択について、一般的にオークションと入札の2つの方式が比較的望ましいとされている。さらに比較すると、入札は企業が主導するため、税務当局が要求するマーケットアプローチを十分に満足させるものではなく、税務当局に疑義を抱かせる可能性がある。オークションは第三者の専門機関が主導し、潜在的な参加者が広範囲に渡るため、マーケットアプローチの要件を十分に満たす。したがって、オークションにより資産処分を行うことが、税務当局の要求する取引の公正性と客観性をより強く満たすといえる。**図表3-59**はオークションと入札の違いをまとめたものである。

　一般的に税務当局は処分価格を特に注視しており、処分価格が低くマーケットアプローチを採用せず資産処分を行った場合、当該処分価格による資産損失の税務上の損金算入は認可されないリスクが高くなることに留意する必要がある。

図表3-59　オークションと入札の違い

処理方法	説　明	メリット	デメリット（リスク）
オークション 根拠法令 オークション法	● 参加者が現場で登録を行い、所定の時間・場所にてオークションを開催、最も高い価格を提示した参加者が落札する。 ● 一般的にこの方式は、オークション対象が明確かつシンプルな場合に採用される。	● 第三者のオークション会社がリードし、オークションへの参加人数や処分プロセスの透明性及び公平性から、税務当局のマーケット化に対する要求を満たすことができる。 ● オークション会社に業務委託するため、債権者の事務負担を軽減できる。 ● 比較的短期間で処分できる。 ● 外資系銀行の不良債権損失に係る損金算入第1号のケースがオークションでの売却であり、税務局から許容されやすい。	● 外部業者を利用するため、追加コストがかかる。 ● オークション実施にあたり公告を実施する必要があり、また、価格が落札者の決定要素となるため、予期せぬ落札者が出てくるリスクがある。但し、特定の条件の設定、公告方法の工夫及び公告期間の短縮を行うことにより、当該リスクをある程度防ぐことができる。
入札 根拠法令 入札法	● 主催者が提示する入札対象の入札条件に基づき実施される。参加者は定められた期限内に価格を提示し落札を争う。 ● 入札は、①資格審査②価格提示③入札④契約交渉の四段階で行われる。	● 債権者主導の段取りであるため、スケジュールに融通がきき、全体的に管理可能である。また、落札者を自分で決められる。 ● 外部業者を使用しないためコストが比較的低い。	● 入札プロセスでは債権者の主観が介在するため、税務当局が要求するマーケット化の要求に応えるに足る参加者数等の入札プロセスを客観的に証明することが難しい。この点、税務当局にチャレンジされる可能性がある。特に譲渡金額が非常に低い場合、マーケット化の要求に十分に応えられるか否かの証明に関して、税務当局にチャレンジされる可能性が高くなる。 ● 主催者主導であるため、文書作成、内部承認等々、債権者の負担が多く比較的時間がかかる。
共通			● 評価報告書の評価金額と実際の譲渡金額との間に差異が生じている場合、税務当局にチャレンジされる可能性が高い。 ● 通常、2者以上の参加が必要である。

［3］ 会計処理

　財政部より公布の「金融企業不良債権償却管理弁法の通達」（以下「財金［2017］90号」という）の規定によると、金融機関は必要な措置をとった上で、財金［2017］90号の添付資料である「一般債権あるいは株式の不良債権認定基

図表3-60　会計処理を行うために必要な書類

1）　申告書類
2）　財産の弁済証明、償還証明等
3）　財産補償証明書、決済報告書、法律意見書
4）　その他財金［2017］第90号の添付資料に記載の資料

出所：財金［2017］第90号をもとに作成

準及び必要な材料」に列挙されている認定基準に債権あるいは株式が該当すれば、当該債権又は株式を不良債権と認定できる。そして、当該添付資料に記載の資料、さらに財金［2017］90号第8条に定める証明資料を揃えた上で、会計上引当金を取り崩し、譲渡損益を計上し償却を行うことができる。必要な書類は**図表3-60**の通りとなっている。

［4］オークションのプロセス

　上記で不良債権の処理方法について、税務の観点からはマーケットアプローチを採用する必要があり、その中でもオークションにより資産処分を行うことが、税務当局の要求する取引の公正性と客観性をより強く満たすことを述べた。オークションのプロセスであるが、一般的に、①準備、②公募・募集、③実行、④交付という四段階から構成され、一般的に60日程度の日数を要する。実際のオークションのプロセスは**図表3-61**の通りとなっている。

図表3-61　オークションのプロセス

プロセス	内　　容
①　準備	1）　オークション初期段階では、委託人はオークション業者と競売対象の状況に関するコミュニケーションをとった上で、オークション委託契約を締結し、契約書の条項に基づき、競売対象に対する公開オークション作業を開始する。 2）　委託人は債権に関連する文書及び競売対象の価格に影響を与えるその他提供可能な文書を準備し、参考資料としてオークション業者へ提出する。文書は開示され、潜在的なバイヤーのための価格分析の根拠資料として提供される。 3）　オークション業者は、競売対象に関する委託人へのヒアリングとコミュニケーションの上、関連する作業プランを立案する。 4）　オークション業者は、初期段階でのコミュニケーションに基づき、オークション資料と公告資料を作成し、委託人側へ提出する。
②　公募・募集	5）　公開メディアでオークションに係る公告を掲載し、インターネットの関連サイト、WeChat、メッセージ、P2P通信等のコミュニケーションを通じて競売対象の募集を手配する（具体的な方式につき、委託人とオークション業者との協議の上、決定することができる）。 6）　募集情報が発表された後、専任の担当者が指定され、クライアントからの電話での問合せへの対応、関連情報の記録を行う。また、来訪したクライアントに対しても、現場での質疑応答の提供及び関連情報の記録を行う。
③　実行	7）　競売公告の定める時間内に競売条件を満たした購入希望者は、オークション登録手続を行う。 8）　競売公告に定める時間、場所、方式にてオークションを行う。
④　交付	9）　オークション終了後、買い手が定める期日内に対価を払い、精算手続を終了する。また、委託人が買い手と関連書類（競売対象）の引渡に係る手続を進める。 10）　委託人は精算手続を進める。

［5］不良債権の処理に関わるプレイヤー

　上記で紹介した日系金融機関の主な不良債権処理手段となることが想定されるオークションに関わるプレイヤーを紹介していく。

①　不良債権処理企業（委託人）

　譲渡管理弁法によると、不良債権処理の金融企業は、中国国内で法により設立された国有および国有株式商業銀行、政策性銀行、信託投資会社、財務会

社、都市信用社、農村信用社および銀保監会が法により管理を監督する他の国有および国有持株金融企業（金融資産管理会社を除く）、その他の金融企業となっている。

② **オークション会社**

不良債権処理企業と委託契約を締結しオークションを開催する。オークション会社は、委託者にオークションのプロセスや参加者の条件設定をアドバイスし、オークション開催概要のメディアへの公告をアレンジする。また、公告後にオークション参加希望者からの対象物に関する問い合わせの対応を行う。オークションの参加者を選定し、不良債権処理企業の不良債権をオークション参加者に売却する。

③ **投資家**

ここでの投資家とは、オークション会社が開催するオークションへの参加者を指す。オークションに参加するためにはオークション会社が委託者との協議により設定する条件に該当し、オークション会社による審査を通過しなければならない。公告段階において、オークション対象物たる不良債権の債務者の情報および対象物に関する具体的な情報は開示されないため、参加者が関連情報を知る手段はオークション会社への直接確認である。当該確認を経ないと、参加者は対象物の関連情報を入手できないことに留意する必要がある。オークションにて最高額を提示した投資家は、委託人とオークション対象物に係る譲渡契約を直接締結する。なお、投資家と委託人の間で守秘義務契約を締結することもできる。

④ **バリュエーション（評価）会社**

不良債権処理企業が保有する不良債権の価値評価（バリュエーション）を委託者からの委託に基づき実施する。バリュエーション会社は、「金融不良資産評価指導意見」の規則に基づいて不良資産に対しバリュエーションを実施し、一般的に不良資産に係るバリュエーションは清算仮定法が採用される。当該方法では、バリュエーション会社が債務者での現場作業を行い、債務者の資産及び負債の状況、保証人や担保の状況を評価し、債務者が清算と仮定した際の清算価値および債権者が弁済を受ける金額を計算するものである。

④　　今後の不良資産ビジネスの展望

　COVID-19の影響が中国のマクロ経済に与える影響は大きく、コロナ前の経済成長の軌道に乗せるには時間がかかることが予想されることから、中国における不良債権の発生は金額および件数ともに大幅に増加することが想定される。その中で、中国当局は、不良債権の効率的かつ効果的な処理を行うために、先進的なノウハウや豊富な経験を有する外資系の資産管理会社の中国進出について歓迎の姿勢を見せることが期待される。もちろん中国の資産管理ビジネスは中国特有の不透明性が存在するものの、今後の発展性や当局の姿勢を考慮すると、中国不良債権処理ビジネスは外資系企業にとって大きなビジネスチャンスのであり、着目するに値する分野であると考えられる。

第9節

EXIT戦略としての撤退実務(中国本土)

1　背景

　コロナ禍およびそれに伴う市場の変化は、世界中の人々の生活様式を一変させただけでなく、サプライチェーンの見直し、さらには各地における事業戦略の再考を促した。

　中国におけるマクロ環境に目を向けると、GDPの成長率はプラス成長を維持している一方で、不良債権比率は増加傾向にある。

　今後、中国事業について、再編・撤退を検討する企業も現れると想定されることから、以下に中国における現状、手続についてその要旨を示す。

2　中国における再編・撤退の現状

　中国における事業撤退の手法には、事業の継続を前提とする出資持分譲渡と、事業の終了を前提とする解散・清算の2つに大別される。また、その中間形態として、継続可能な事業のみ事業譲渡あるいは分割・合併等の手法により存続させ、残りの事業は解散・清算するという再編型の事業撤退もある。

　出資持分譲渡は事業が継続されるため、譲渡先との譲渡価格の交渉、持分に付随する権利の処分の有無が重要なポイントになる。清算の場合には、事業を終了するため、債権債務および資産の処分、労働者への説得、政府との交渉などが重要なポイントとなる。

　出資持分譲渡は、出資持分を第三者に譲渡する方法で、事業を継続する意思のある譲渡先が見つかり、適正な譲渡価格で出資持分を売却できれば、最も望

ましい事業撤退の手法といえる。

　出資持分譲渡は、法定の諸要件を充足すれば行政当局からの認可が得られるため、一般的には難しい手続は必要ない。解散・清算と異なり事業は継続されるため、従業員の整理・削減といった悩ましい問題も生じない。外国投資者による合弁事業からの撤退において、中国側出資者が出資持分を買い取る場合には、譲渡価格さえ合意できれば、外国投資者にとっては最も簡単な撤退方法になりうる。

　合弁事業で合弁当事者以外の第三者に出資持分の譲渡を行う場合、中国側出資者等他の合弁当事者が優先買取権を有する。合弁当事者が第三者に出資持分を譲渡するためには、他の合弁当事者に譲渡するより有利であってはならないことになっている。したがって、中国側出資者との間で譲渡価格交渉が決裂した場合にも、中国側出資者の買取り希望価格以上の価格で買い取ってくれる相手先が見つかれば、出資持分譲渡による撤退が可能になる。

　独資企業の場合には、優先買取権の問題はないため、譲渡相手先との買取り条件の交渉・合意が最大の課題となる。

　また、金融機関の場合には、金融当局等の認可についても十分に留意する必要がある。

[1] 解散・清算

　手続の簡便さ等を考えると出資持分譲渡の方が望ましいが、現実問題として譲渡先が見つからず撤退せざるを得ない場合は、解散・清算手続あるいは破産清算の手続をとることになる。破産清算について、2006年に企業破産法が制定される等、法整備は進んでいるが、外商投資企業の撤退においてはほとんど採用されていないため、以下では解散・清算のみを取り上げる。破産処理が採用されない理由として、「破産」のもつネガティブな印象、日系企業の間で破産処理の実例の少なさがあると思われる。

　解散・清算の場合には、手続が煩雑であること、労働者との間で経済補償金の交渉や再就職先のあっせん等の処理をしなければならないこと、会社が清算

されるため税務当局や税関などにより過去の税務債務が履行されているかどうかの税務調査が行われる等、クリアすべきハードルがかなりある。特に、大手の外資系企業に対しては、その労働者対応に関し、政府部門および社会から厳しい目が向けられることもある。また、土地使用権、建物等の固定資産の処分がうまく進まないことが障害となることもしばしばある。

このような理由により、解散・清算を避ける傾向にあったが、最近では珍しくなくなってきている。手続に長期間を要する場合もあるが、結果として残余財産の分配により投資の回収が見込める場合には、出資持分譲渡よりは望ましい方法になる可能性があるためである。

合弁事業においても、中国側出資者も解散・清算に合意している場合には、双方合意の上で手続が進められている。また、解散・清算手続を外国投資者側だけで行う場合は、いったん中国側の出資持分を買い取り（独資化）、その上で解散・清算手続を進めている例もある。独資化後の解散・清算を行う場合には、中国側からの買取り価格の妥当性、解散・清算のタイミング等について、日本の国税当局から問題視される可能性があるため十分な留意が必要である。

［2］再編型の事業撤退

出資持分譲渡と清算の中間形態として、継続可能な事業のみを継続させ、残りの事業は解散・清算するという再編型の事業撤退もある。継続される事業については、会社分割後に事業譲渡あるいは合併等の手法が考えられる。一方、継続不能の事業について解散・清算せざるを得ない場合には、解散・清算と同様の問題が生じる。特にコロナ禍以降、重複事業の統合の事例が増えている。

3　出資持分譲渡の手続

出資持分譲渡を行う場合の手続には、①譲渡先の選定から譲渡価格等の条件交渉など譲渡先との手続および中国での納税手続、②譲渡対象となる外商投資企業における権力機構の決議、③持分譲渡に関する日本本社における取締役会

決議などの手続、④持分譲渡に関する中国の行政手続、の４つに分けられる。このうち①～③については、通常、投資家サイドで進めることとなる。

　持分譲渡手続については、会社法第３章有限責任会社の持分譲渡に、基本的条項が規定されている。また「外商投資法」（2020年１月１日）により、特別管理措置に該当しない企業については、関連当局のシステムを利用して、オンラインで届出（情報報告）を行わなければならない。

　特別管理措置に該当する場合は、今までどおり持分変更規定に従い商務部門に許可申請し、工商局での登記変更手続が必要になる。特別管理措置に該当する企業とは外商投資産業指導目録中の制限類と禁止類、および奨励類の持分、高級管理職要件が付されている企業をいう。持分譲渡に関する手続をフローチャートにすると概ね次の通りになる。

図表3-62　出資持分譲渡に関する手続

≪当事者の処理≫	● 出資持分譲渡先との交渉・譲渡契約の締結 ● 外商投資企業の権力機構の承認決議 ● 日本本社における譲渡認証決議（取締役会等） ※変更の届出　30日以内
≪行政手続≫	● オンラインシステムでの届け出 ※識別期間　　３営業日以内 ● 工商行政管理部門での登記変更手続 　　　　　　30日以内 ● 税務・税関・外貨管理等の関係政府部門における変更手続
≪当事者の処理≫	● 譲渡代金の決済 ● 譲渡に関する納税手続

出所：各種法規をもとに作成

［１］持分譲渡合意書の記載内容

　持分譲渡合意書は譲渡当事者間で締結される文書であり、審査認可手続きにおいて必要とされている。記載事項について、一般的には以下の通り定められている。

① 譲渡側と譲受側の名称、住所、法定代表者氏名、職務、国籍

② 持分譲渡の割合およびその価格

③ 持分譲渡の引渡期限および方式

④ 譲受側が企業の契約、定款に基づいて享有する権利および承継する義務

⑤ 違約責任

⑥ 準拠法および争議の解決

⑦ 合意書の発効と終結

⑧ 合意書締結の日時、場所

［2］審査認可機関に提出する書類

　審査認可機関は、原則として、会社設立時に認可を与えた商務部門になる。審査認可機関に提出すべき書類は、持分変更規定第9条で以下の通り規定されている。

　≪必要書類≫

① 投資家の持分変更申請書

② 企業の原契約、定款およびその修正合意書

③ 企業の批准証書および営業許可証の写し

④ 企業董事会の投資家の持分変更に関する決議

⑤ 企業投資家が持分変更した後の董事会構成員名簿

⑥ 譲渡する側と譲渡を受ける側が調印し、かつその他の投資家による署名またはその他の書面による同意を得た持分譲渡合意書

⑦ 審査認可機関が要求するその他の文書

　持分変更規定に定められている書類は上記の通りだが、「審査認可機関が要求するその他の文書」として、出資者の資格証明（日本法人の場合登記簿謄本を公証役場で公証を受け、中国大使館で認証を得たもの）などが要求される場合があるため、予め元の審査認可機関については確認しておくべきである。

　出資持分譲渡において、譲渡代金の回収が確実に行われるように留意し、譲渡契約の交渉・締結段階から入念に検討しておく必要がある。特に、譲受人が

中国企業の場合、譲渡代金の決済が外貨送金となるため、留意が必要である。

　持分譲渡に際し、譲渡側が譲渡代金をより確実に回収する手段として、中国側、外国側、銀行の三社が資金管理について合意書を締結する「共同管理口座」を利用する実務が行われる場合があるが、いわゆる「エスクロー口座」の代替として用いられている。

　また、中国国外企業が中国現地法人の持分を譲渡する場合には、中国側で譲渡契約書記載の対価に基づく印紙税の申告納付（納税義務者は買主と売主の双方）および譲渡益が生じる場合には、原則として譲渡益に対して中国企業所得税が10％課税されることとなる。中国企業所得税については、実際には、被譲渡企業の出資者（親会社）である中国国外法人の居住地（例えば日本や香港など）と中国との租税協定等の有無および協定内容により、最終的な課税関係を判定することとなる。

　なお、仮に中国で課税が生じる場合には、当該持分譲渡に係る租税の納税義務者は、通常中国国外企業のため、実務上は、管轄税務局によっても、申告納税方法・納税期限・所要手続・資料要求・納税方法等についても異なることが多い。

　そのため、全体取引のスケジュール・売主と買主の譲渡契約の条件などにも影響するため、実務上、当該取引を行う場合には、管轄の税務当局と事前確認を行い、取引全体の説明文書などを含み、関連申請資料等を以って実務上の要求・対応方法などを確認をした上で進めることが推奨される。

④ 解散・清算の手続

　会社が解散する場合には一定の理由が必要になる。経営期間の満了、行政機関による営業許可取消し等の場合は、審査認可機関の事前承認を受けることなく、清算手続に入ることになる。一方、経営期間の途中において、経営を継続することが困難な状況が生じた場合には、審査認可機関の事前認可を経て清算手続に入ることになるが、このような場合を「繰上解散」と呼んでいる。会社法180条が定めている解散事由は、以下の通りである。

① 会社定款に定める営業期間が満了したときまたは会社定款に定めるその他の解散事由が発生したとき

② 株主会または株主総会が解散の決議を行ったとき

③ 会社の合併または分割により解散が必要なとき

④ 法により営業許可証が取り消され、閉鎖を命じられ、または取り消されたとき

⑤ 人民法院が会社法第182条の規定に基づき解散させたとき

ここで会社法182条の規定とは、「会社の経営管理に著しい困難が生じ、引き続き存続する株主の利益に重大な損失を被らせるおそれがあり、その他の方法によっても解決できない場合、会社の全株主の議決権の10％以上保有する株主は、人民法院に会社の解散を請求することができる。」としている。

合弁企業の場合、会社の解散は董事会の全会一致が条件となるが、全会一致が得られない場合、10％以上出資している合弁当事者であれば、会社法183条の規定により、人民法院に解散請求することができる。

外商投資企業においては、外商投資企業の解散および清算業務の法に基づく遂行に関する指導意見（以下「指導意見」）において、企業の権力機構（董事会、株主会または株主総会）による決議に基づく繰上解散申請と、一方的な解散申請の2つに分類している。

［1］繰上解散申請

以下の事由が生じた場合、董事会決議を経て繰上解散申請を行う。

① 企業に深刻な損失が生じ、経営を継続できない

② 自然災害、戦争等の不可抗力により深刻な損害を蒙り、経営を継続できない

③ 合弁企業がその経営目的を達成しておらず、同時に発展の見込みがない場合

④ 合弁企業の契約、定款に規定するその他の解散事由が生じた場合

⑤ 合作企業が法律または行政法規に違反し、法により閉鎖を命じられた場合

　繰上解散の場合には、審査認可機関等の行政機関において必要な書類等を提出し処理が進められる（指導意見2条1項）。

［2］一方的な解散申請

　合弁当事者の一方が合弁企業の協議、契約、定款に規定する義務を履行せず、企業が経営を継続できなくなった場合には、審査認可機関に繰上解散申請書を提出するとともに、管轄権を有する人民法院または仲裁機構の発行する有効な判決書または判断書を提出する等、司法機関も関与することになる（指導意見2条2項）。

図表3-63　清算手続のプロセス

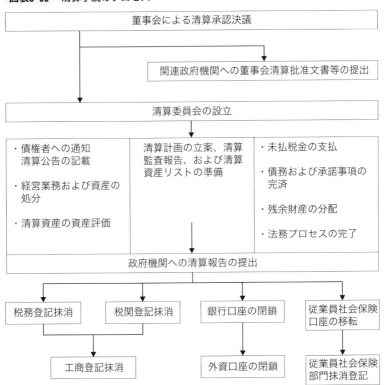

　各種の法令に基づいて、外商投資企業の解散・清算手続の主要プロセスを図示すると前図のようになる。時間的順序については、概ね矢印で示した順序で推移するが、地方政府が別途の規則を定めている場合もあり、実際には順序が前後することがあるため留意が必要である。

　外商投資企業の解散・清算は少なくとも半年～１年を要し、ケースによっては２年を超えても終わらない場合もある。

　１）　董事会における解散・清算の決定

　　外商投資企業が、深刻な損失の発生あるいは自然災害等の不可抗力により、経営継続が不能と判断された場合、経営期間の終了前に解散を決定することになる。これを繰上解散と呼んでいる。

　　繰上解散を行う企業は、企業の権力機構（董事会、株主会または株主総会）による決議が必要になる。

　　合弁会社、合作企業の場合には、董事が３分の２以上出席する董事会において、全員一致の承認が必要になる。

　２）　審査認可機関への董事会承認文書の提出

　　繰上解散を行う企業は、以下の書類を審査認可機関に提出しなければならない（指導意見２条１項）。

　　もしくは「外商投資企業の設立及び変更届出管理暫定弁法」（2010年10月8日）により、特例管理措置に該当しない企業については届出のみとされ、手続の簡素化が図られているが、関連する法律法規に基づき公告する必要のあるものは変更届出の際に、公告の手続状況を説明しなければならないため、事前に手順を確認しておく必要がある。

　　①　繰上解散申請書

　　②　繰上解散に関する董事会決議

　　③　企業の批准証書

　　④　企業の営業許可証

「指導意見」で規定されている書類は上記のみだが、実際には上記以外にも書類の提出が要請される。例えば、上海市においては、「清算委員会の名

簿」、「企業の従業員に関する労働関係の状況説明」等を提出しなければならない。事実上、企業の労働者が解散・清算に合意していない限り、解散の認可を得ることは難しいといえる。

　審査認可機関の承認の後、関連政府機関に書類を提出する。

3）　清算委員会の設立

　審査認可機関は解散申請書等の書類を受け取ってから、10日以内に企業の解散認可について、認可文書を発行することになっている。企業は、解散が認可された日から15日以内に清算委員会を設立し、清算手続を開始しなければならない。清算委員会の構成員、責任者の名簿を工商行政管理部門に届け出なければならない。

　清算委員会は清算期間中、以下の権限を有しこれを実行することになる（会社法184条）。

　①　会社財産を整理し、貸借対照表および財産明細表を作成すること

　②　債権者に通知し、または公告を行うこと

　③　清算に関連する会社の残留業務を処理すること

　④　未納の税金および清算の過程において生じた税金を納付すること

　⑤　債権および債務を整理すること

　⑥　会社が債務を弁済した後の財産を処分すること

　⑦　会社を代表して民事訴訟活動に参加すること

4）　債権者への通知・清算公告の掲載

　清算委員会は、設立後10日以内に債権者に債権の申告を通知し、かつ、60日以内に新聞上で公告を行わなければならない。

　債権者は、通知書を受領した日から30日以内に、通知書を受領していない場合には公告の日から45日以内に、清算委員会に債権の届出をしなければならない（会社法185条1項）。

5）　会社財産の整理、貸借対照表・財産目録の作成

　清算委員会は、会社の財産を整理し、貸借対照表および財産明細表を作成した後、清算案を定め、かつ董事会の承認を得なければならない。会社の財

産から、清算費用、従業員の賃金、社会保険料および法定経済補償金を支払い、未納税金を納付しなければならない。

会社の債務を完済した後に残余財産が残れば、有限責任会社については、株主の出資比率により分配されることになる（会社法186条2項）。

しかしながら、会社の財産では債務の返済ができない状況が判明した場合には、人民法院に破産宣告を申し立てなければならない（会社法187条1項）。

6) 税務登記の抹消・税関登録の抹消

税収徴収管理法実施細則15条は「納税者に解散、破産、営業取消、およびその他の情況により、法に従い納税義務が終了した場合には、工商行政管理機関もしくはその他の機関に抹消登記の手続を行う前に、関係証明を当該登記を行った税務登記機関に提出し、税務登記の抹消手続をしなければならない。」と定めている。

上記の通り、工商登記抹消より前に税務登記および税関登記の抹消を完了しなければならない。工商登記を抹消してしまうと、納税義務者である会社自体が消滅することになるので、その前に納税義務を完済させる必要がある。未納税金の完済は、清算委員会の権限として確実にこれを行わなければならない。

税務登記の抹消、税関登記の抹消にあたっては、税務調査等、過去の税務局上のシステム内でのエラーなどが完全に解消されるかどうか質疑等が行われることが一般的である。所轄税務局および税関により、企業所得税、増値税、個人所得税および関税などの調査が行われる。調査の結果、申告漏れなどが発見された場合には、未納額を追加納付することになる。清算プロセスの中でも、税務登記および税関登記の抹消手続は、最も時間のかかる手続の1つといえる。

7) 清算報告書の作成から工商登記の抹消

会社法第189条は、「会社の清算が終了した後、清算委員会は、清算報告書を作成し、株主会、株主総会または人民法院に確認を求め、かつ会社登記機関に提出し、会社登記抹消を申請し、会社終了の公告を行わなければならな

い。」と定めている。

指導意見第4条では、次の通り、手続が規定されている。

① 清算期間中に各種税金の納付

② 清算終了後、清算報告書を作成し、企業の権力機構の承認取得

③ 清算報告を審査認可機関に提出し、批准証書を返納

④ 審査認可機関は、清算報告、批准証書を受領後、全国外商投資企業審査認可管理システムにおいて企業終了の関連情報の入力および操作を完了

⑤ 上記④の手続により、システムにより自動的に証明が生成される。

⑥ 企業は証明に基づいて、税務、税関、外貨等の部門において抹消手続を行う

⑦ 企業は会社登記機関に抹消手続を申請

上記のうち④、⑤は政府部門における事務手続であり、これ以外は清算委員会が行うことになる。

8） 銀行口座の閉鎖、残余資金を外貨に交換し日本へ送金

会社の債務を完済した後の残余財産については、出資比率に応じて株主に分配される。株主が海外にいる場合には、清算委員会が銀行で外貨送金の手続を行った後、外貨登記を抹消、外貨口座を閉鎖することになる。

9） 工商登記の抹消

税務登記の抹消、税関登記の抹消など各種登記の抹消の後、会社登記機関において、会社の工商登記の抹消を申請する。このとき、営業許可証も返却する。工商登記抹消にあたり提出すべき文書は、以下の通り定められている。

① 清算委員会責任者が署名した「外商投資会社の登記抹消申請書」

② 元の審査認可機関が抹消に同意した認可文書

③ 法により行った決議または決定

④ 会社権力機構または人民法院の確認を経た清算報告書

⑤ 清算委員会が清算公告を掲載した新聞紙面

⑥ 分公司の抹消登記証明

⑦ 営業許可証の正本、副本

⑧　その他の関係文書

10)　その他の各種認可証書の登録抹消

　会社の工商登記抹消後、地方統計部門抹消登記、地方技術監督局抹消登記、従業員社会保険部門の抹消登記など、それぞれの所轄の政府部門において抹消登記を行わなければならない。また、社印については公安部門において抹消手続を行う。

11)　抹消登記完了の公告

　会社法第188条は、会社の終了を公告しなければならないと定めている。公告は新聞紙上に掲載される。

5　今後の展望

　コロナ禍を受けて、サプライチェーンの見直し、再構築の動きが見られる。また、感染拡大は、経済活動に多大な影響を及ぼし、業種によって業績下振れ要因となっている。

　中国においても、さまざまな景気刺激策が打たれる一方で、2020年は華晨汽車集団の社債のデフォルトに代表されるように、債務不履行が散見される。中国経済が、発展し、個別の吸収を吸収できるほどに成熟しつつあるという見方の一方で、こういった動きは個別企業の再編、撤退の動きを加速するものと考えられる。いずれにしても、コロナ禍が中国事業を見直すひとつのきっかけとなるであろう。

　再編、撤退には、企業の個別意思のみならず、上述の各種の煩雑な手続を見込んで、当局や当事者とのコミュニケーションを大事にしながら進める必要がある点にはご留意いただきたい。

第10節

EXIT 戦略としての撤退実務 （香港）

1 　**香港における日系企業**

　香港外に親会社が存在する香港の企業拠点は2020年６月１日時点の統計データでは9,025社あり、中国本土系企業が1,986社、日系企業はシェア第２位の1,398社である。図表の通り、2019年までは日系企業拠点数は緩やかに増加し続けており、中国本土系企業の拠点数と逆転したのは2018年と比較的最近のことである。

　2019年の香港における社会的な騒動やその他の商業的な理由によって一部の日系企業は撤退の意思決定をし、2020年においては拠点数が微減しているが、一方で2020年のコロナ禍においては比較的感染者数が低位であること、ビザの発給制限やビザ保有者の入境制限が限定的で、通常に近い状態を維持された事

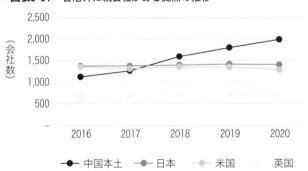

図表3-64　**香港外に親会社がある拠点の推移**

出所：香港統計局資料：Companies in Hong Kong with Parent Companies Located outside HK より

に香港拠点の存在意義を見出した例もあった。その結果、2020年の統計では2018年の1,393社と比較して拠点数が微増という結果になっている。

　しかしながら、実態としては新規拠点の設立や買収による拠点増加、既存事業や買収事業の整理・統合による管理コストやコンプライアンスコストの削減、事業終了や拠点の他国・他地域への移転などさまざまな目的での再編によって、その内訳は入れ替わっている。以下においては再編における具体的な手法と主要な留意点を解説したい。

② 撤退の手法

　事業撤退の手法はその目的に応じ株式譲渡、合併、資産・事業譲渡（および清算または登記抹消）の３つに大別される。目的とそれぞれの手法による特徴を踏まえた分析を行い、実行に移すことがポイントとなる。

[１] 株式譲渡

　株式譲渡は株式を第三者に譲渡する方法で、事業を継続する意思のある譲渡先が見つかり適正な譲渡価格で出資持分を売却できれば、最も効率的に撤退できる選択肢となりうる。会社を閉じる清算や登記抹消の手続には一定の事務的な負担、コストと時間がかかるため、事業継続を担う買い手がいる場合は検討すべき手法の１つである。比較的、簡便な手続にて実施可能であり、実際に飲食店などではフランチャイズとして会社を譲渡することにより撤退するケースがある。

[２] 合併

　2014年の会社法改正（香港新会社条例 Cap622、Companies Ordinance、以下香港会社法）において100％グループ内法人の裁判所外合併（Court-free amalgamation）が認められた。この結果、低コストかつ短期間で合併を行うことができるようになり、再編の選択肢として考慮することが可能となった。当初は事

例が少なかったものの、近年ではその優位性から一般的な再編手法の１つとして多用されている。

［３］清算および登記抹消

　事業撤退を考えるときの選択肢には会社を閉鎖することが思い浮かぶが、香港においては「清算」と「登記抹消」という別個の２つの手法が選択肢となり得る。最も一般的な株主による清算（Member's Voluntary Liquidation）と登記抹消（De-registration）について後述する。

　以下、それぞれの手続について具体的に述べる。

3　株式譲渡の手続

　香港では外国株主比率や最低株主人数の規制は無く、株主は定款に特段の定めが無い限りその保有する株式を自由に譲渡することが可能である。香港ではキャピタルゲイン非課税のため、売手が香港会社の場合は仮に株式売却益が発生しても事業所得税の課税は発生しないが、一方で当該譲渡益が日本において外国子会社合算税制（CFC税制、第７節「香港の税制」参照）により課税される可能性に留意が必要である。

　香港会社が地域統括会社として中国本土の会社、あるいはその他の国に所在する会社の株式を保有している場合は、それぞれの地域の税制を事前に確認する必要がある。特に中国本土の子会社等があるケースは多いため、その場合を例にすると、間接持分譲渡益課税の制度により、香港株の売買取引が中国本土での納税義務を発生させる可能性がある。

　会社形態は非公開会社、公開会社、上場会社に分類され、取り扱いに違いがあるが、ここでは非公開会社を前提に解説する。なお、株式譲渡については一義的に譲渡される株式の会社所在地によって現地の手続が決定される。ここでは、香港に所在する株式会社の株式譲渡について記載しているため、会社の所在地が香港以外の場合には異なる対応が必要となる。

［1］ 定款における制限事項の確認

　香港会社条例第11章において、非公開会社は定款に株式譲渡に関する制限事項を含めることを要求している。その一方で所定の制限事項は無く、一般的には取締役会での承認、他の株主の承認などを要件とすることが考えられる。

［2］ 書類の作成・準備

　売手と買手双方が署名する、株式譲渡証明書および株式売買契約書を作成する。

［3］ 取締役会の決議

　上述の株式譲渡証明書、株式売買契約書と株式証書を確認のうえ、取締役会の議案・議事録を作成し、決議を行う。

［4］ 印紙税の納付

　上述の譲渡関連書類と対象会社の直近の監査済財務諸表を香港税務局（IRD）の印紙税窓口に提示し、印紙税の納付手続を行う。株式譲渡証書が香港で実行される場合、法的な効力発生日の確定のために印税窓口への提出が必須となる（手数料は5香港ドル）。香港外で実行される場合、実行日から30日以内の提出が必要となる。

　売買契約書は印紙税納税のために印紙税窓口への提出が必要となる。香港で実行された場合は2日以内、香港外で実行された場合は30日以内に提出する。印紙税率は0.2％を売買代金または純資産価格のいずれか高い方に乗じて計算され、売手と買手の双方が負担する。当該印紙税の納付が遅延すると最大納付すべき額の最大10倍のペナルティが発生する。

［5］ 株主登録情報の更新

　株主情報は登録事項となっており、会社登記局（Company Registry）のウェブサイトでも利用料金を支払うことで誰でも利用できることになっている。効

力発生日は、通常は印紙税窓口にて納税・捺印された譲渡関連書類の日付となるが、取締役会決議の日付の方が遅い場合はこの日付となる。

［6］株式証書の発行

古い株式証書の取消手続と、新しい株式証書の発行手続を行う。

なお、印紙税法では一定の要件を充足するグループ内再編の場合に、印紙税の免税手続をとることができる旨が定められている。

香港会社の株式譲渡それ自体は簡素であるが、効力発生日の考え方が日本の株式譲渡とは異なり、印紙税窓口での手続に左右される面があり、期末付近での株式譲渡を行う場合などには会計処理が予定外の結果とならないよう余裕をもったスケジュールでの実行が推奨される。また、冒頭に記載の通り香港会社の性質上日本・中国本土・その他の地域の税制が関連する場合も多く、事前の検討が重要となる。

④　合併の手続

香港における合併は水平合併と垂直合併に分けて条文が記載されており、いずれも完全支配関係のあるグループ間での合併のみが認められており、その要件下では複数の法人が同時に合併することも可能である。水平合併における合併存続会社（Amalgamated Company）は任意に選択が可能であるが、垂直合併における合併存続会社は合併親法人である必要があり、子法人が存続会社となるいわゆる逆さ合併は認められていない点に留意が必要である。

また、課税関係については株式譲渡の際と同様であるが事前の検討を実施する必要がある。特に、合併消滅会社（Amalgamating Company）の資産負債や税務上の繰越欠損金についてなどは慎重な検討が必要となる。また、基本的には包括承継となり債権債務は存続会社に移転するが、ライセンスなどの登録情報など会社登録情報と個別に紐付いているものは、消滅会社の会社登録番号などが消滅することにより自動的に引き継がれないものがあるため留意が必要と

なる。

　垂直合併（親会社を存続会社とする親子会社の合併）の具体的な手続の流れは以下の通りとなる。

［1］取締役会の開催

　合併には債権者保護の手続が含まれるため、支払能力証明書（Form NAMA2）の作成について取締役会での確認が必要となる。また、あわせて株主総会の招集についての決議を行う。

［2］債権者への通知と新聞広告

　株主総会の3週間前までに、債権者に合併の計画についての書面による通知を行う。また、合併申請書（Amalgamation Proposal）について英語および中国語での新聞広告を行う。

［3］株主総会

　株主総会を開催し、特別決議を行う。株主は以下の項目に関連する事項について承認をする。

- ●合併消滅会社の株式が無対価または対価をもって消滅する
- ●合併存続会社と合併消滅会社の定款が同様である
- ●合併消滅会社の取締役が会社の支払能力について問題を認識していない
- ●合併消滅会社の取締役が、会社の資産について浮動担保（Floating Charge）が無い、ないしは浮動担保についての合意が質権者から得られている
- ●特別決議に記載されている人物が合併存続会社の取締役となる

［4］会社登記局への登記

　合併申請書の承認後15日以内に、すべての合併消滅会社は以下の書類を会社登記局へ提出する。

- 承認済み合併申請書（Form NAMA1）
- 消滅会社の取締役による支払能力証明書（Form NAMA2）
- 消滅会社の取締役による合併申請書承認証明（Form NAMA3）

また、合併存続会社も同様に、合併申請書の承認後15日以内に以下の書類を会社登記局へ提出する。

- 合併存続会社の取締役の指名（Form NAMA4）
- 合併存続会社の取締役による債権者の請求に関する証明書（Form NAMA5）

［5］合併証明書の発行

　合併申請書における効力発生日よりも前に株主や債権者などから合併に反対する旨の裁判所への申立が無い、あるいは裁判所が合併申請書についての取消しを行わない場合、会社登記局から合併証明書が発行される。

　なお、水平合併（子会社間での合併）についても基本的には垂直合併と同様の手続となるが、株主が合併の当事者ではないため、合併存続会社での決議事項について、株主としての承認を行う必要がある。

5　清算および登記抹消の手続

　株式譲渡や合併によって事業を継続せず、会社を閉鎖する場合は登記抹消または清算の手続を取ることになる。その他、いったん事業は停止するが将来再開の可能性もあるという場合においては休眠会社（Dormant Company）として会社の維持コストを抑えることも検討の対象になりうる。

　香港での会社閉鎖の手法はさまざまな方法があるが、ここでは最も一般的な「株主による自主的な清算（Members' Voluntary Liquidation、以下MVL）」および「登記抹消」を中心に説明する。

　MVLはその名の通り自主的な清算であり、特に株主による自主的な清算の場合は会社に支払能力がある状態でなければならない。すなわち、債務超過と

図表3-65　自主的な清算および登録抹消

	MVL	登記抹消
条件	会社に支払能力がある（債務超過などではない） 取締役が支払能力証明書を発行する 株主の75％の同意（特別決議） 清算人を選任する	すべての株主の同意 直近3ヵ月の事業活動がない 未払債務がない 銀行、保険、その他SFOに管轄された企業や信託法で規制された企業または過去5年以内に当該事業を行っていない 全ての資産は登記抹消前に消滅している
所要時間	7〜12ヵ月	4〜6ヵ月
コンプライアンスコスト	比較的高い	比較的低い
タックスクリアランス	必要	必要
メリット	将来の債権者からの請求に対する債務を負わない	MVLと比較して短期間で完了し、20年間は再登記が可能
デメリット	時間とコストがかかる	登記抹消後も債権者からの請求権が消滅しない

なっているような場合はMVLは採用できず、債権者による自主的な清算（Creditors' Voluntary Liquidation）を実施することになる。なお、同じ清算でもWinding-upは裁判所命令等により強制的に行われるものをいう。

　登記抹消はいくつかの前提のもと、MVLと比較して、簡易な手法で会社を閉鎖する方法である。

登記抹消

1．取締役会において登記抹消の申請をすることの決議を行う

2．全ての株主からの承認を得る

3．IRDによる登記抹消のための同意書（Letter of no objection）の申請書をIRDへ提出する（Form IR1263）。

4．会社登記局へ登記抹消の申請書（NDR1）、登記抹消の同意書（Letter of no objection）、登記抹消通知の受取人の連絡先などを提出する。

5．登記抹消の通知を掲載し、債権者による3ヵ月以内の債権者による異議申立がなければ登記抹消となる。

清算

1．取締役会を開催して支払能力証明証（NW 1）、株主総会の議案について決議を行い、株主総会の招集通知を送付する

2．会社登記局（CR）に支払能力証明書（Form NW 1）を提出する

3．MVL の決定、清算人の任命についての株主総会の決議を行い、登録住所の変更を CR に届け出る（Form NW 3、Form NR 1）

4．IRD にタックス・クリアランスの申請を行う

5．会社が清算手続に入った旨を官報に掲載する

6．タックス・クリアランス入手後、清算配当を実施し最終株主総会（Final General Meeting）を開催する

7．清算人の退任通知（Form NW 5）を CR に提出、清算が完了する旨について官報に掲載し、3ヵ月後に会社清算が完了する。

6 支店と金融機関の閉鎖

　ここまで、会社形態での香港への進出を中心に記載したが、現地法人を設立せず支店の形式を採用している場合がある。香港法における支店は、香港外企業（Non-Hong Kong Company）として整理され、登記されることになる。また、支店の閉鎖の場合は上述の登記抹消に類似した手続をとることになる。

　なお、金融機関においてはライセンス返還と債権者保護に関連し、銀行業については HKMA（Hong Kong Monetary Authority）、証券業については SFC（Securities and Futures Commission）、保険業については IA（Insurance Authority）と、それぞれの管轄当局への申請と承認の手続が発生するため留意が必要である。

7 今後の展望

　2019年の社会問題以降、日系各社においても香港の活用についてさまざまな事業上の判断が求められる状況にあると考えられるが、シンプルな税制度・法制度、香港ドルとUSドルの為替ペッグ、コロナ禍においてもビザの新規発行についても継続するというビジネス上の優位性は健在であり、2019年においては世界最大、2020年においてはニューヨークに次ぐ第2位のIPOマーケットとしての立場を維持している。

　また同様に、貿易の中継地点としての優位性や、香港が日本の農林・水産物の最大輸出先であるという環境も損なわれておらず、新規に香港に参入する小売業なども活況である。

　今後も効率的な事業運営のための統合・整理の需要は引き続き継続するものと思われるが、香港のビジネスにおける重要性は中長期的に維持されていくものと考えられる。

付録1　中華人民共和国外商投資法

目録

第1章　総則
第1条　対外開放のさらなる拡大、外商投資を積極的に促進し、外商投資の合法権益を保護し、外商投資管理を規範化し、全面的に新たな局面の形成を推し進め、社会主義市場経済の健全な発展を促進するために、憲法に基づき、本法を制定する。
第2条　中華人民共和国内（以下「中国国内とする」）の外商投資に本法を適用する。
本法にいう外商投資とは、外国の自然人を指し、企業とその他の組織（以下「外国投資家」という）が直接に或いは間接的に中国国内において投資活動を実施することをいい、以下のものを含む。
　　　　1）外国投資家が単独であるいはその他の投資家と共同で中国国内において外商投資企業を設立する
　　　　2）外国投資家が中国国内企業の持分、株式、財産持分あるいはその他類似の権益を取得する
　　　　3）外国投資家が単独あるいはその他の投資家と共同で中国国内で新プロジェクトに投資する
　　　　4）法律、行政法規あるいは国務院が規定するその他の方式による投資

本法における外商投資企業とは、全部あるいは一部を外国投資家が投資し、中国の法律に基づき中国国内で登記設立した企業をいう。

第3条　国家は対外開放の基本国策を堅持し、外国投資家が法により中国国内に投資することを奨励する。
国家は高レベルの投資の自由化円滑化政策を実施し、外商投資促進システムを確立、整備し、安定的、透明化、予測可能で公平な競争市場環境を確立する。
第4条　国家は外商投資に対して参入前内国民待遇及びネガティブリスト管理制度を実施する。
前項における参入前国民待遇とは、投資の参入段階において外国投資者及びその投資に本国投資者及びその投資の待遇を下回らない地位を与えることをいう。前項のネガティブリストとは、国家が規定する特定領域の外商投資に対する参入特別管理措置をいう。国家はネガティブリスト外の外商投資に内国民待遇を与える。
ネガティブリストは国務院が交付或いは公布を批准する。
中華人民共和国が締結或いは参加する国際条約、協定により外国投資家に対するその他規定がある場合その規定に従い実施する。
第5条　国家は法に基づき外国投資家の中国国内での投資、収益、その他の合法権益を保護する。
第6条　中国国内で投資活動を行う外国投資家、外国投資企業は中国の法律法規を遵守しなければならず、中国の国家安全に危害を加えてはならず、社会の公共の利益に損害を与えてはならない。
第7条　国務院商務部主管部門、投資主管部門は職責に基づき分業し、外商投資の促進、保護と管理業務を実施する。国務院は関連部門に各自職責の範囲内で、外商投資の促進、保護と管理に関連する業務の責任を負う。
県級以上の地方人民政府の関連部門は法律法規と当該級人民政府の職責分業に基づき、外商投資の促進、保護と管理業務を実施する。
第8条　外商投資企業の従業員は法律に基づき労働組合を設立し、労働組合活動を実施し、従業員の合法的権益を保護する。外商投資企業は本企業の労働組合のために必要な活動条件を提供しなければならない。

第2章　投資促進
第9条　外商投資企業は法に基づき国家が奨励する企業発展の各項政策を平等に受ける。

第10条　外国投資に関連する法律、法規、記章を制定する場合、外商投資企業の意見と提案を聴取しなければならない。
　　　　外商投資に関連する規範性の文書、裁判文書等は法に基づき速やかに交付されなければならない。
第11条　国家は健全な外商投資サービス体系を確立し、外国投資家と外商投資企業のために法律法規、政策の実施、投資プロジェクト情報等のコンサルティングとサービスを提供する。
第12条　国家とその他の国家と地区、国際組織は多方面、双方向の投資を促進する提携機構を確立し、投資領域の国際交流と提携を強化する。
第13条　国家は対外開放のニーズに基づき、特殊経済区域を設立、或いは一部の地区で外商投資試験政策措置を実施し、外商投資を促進し、対外開放を拡大する。
第14条　国家は国民経済と社会発展のニーズに基づき、外国投資者の特定業種、領域、地域への投資を奨励し、誘致する。外国投資企業は法律、行政法規或いは国務院の規定に基づき、優遇された待遇を享受できる。
第15条　国家は外商投資企業が法に基づき平等に基準の制定作成に参与することを保障し、基準の制定の情報公開と社会監督を強化する。
　　　　国家が制定した強制基準は平等に外商投資企業に適用される。
第16条　国家は外商投資企業が法に基づき公平競争を通じて政府の競売に参加することを保障する。政府の調達は法により外商投資企業が中国国内で生産した製品、提供されるサービスに対して平等に対応する。
第17条　外商投資企業は法に基づき株式を公開発行することができ、会社債権等の証券及びその他の方式により資金を調達することができる。
第18条　県級以上の地方各級人民政府は法律、行政法規、地方性法規の規定に基づき、法定の権限の範囲内で外商投資促進の措置を制定することができる。
第19条　各級人民政府及びその関連部門は利便性、効率性、透明性の原則に基づき、事務手続きを簡素化し、事務効率の向上、政務サービスの完全化をし、外商投資サービスレベルをさらに向上させなければならない。
　　　　関連主管部門は外商投資ガイドラインを編成、公布し、外国投資家と外商投資企業のためにサービスと便宜を提供しなければならない。

第 3 章　投資保護
第20条　国家は外国投資家の投資に対し収用を実施してはならない。
　　　　特殊な状況にある場合、国家は公共の利益の必要性のために、法律規定に基づき外国投資者の投資に対し徴収或いは徴用を実施する。徴収、徴用は法定プロセスに基づき実施し、かつ速やかに公平、合理的な補償を与えなければならない。
第21条　外国投資家が中国国内での出資、利益、資本収益、資産処理の所得、知的財産権の使用料、法に基づき取得した補償或いは賠償、清算所得等について、法に基づき人民元或いは外貨に自由に転換し、送金することができる。
第22条　国家は外国投資家と外商投資企業の知的財産権を保護し、知的財産権の権利人と関連する権利人の合法的権益を保護する。知的財産権の侵権行為に対して、法に基づき厳格に法律責任を追及する。
　　　　国家は外商投資の工程において自由意志と商業規則に基づく技術提携の実施を奨励する。技術提供の条件は各当事者が公平原則を遵守し、平等な協議により確定する。行政機関及びその担当人員は行政手段を用いて技術移転を強制してはならない。
第23条　各級人民政府及びその関連部門が外商投資の規範性文書を制定する場合、法律法規の規定に合致しなければならず、違法に外商投資企業の合法的権益を減少させ或いはその義務 を増加させてはならず、違法に市場参入及び退出条件を設置してはならず、違法に介入し外商投資企業の正常な生産経営活動に影響を与えてはならない。
　　　　行政機関及び担当人員は職責の履行中において外国投資家、外商投資企業の商業秘密を知った場合、法に基づき秘密を保持しなければならず、漏洩或いは違法に他人に提供してはならない。
第24条　各級人民政府及びその関連部門が制定する外商投資の規範性文書を制定する場合、法律法規の規定に合致しなければならない。法律、行政法規に根拠がない場合、外商投資企業の合法的権益を減少させ、義務を増加させてはならず、市場参入と撤退の条件を設けてはならず、外商投資企業の正常な生産経営活動に関与してはならない。
第25条　地方各級人民政府及びその関連部門は外国投資家、外商投資企業が法により制定された政策を承諾し及び法により締結した各種契約について履行しなければならない。

国家の利益、社会公共のため政策の承諾或いは契約の約定に変更が必要な場合、厳格に法定の権限とその実行プロセスに基づき実施し、かつ法により外国投資家、外商投資企業に対し、これにより受ける損失を補償しなければならない。

第26条　国家は外商投資企業のクレーム処理機能を確立し、外商投資企業或いはその投資家に影響のある問題を速やかに処理し、関連政策実施を整備調整する。

外商投資企業或いはその投資者が行政機関及びその担当人員の行政行為がその合法的権益を侵犯する場合、外商投資企業は処理機構に協議による解決を申請することができる。

外商投資企業或いは投資家が行政機関及びその担当人員がその合法権益を侵犯する場合、前項の規定を除き外商投資企業のクレーム処理機構に協議解決を申請するほか、さらに法に基づき行政不服審査の申請をすることができ、行政訴訟を提起することができる。

第27条　外商投資企業は法に基づき商会、協会を設立し、自ら参加できる。商会、協会は法律法規と定款の規定に基づき、関連活動を実施し、会員の合法的権益を保護する。

第4章　投資管理

第28条　外商投資参入ネガティブリストの規定により投資が禁止される領域は、外国投資家は投資できない。

外商投資参入ネガティブリストの規定により投資が制限される領域に外国投資家が投資を行う場合、ネガティブリストの規定の条件に合致しなければならない。

外商投資参入ネガティブリスト以外の領域は、内資外資一致の原則に基づき管理を実施する。

第29条　外商投資がプロジェクトの審査、届出を必要とする場合、国家の関連規定に基づき執行する。

第30条　外国投資家の投資が法に基づき許可を取得する必要がある業種、領域である場合、法に基づき関連の許可手続きを行わなければならない。

関連の主管部門は内資と同様の条件とプロセスに基づき、外国投資家の許可申請を審査する。法律行政法規にその他の規定がある場合を除く。

第31条　外商投資企業の組織形態、組織機構及びその活動準則は、『中華人民共和国公司法』、『中華人民共和国パートナー企業法』等の法律の規定を適用する。

第32条　外商投資企業が生産経営活動を行う場合、法律、行政法規に関連する労働保護、社会保険の規定を遵守し、法律、行政法規と国家の関連規定手続きに基づく税収、会計、外貨等の手続きを行い、かつ関連主管部門の法に基づく監督検査の実施を受けなければならない。

第33条　外国投資者が中国国内企業を買収し或いはその他の方式により経営者集中に参与する場合、『中華人民共和国独占禁止法』の規定に基づき経営者集中審査をうけなければならない。

第34条　国家は外商投資情報報告制度を完備する。外国投資者或いは外商投資企業は企業登記システム及び企業信用情報公示システムを通じて商務主管部門に対し投資情報を送付する。

外商投資情報報告の内容と範囲は必要の原則に基づき確定する。部門は情報共有を通じて投資情報を取得することができ、再び届出の要求をしてはならない。

第35条　国家は外商投資審査制度を完備し、その影響、或いは国家安全の外商投資に対して安全審査を実施する。

法に基づく安全審査は最終決定とする。

第5章　法律責任

第36条　外国投資家が外商投資参入ネガティブリストの規定に禁止される投資の領域に投資する場合、関連主管部門は投資活動の停止、期限を定め持分、資産の処分或いはその他の必要な措置、実施前の状態への回復を命じる。違法所得がある場合、違法所得を没収する。

外国投資家の投資活動が外商投資参入ネガティブリストの規定の制限性参入特別管理措置に違反する場合、関連主管部門は期限を設けて是正、必要な参入特別管理措置の要求を満たす措置を命じる。期限を超えて是正しない場合、前項の規定により処理する。

外国投資者の投資活動が外商投資参入ネガティブリストの規定に違反する場合、前2項の規定に基づく処理のほか、さらに法に基づき相応の法律責任を負担しなければならない。

第37条　外国投資者、外商投資企業が本法の規定に違反し、外商投資情報報告制度に基づき要求する投資情報の申告をしていない場合、商務主管部門は期限を定め是正を命じる。期限を超えて是正をしない場合、10万元以上50万元以下の罰金を科す。

第38条　外国投資家、外商投資企業が法律、法規の行為に違反する場合、関連部門は法により調査し処分を行い、かつ国家の関連規定により信用情報システムに入力する。

第39条　行政機関の担当者が外商投資の促進、保護と管理の業務工程において職権乱用、職務怠慢、

私情にとらわれ不正を働き、或いは漏洩、他人に対し違法に職責の履行中において知った商業秘密の提供をする場合、法に基づき処分する。犯罪を構成する場合、法に基づき刑事責任を追及する。

第6章　付則

第40条　いずれの国家或いは地域の投資について中華人民共和国に対し差別的禁止、制限或いはその他の類似した措置をとる場合、中華人民共和国は実際の状況に基づき、当該国家或いは当該地域に対し相応の措置をとることができる。

第41条　外国投資家に対し中国国内投資銀行、証券、保険等の業種或いは投資証券市場、外貨市場等の金融市場の管理は、国家にその他の規定がある場合、その規定に基づく。

第42条　本法は2020年1月1日施行する。『中華人民共和国中外合弁経営企業法』、『中華人民共和国外資企業法』、『中華人民共和国中外合作経営企業法』は同時に廃止されるものとする。

本施行前における『中華人民共和国中外合弁経営企業法』、『中華人民共和国外資企業法』、『中華人民共和国中外合作経営企業法』により設立された外商投資企業については、本法施行後五年内は継続して企業組織形式を継続することができる。具体的な実施規則は国務院が規定する。

付録2　2019年12月時点の中国上場銀行一覧（金額単位：百万人民元）

No	上場銀行	純利益		総資産		不良債権		Tier1自己資本比率	自己資本比率
		金額	成長率	金額	成長率	金額	比率		
1	中国工商銀行	313,361	4.90%	30,109,436.00	8.70%	240,187	1.43%	14.27%	16.77%
2	中国建設銀行	269,222	5.32%	25,436,261.00	9.53%	212,473	1.42%	14.68%	17.52%
3	中国農業銀行	212,924	5.08%	24,878,288.00	10.03%	187,210	1.40%	12.53%	16.13%
4	中国銀行	201,891	4.91%	22,769,744.00	7.06%	178,235	1.37%	12.79%	15.59%
5	交通銀行	78,062	5.25%	9,905,600.00	3.93%	78,043	1.47%	12.85%	14.83%
6	郵政儲蓄銀行	61,036	16.52%	10,216,706.00	7.36%	42,844	0.86%	10.87%	13.52%
	大型商業銀行	1,136,496	5.63%	123,316,035.00	8.32%	938,992	1.37%	13.00%	15.73%
7	招商銀行	93,423	15.60%	7,417,240.00	9.95%	52,275	1.16%	12.69%	15.54%
8	興業銀行	66,702	8.91%	7,145,681.00	6.47%	53,022	1.54%	10.56%	13.36%
9	浦東開発銀行	59,506	5.29%	7,005,929.00	11.39%	81,353	2.05%	11.53%	13.86%
10	民生銀行	54,924	9.13%	6,681,841.00	11.46%	54,434	1.56%	10.28%	13.17%
11	中信銀行	48,994	7.97%	6,750,433.00	11.27%	66,117	1.65%	10.20%	12.44%
12	光大銀行	37,441	11.03%	4,733,431.00	8.63%	42,212	1.56%	11.08%	13.47%
13	平安銀行	28,195	13.61%	3,939,070.00	15.22%	38,233	1.65%	10.54%	13.22%
14	華夏銀行	22,115	5.38%	3,020,789.00	12.69%	34,237	1.83%	11.91%	13.89%
15	浙商銀行	13,143	13.69%	1,800,786.00	9.36%	14,147	1.37%	10.94%	14.24%
	株式制商業銀行	424,443	10.14%	48,495,200.00	10.44%	436,030	1.60%	11.08%	13.69%
16	北京銀行	21,591	7.22%	2,737,040.00	6.38%	20,298	1.40%	10.09%	12.28%
17	上海銀行	20,333	12.54%	2,237,082.00	10.32%	11,253	1.16%	10.92%	13.84%
18	江蘇銀行	14,960	12.79%	2,065,058.00	7.23%	14,357	1.38%	10.10%	12.89%
19	寧波銀行	13,791	22.90%	1,317,717.00	18.03%	4,141	0.78%	11.30%	15.57%
20	南京銀行	12,567	12.33%	1,343,435.00	8.06%	5,082	0.89%	10.01%	13.03%
21	微商銀行	10,062	13.57%	1,131,721.00	7.73%	4,815	1.04%	10.85%	13.21%
22	ハルビン銀行	3,635	-34.79%	583,089.00	-5.28%	5,252	1.99%	10.24%	12.53%
23	杭州銀行	6,602	21.99%	1,024,070.00	11.18%	5,533	1.34%	9.62%	13.54%

No	上場銀行	純利益		総資産		不良債権		Tier1 自己資本 比率	自己資本 比率
		金額	成長率	金額	成長率	金額	比率		
24	貴陽銀行	5,998	14.71%	560,399.00	11.34%	2,961	1.45%	10.77%	13.61%
25	盛京銀行	5,438	6.09%	1,021,481.00	3.66%	8,005	1.75%	11.48%	14.54%
26	成都銀行	5,556	19.38%	558,386.00	13.43%	3,305	1.43%	10.14%	15.69%
27	長沙銀行	5,259	14.88%	601,998.00	14.31%	3,181	1.22%	10.76%	13.25%
28	天津銀行	4,609	8.96%	669,401.00	1.53%	5,765	1.98%	10.63%	15.24%
29	重慶銀行	4,321	13.06%	501,232.00	11.29%	3,131	1.27%	9.82%	13.00%
30	甘粛銀行	511	-85.15%	335,045.00	1.95%	4,182	2.45%	9.92%	11.83%
31	鄭州銀行	3,373	8.77%	500,478.00	7.37%	4,645	2.37%	10.05%	12.11%
32	江西銀行	2,109	-23.89%	456,119.00	8.84%	4,737	2.26%	9.97%	12.63%
33	中原銀行	3,206	35.56%	709,885.00	14.42%	6,679	2.23%	10.31%	13.02%
34	西安銀行	2,679	13.28%	278,283.00	14.29%	1,802	1.18%	12.62%	14.85%
35	青島銀行	2,336	14.34%	373,622.00	17.62%	2,852	1.65%	11.33%	14.76%
36	九江銀行	1,881	5.26%	363,352.00	16.60%	3,064	1.71%	8.97%	11.64%
37	泸州銀行	634	-3.65%	91,681.00	11.06%	417	0.94%	9.31%	12.09%
	都市商業銀行	158,046	11.41%	21,297,313.00	8.63%	160,997	1.66%	10.41%	13.31%
38	重慶農村商業銀行	9,988	8.99%	1,029,790.00	8.38%	5,460	1.25%	12.44%	14.88%
39	広州農村商業銀行	7,911	15.79%	894,154.00	17.14%	8,320	1.73%	11.65%	14.23%
40	青島農村商業銀行	2,847	16.49%	341,667.00	16.16%	2,615	1.46%	10.49%	12.26%
41	常熟農村商業銀行	1,900	19.87%	184,839.00	10.88%	1,057	0.96%	12.49%	15.10%
42	紫金農村商業銀行	1,417	13.00%	201,319.00	4.22%	1,718	1.68%	11.07%	14.78%
43	九古農村商業銀行	1,196	1.01%	173,276.00	5.49%	1,617	1.68%	9.66%	11.98%
44	無錫農村商業銀行	1,252	16.36%	161,912.00	4.87%	1,030	1.21%	10.20%	15.85%
45	張家港農村商業銀行	937	14.55%	123,045.00	8.46%	982	1.38%	11.02%	15.10%
46	蘇州農村商業銀行	915	12.96%	125,955.00	7.85%	910	1.33%	12.17%	14.67%
47	江陰農村商業銀行	1,012	29.74%	126,343.00	10.00%	1,288	1.83%	14.17%	15.29%
	農村商業銀行	29,375	13.21%	3,362,300.00	10.92%	24,997	1.47%	11.54%	14.41%
	全上場銀行	1,748,360	7.32%	196,470,848.00	8.91%	1,561,016	1.46%	11.06%	13.88%

付録3 2019年12月時点の中国証券会社一覧（単位：万人民元）

No	証券会社	総資産	純利益	No	証券会社	総資産	純利益
1	中信証券	62,151,508	1,222,861	10	中金公司	23,690,457	423,872
2	国泰証券	43,275,116	863,704	11	東方証券	22,418,323	243,508
3	華泰証券	43,253,552	900,164	12	国信証券	20,932,163	491,019
4	招商証券	35,009,303	728,238	13	光大証券	16,235,304	56,794
5	広発証券	34,968,972	753,892	14	平安証券	13,287,998	240,229
6	海通証券	34,696,908	952,325	15	興業証券	13,156,755	176,254
7	申万宏源	32,225,772	559,425	16	安信証券	13,053,157	246,793
8	銀河証券	27,791,654	522,843	17	中泰証券	12,804,415	224,946
9	中信建投	26,665,632	550,169	18	方正証券	11,224,868	100,760

No	証券会社	総資産	純利益	No	証券会社	総資産	純利益
19	長江証券	10,485,759	166,580	59	恒泰証券	2,585,469	74,054
20	東呉証券	8,296,365	103,717	60	財信証券	2,439,278	40,671
21	国元証券	6,654,989	91,436	61	中航証券	2,210,001	42,971
22	東興証券	6,604,835	122,070	62	新時代証券	2,183,207	34,792
23	華西証券	6,558,587	143,153	63	五鉱証券	2,179,642	32,090
24	東北証券	6,524,675	100,708	64	首創証券	1,992,525	42,413
25	財通証券	6,342,722	187,306	65	華鑫証券	1,985,816	5,511
26	西南証券	6,213,645	104,200	66	華林証券	1,808,343	44,167
27	国海証券	6,150,320	48,772	67	開源証券	1,782,758	40,260
28	浙商証券	5,811,002	96,756	68	金元証券	1,736,523	20,271
29	長城証券	5,534,912	99,217	69	聯儲証券	1,722,610	10,436
30	渤海証券	5,128,286	94,017	70	中山証券	1,569,489	23,178
31	山西証券	5,066,326	51,018	71	万和証券	1,511,887	12,570
32	天風証券	4,904,366	30,777	72	奥開証券	1,506,648	11,435
33	国金証券	4,691,795	129,854	73	華宝証券	1,481,249	11,863
34	西部証券	4,469,230	71,565	74	徳邦証券	1,339,952	6,393
35	紅塔証券	4,382,508	83,754	75	英大証券	1,233,147	15,080
36	民生証券	4,326,759	53,238	76	華金証券	1,156,146	20,216
37	華福証券	4,319,556	43,775	77	中郵証券	1,086,763	19,431
38	東方財富	4,275,174	143,541	78	国融証券	1,084,480	3,031
39	華融証券	4,224,925	4,662	79	長城国瑞	1,056,086	-30,953
40	華安証券	4,200,954	110,836	80	世紀証券	1,049,244	-6,448
41	信達証券	4,036,262	21,007	81	宏信証券	1,039,641	18,614
42	中原証券	3,981,808	5,822	82	申港証券	947,514	7,537
43	中銀証券	3,980,407	79,825	83	中天証券	906,297	15,598
44	華創証券	3,774,256	54,105	84	大通証券	863,840	15,521
45	国開証券	3,748,585	-46,078	85	九州証券	836,583	2,480
46	東莞証券	3,583,175	62,409	86	大同証券	714,270	2,924
47	南京証券	3,507,469	70,981	87	銀泰証券	573,947	11,537
48	万聯証券	3,497,658	41,094	88	中天国富	511,052	15,703
49	江海証券	3,454,425	18,636	89	愛建証券	473,913	1,107
50	第一創業	3,312,346	51,306	90	北京高華	432,755	20,791
51	財達証券	3,279,891	60,917	91	川財証券	375,881	-10,030
52	太平洋証券	3,062,406	46,290	92	瑞銀証券	359,208	1,085
53	国盛証券	2,897,727	30,883	93	東亜前海	321,371	235
54	国都証券	2,837,486	53,295	94	華菁証券	278,878	6,121
55	国連証券	2,725,863	52,134	95	網信証券	261,124	-129,168
56	華龍証券	2,694,537	35,629	96	野村東方	205,168	-5,435
57	東海証券	2,633,170	4,942	97	汇豊前海	153,006	-17,884
58	湘財証券	2,611,750	38,872	98	JPモルガン	79,288	-8,590

出所：中国証券業協会をもとに作成

付録4 2019年12月時点の中国生命保険会社一覧（単位：億人民元）

資本構成	No	生命保険会社	保険料収入	資本構成	No	生命保険会社	保険料収入
中資	1	中国人寿保険	5,683.81		41	安邦養老保険	1.33
	2	中国太平洋人寿保険	2,123.64		42	渤海人寿保険	61.26
	3	中国平安人寿保険	4,939.13		43	国聯人寿保険	16.52
	4	新華人寿保険	1,381.31		44	太保安聯健康保険	3.55
	5	泰康人寿保険	1,308.38		45	上海人寿保険	126.23
	6	中国太平人寿保険	1,404.59		46	中華人寿保険	20.23
	7	建信人寿保険	291.93		47	三峡人寿保険	9.17
	8	天安人寿保険	520.90		48	横琴人寿保険	59.55
	9	光大永明人寿保険	117.38		49	復星聯合健康保険	18.10
	10	民生人寿保険	123.33		50	信美人寿相互保険社	20.11
	11	富徳生命人寿保険	513.13		51	華貴人寿保険	10.91
	12	国寿存続	6.09		52	愛心人寿保険	7.72
	13	平安養老保険	236.13		53	和泰人寿保険	10.61
	14	中融人寿保険	80.59		54	招商局仁和人寿保険	100.68
	15	合衆人寿保険	167.75		55	瑞華健康保険	0.23
	16	太平養老保険	50.22		56	北京人寿保険	12.70
	17	中国人民健康保険	224.20		57	海保人寿保険	4.84
	18	華夏人寿保険	1,827.95		58	国富人寿保険	6.10
	19	君康人寿保険	362.11		59	国宝人寿保険	9.16
	20	信泰人寿保険	209.57		60	中宏人寿保険	99.63
	21	農銀人寿保険	232.29		61	工銀安盛人寿保険	527.10
	22	長城人寿保険	80.89		62	中信保城人寿保険	213.44
	23	崑崙健康保険	33.80		63	交銀康聯人寿保険	112.81
	24	和諧健康保険	2.40	外資	64	中意人寿保険	146.46
	25	中国人民人寿保険	981.35		65	友邦保険	331.34
	26	国華保険	375.80		66	北大方正人寿保険	28.64
	27	英大泰和人寿保険	96.95		67	中荷人寿保険	54.34
	28	泰康養老保険	90.19		68	中英人寿保険	93.92
	29	幸福人寿保険	82.47		69	同方全球人寿保険	50.52
	30	陽光人寿保険	481.18		70	招商信諾人寿保険	180.04
	31	百年人寿保険	456.41		71	長生人寿保険	14.84
	32	中郵人寿保険	675.41		72	恒安標準人寿保険	38.71
	33	安邦人寿保険	50.57		73	瑞泰人寿保険	6.10
	34	利安人寿保険	131.37		74	中法人寿保険	-
	35	前海人寿保険	765.39		75	華泰人寿保険	61.82
	36	華匯人寿保険	0.12		76	陸家嘴国泰人寿保険	26.81
	37	東呉人寿保険	35.80		77	中美聯泰大都会人寿保険	143.75
	38	珠江人寿保険	33.80		78	平安健康保険	61.47
	39	弘康人寿保険	126.82		79	中銀三星人寿保険	53.05
	40	吉祥人寿保険	20.10		80	恒大人寿保険	420.23

資本構成	No	生命保険会社	保険料収入
	81	鼎誠人寿保険	0.88
	82	滙豊人寿保険	18.24
	83	君龍人寿保険	5.65
	84	復星保徳信人寿保険	40.65

資本構成	No	生命保険会社	保険料収入
	85	中韓人寿保険	7.49
	86	徳華安顧人寿保険	8.82
	87	中徳安聯	57.32

出所：銀保監会をもとに作成

付録5　2019年12月時点の中国損害保険会社一覧（単位：億人民元）

資本構成	No	損害保険会社	保険料収入	資本構成	No	損害保険会社	保険料収入
中資	1	中国人民財産保険	4,316.44		32	紫金財産保険	64.15
	2	中国大地財産保険	484.18		33	泰山財産保険	22.31
	3	中国輸出信用保険	147.01		34	衆城財産保険	16.61
	4	中華聯合財産保険	485.52		35	錦泰財産保険	21.79
	5	太平洋財産保険	1,322.32		36	誠泰財産保険	14.77
	6	中国平安財産保険	2,709.30		37	長江財産保険	6.72
	7	華泰財産保険	77.59		38	富徳財産保険	24.12
	8	天安財産保険	156.18		39	鑫安汽車保険	7.89
	9	華安財産保険	141.40		40	北部湾財産保険	30.88
	10	永安財産保険	117.73		41	中石油専属財産保険	4.95
	11	太平財産保険	269.12		42	衆安財産保険	146.35
	12	亜太財産保険	47.53		43	恒邦財産保険	11.05
	13	中銀（BOC）保険	65.80		44	合衆財産保険	2.65
	14	上海安信農業保険	13.69		45	燕趙財産保険	8.40
	15	永城財産保険	63.15		46	華海財産保険	20.97
	16	安邦財産保険	43.40		47	中原農業保険	20.44
	17	国任財産保険	47.94		48	中路財産保険	9.02
	18	安華農業保険	54.89		49	中国鉄路財産保険自保	3.42
	19	陽光財産保険	395.01		50	陽光信用保証保険	1.50
	20	陽光農業保険	33.44		51	泰康在線財産保険	51.29
	21	都邦財産保険	37.71		52	易安財産保険	10.43
	22	渤海財産保険	37.20		53	東海航運保険	2.87
	23	華農財産保険	20.25		54	久隆財産保険	2.15
	24	中国人寿財産保険	770.24		55	安心財産保険	27.21
	25	安城財産保険	44.26		56	前海聯合財産保険	18.46
	26	長安責任保険	28.41		57	珠峰財産保険	5.23
	27	国元農業保険	56.44		58	海峡金橋財産保険	4.49
	28	鼎和財産保険	49.14		59	建信財産保険	5.49
	29	中煤財産保険	15.30		60	衆恵財産相互保険社	7.41
	30	英大財産保険	85.37		61	太平科技保険	0.81
	31	浙商財産保険	41.31		62	中遠海財産保険自保	5.32

資本構成	No	損害保険会社	保険料収入
	63	灄友財産相互保険	0.95
	64	広東粤電財産保険自保	0.60
	65	黄河財産保険社	4.18
	66	融盛財産保険	1.55
外資	67	史帯財産保険	2.63
	68	美亜財産保険	15.38
	69	東京海上日動火災保険	6.11
	70	瑞再企商保険	1.32
	71	安達保険	6.03
	72	三井住友海上火災保険	5.72
	73	三星財産保険	8.24
	74	京東安聯財産保険	23.56
	75	日本財産保険	4.02

資本構成	No	損害保険会社	保険料収入
	76	利宝互助保険	22.60
	77	中航安盟財産保険	21.74
	78	安盛天平財産保険	63.15
	79	蘇黎世財産保険	5.92
	80	現代財産保険	1.12
	81	労合社保険	0.13
	82	中意財産保険	7.35
	83	愛和誼日生同和財産保険	0.56
	84	国泰財産保険	48.24
	85	日本興亜財産保険	0.65
	86	楽愛金財産保険	1.50
	87	富邦財産保険	6.53
	88	信利保険	0.12

出所：銀保監会をもとに作成

付録6　2020年12月時点の中資外資合弁ファンド会社一覧

No	合弁会社	設立日	外国株主	外国株主持分比率
1	恒生前海ファンド	2016年7月1日	恒生銀行	70%
2	華潤元大ファンド	2013年1月17日	元大證券投資信託	24.50%
3	圓信永豊ファンド	2014年1月2日	永富証券投資信託	49%
4	中信保誠ファンド	2005年9月30日	プルデンシャルグループ	49%
5	鵬華ファンド	1998年12月22日	Eurizon キャピタル SGR	49%
6	国投瑞銀ファンド	2002年6月13日	UBS 銀行	49%
7	上投摩根ファンド	2004年5月12日	J.P モルガンアセットマネジメント（英国）	49%
8	景順長城ファンド	2003年6月12日	インベスコアセットマネジメント	49%
9	華宝ファンド	2003年3月7日	ウォーバーグピンカスアセットマネジメント	49%
10	国海フランクリンファンド	2004年11月15日	フランクリンテンプルトンインベストメンツ	49%
11	匯豊晋信ファンド	2005年11月16日	HSBC グローバルアセットマネジメント（英国）	49%
12	泰達宏利ファンド	2002年6月6日	マニュライフアセットマネジメント（香港）	49%
13	興証 AEGON ファンド	2003年9月30日	エイゴンインターナショナル B.V.	49%
14	海富通ファンド	2003年4月18日	BNP パリバインベストメントパートナーズ	49%
15	国聯安ファンド	2003年4月3日	アリアンツグループ	49%
16	華泰柏瑞ファンド	2004年11月18日	パインブリッジインベストメンツ	49%
17	信達澳銀ファンド	2006年6月5日	コロニアルファーストステートグループ	46%
18	光大保徳信ファンド	2004年4月22日	PGIM	45%
19	工銀瑞信ファンド	2005年6月21日	クレディ・スイス	20%
20	融通ファンド	2001年5月22日	日興アセットマネジメント	40%
21	浦銀安盛ファンド	2007年8月5日	アクサインベストメントマネージャーズ	39%

No	合弁会社	設立日	外国株主	外国株主持分比率
22	モルガンスタンレー華鑫ファンド	2003年3月14日	モルガンスタンレーインターナショナルホールディングス	49%
23	農銀匯理ファンド	2008年3月18日	クレジットアグリコルアセットマネジメント	33.33%
24	国開泰富ファンド	2013年7月16日	キャセイ証券投資信託	33.30%
25	方正富邦ファンド	2011年7月8日	富邦証券投資信託	33.30%
26	長盛ファンド	1999年3月26日	DBS銀行	33%
27	申万菱信ファンド	2004年1月15日	三菱UFJ信託銀行	33%
28	中加ファンド	2013年3月27日	バンクオブノバスコシア	28%
29	国泰ファンド	1998年3月5日	ゼネラリグループ	30%
30	交銀シュローダーファンド	2005年8月4日	シュローダーインベストマネジメント	30%
31	民生加銀ファンド	2008年11月3日	カナダロイヤル銀行	30%
32	嘉実ファンド	1999年3月25日	ドイチェアセットマネジメント（アジア）	30%
33	永贏ファンド	2013年11月7日	AMPキャピタルインベスターズ	28.51%
34	富国ファンド	1999年4月13日	モントリオール銀行	27.78%
35	中欧ファンド	2006年7月19日	ウニオネディバンケイタリアーネ	25%
36	華宸未来ファンド	2012年6月20日	未来アセットネジメント	25%
37	建信ファンド	2005年9月19日	プリンシパルファイナンシャルサービシズ	25%
38	中海ファンド	2004年3月18日	エドモンドロスチャイルド銀行	25%
39	平安ファンド	2011年1月7日	UOBアセットマネジメント	17.51%
40	中郵ファンド	2006年5月8日	三井住友銀行	23.68%
41	中銀ファンド	2004年8月12日	ブラックロックインベストメントマネジメント（英国）	16.50%
42	国寿安保ファンド	2013年10月29日	AMPキャピタルインベスターズ	14.97%
43	華夏ファンド	1998年4月9日	パワーコーポレーションオブカナダ	13.90%
43	華夏ファンド	1998年4月9日	マッケンジーファイナンシャルコーポレーション	13.90%
44	太平ファンド	2013年1月23日	アシュモアインベストメントマネジメント	8.50%

出所：中国証券投資基金業協会ウェブサイト、国家企業信用情報開示システム、会社の年度報告書をもとに作成

● 監修者紹介

江　海峰（Alex Jiang）

　EY グレーター・チャイナ　金融サービス担当パートナー　日系ビジネス（金融）担当リーダー
日系大手電機メーカーでの勤務を経て、EY に入社後、東京及び上海にて約 16 年間にわたり数多くの中資系・日系・外資系の金融機関に対して専門サービスを提供。そして、中国の金融業界の改革と開放プロセスを研究して、外部専門家として積極的に政策提言を行ってきた。

　自身のバックグラウンドや数多くのプロジェクトを通じた、日系企業のカルチャー及び中国ビジネスに対する深い理解、金融機関を中心とした日系企業と中国コミュニティをつなぐアンバサダーとして、日中両国のビジネスの発展に貢献することが信条。

　上海大学経済管理学院卒業後、日本に留学し、京都大学経済研究科を経て、大阪大学大学院国際公共政策修士

　公認会計士（中国（香港）、米国）

【執筆者】

石川　翔太

　EY 新日本有限責任監査法人　金融事業部　シニアマネージャー

　EY 新日本有限責任監査法人に入所後、7 年間にわたって金融事業部にて金融機関中心に監査やアドバイザリー業務を担当。2016 年 7 月に EY 上海事務所へ出向後、日系金融機関へ監査・税務・アドバイザリーのサービスを幅広く提供。2020 年 9 月より EY 新日本有限責任監査法人　金融事業部にてアセットマネジメント業を中心に監査及び各種アドバイザリー業務を担当。公認会計士（日本）

北原　遼一

　EY グレーター・チャイナ　金融サービス部　マネージャー

　EY 新日本有限責任監査法人に入所後、各種金融機関の監査、アドバイザリー業務等を担当。2016 年 7 月より 2018 年 6 月まで金融庁にて勤務。2020 年 8 月に EY 上海事務所へ出向し、主として日系金融機関を対象に監査及びアドバイザリー業務の提供に従事。公認会計士（日本）

宮川　拓也

　EY 新日本有限責任監査法人　金融事業部　シニアスタッフ

　大手金融機関での勤務を経て、EY 新日本有限責任監査法人に入所、金融事業部にて銀行を中心に国内外の各種金融機関の監査業務を担当。公認会計士（日本）

徳山 勇樹

EY 香港　金融サービス部　アソシエイト・ダイレクター

EY 新日本有限責任監査法人に入所後、7 年間にわたり金融機関の監査、各種アドバイザリー業務を担当。2013 年 7 月より信託銀行に出向。2019 年 7 月に EY 香港へ出向し、日系金融機関を中心に監査及びアドバイザー業務の提供に従事。公認会計士（日本）

柿本 啓太

EY 新日本有限責任監査法人　JBS Assurance Desk 香港担当　シニアマネージャー

2008 年に EY 新日本有限責任監査法人に入所し日本国内の多国籍企業や外国法人の日本拠点の監査を担当。2013 年に日系企業の香港 IPO 案件に参画。2017 年より EY 香港へ出向し現地日系企業の支援とともに、複数のクロスボーダー案件にも関与。2021 年 8 月に EY 新日本有限責任監査法人へ帰任、現職。公認会計士（日本）

小島 圭介

EY グレーター・チャイナ　税務部　アソシエイト・ディレクター

2009 年に EY 税理士法人（東京）に入所後、日系及び外資系企業に対する税務各種コンプライアンス業務を提供。2015 年より、EY 上海事務所に入所後、日系本社および中国子会社に対し、クロスボーダー M&A・グループ再編、PE 分析、対外送金、企業所得税、個人所得税、増値税等の税務サービスを展開している。税理士（日本）

万 家駿

上海市瑛明法律事務所（EY メンバーファーム）　シニアマネージャー

名古屋大学卒業後、10 年間にわたり日系企業に対する法務、PMO、各種アドバイザリー業務を提供し、M&A、グループ再編、コンプライアンス対応、紛争解決など幅広い分野を担当。弁護士（中国）

【編集協力】

EY 新日本有限責任監査法人

　湯原 尚　パートナー

　吉田 剛　パートナー

　水永 真太郎　パートナー

　稲葉 宏和　パートナー

　渡水 達史　シニアマネージャー

EY | Assurance | Tax | Transactions | Advisory

EY について

EY は、アシュアランス、税務、トランザクションおよびアドバイザリーなどの分野における世界的なリーダーです。私たちの深い洞察と高品質なサービスは、世界中の資本市場や経済活動に信頼をもたらします。私たちはさまざまなステークホルダーの期待に応えるチームを率いるリーダーを生み出していきます。そうすることで、構成員、クライアント、そして地域社会のために、より良い社会の構築に貢献します。

EY とは、アーンスト・アンド・ヤング・グローバル・リミテッドのグローバルネットワークであり、単体、もしくは複数のメンバーファームを指し、各メンバーファームは法的に独立した組織です。アーンスト・アンド・ヤング・グローバル・リミテッドは、英国の保証有限責任会社であり、顧客サービスは提供していません。EY による個人情報の取得・利用の方法や、データ保護に関する法令により個人情報の主体が有する権利については、ey.com/privacy をご確認ください。EY について詳しくは、ey.com をご覧ください。

EY グレーター・チャイナについて

EY グレーター・チャイナは、グレーター・チャイナにおける EY の組織であり、中国本土、香港、台湾とマカオにて多くのプロフェッショナルを有する最大のプロフェッショナルサービスファームのひとつです。EY グレーター・チャイナでは、ジャパン・ビジネス・サービス（ＪＢＳ）という個別のビジネスユニットを組織し、中国における日系企業の皆様へ専門的なサービスを提供しています。詳しくは、https://www.ey.com/cn/en/home をご覧ください。

EY 新日本有限責任監査法人について

EY 新日本有限責任監査法人は、EY の日本におけるメンバーファームであり、監査および保証業務を中心に、アドバイザリーサービスなどを提供しています。詳しくは、www.shinnihon.or.jp をご覧ください。

グレーター・チャイナの経済・金融ハンドブック
中国・香港ビジネスの最前線

2021年8月30日　発行

編　者	EY グレーター・チャイナ／EY新日本有限責任監査法人
監修者	江　海峰（Alex Jiang）
発行者	小泉　定裕

Ⓒ

発行者	株式会社 清文社	東京都千代田区内神田1－6－6（MIF ビル） 〒101-0047　電話 03（6273）7946　FAX 03（3518）0299 大阪市北区天神橋2丁目北2－6（大和南森町ビル） 〒530-0041　電話 06（6135）4050　FAX 06（6135）4059 URL https://www.skattsei.co.jp/

印刷：亜細亜印刷㈱

ISBN978-4-433-75941-4